力道：思维的领导

陶华坤 著

图书在版编目（CIP）数据

力道：思维的领导 / 陶华坤著. -- 北京 : 中国文联出版社, 2017.6

ISBN 978-7-5190-2886-2

Ⅰ. ①力… Ⅱ. ①陶… Ⅲ. ①教育管理学－研究－中国 Ⅳ. ①G40-058

中国版本图书馆CIP数据核字(2017)第170123号

力道：思维的领导

作　　者：陶华坤

出 版 人：朱　庆

终 审 人：朱彦玲　　复 审 人：王　军

责任编辑：刘　旭　　责任校对：傅泉泽

封面设计：人文在线　　责任印制：陈　晨

出版发行：中国文联出版社

地　　址：北京市朝阳区农展馆南里10号，100125

电　　话：010-85923043（咨询）85923000（编务）85923020（邮购）

传　　真：010-85923000（总编室），010-85923020（发行部）

网　　址：http://www.clapnet.cn　http://www.claplus.cn

E-mail：clap@clapnet.cn　liux@clapnet.cn

印　　刷：北京市金星印务有限公司

装　　订：北京市金星印务有限公司

法律顾问：北京天驰君泰律师事务所徐波律师

本书如有破损、缺页、装订错误，请与本社联系调换

开　　本：710×1000　1/16

字　　数：291千字　　印　　张：17.75

版　　次：2017年6月第1版　　印　　次：2017年6月第1次印刷

书　　号：ISBN 978-7-5190-2886-2

定　　价：62.00元

前　言

教育能提升人类的福祉。教育是国家凝聚力形成的重要依托，是传授社会共有的知识、价值、行为规范和信念的途径。教育改革需要观念的引领，因此需要有适应自己本土化的教育理论、管理哲学。中国是教育大国，也是教育管理大国，仅中小学校长就逾百万。如何改善中国教育管理者的知识状况，提升教育管理者的实践水准，这是笔者撰写著作《力道：思维的领导》的初衷。

一、思维杠杆

思维力是智力的核心。研究表明，左右一个人成功的最关键因素是思维模式，不在于智商的差异，思维和观念才是成功的核心秘密。创新思维的一个特征就是思维跳跃，中国人的思维方式是形象思维，以联想、类比、归纳为主要手段，这种思维的特点是直观，形象，跳跃性大，蕴含的信息量丰富，可以很简洁地揭示出真相。莫言的成功不是靠“三寸不烂之舌”，而是靠他三寸不朽之笔和他梦幻般的思维。用好头脑里的“第三只眼睛”，提高“思想的穿透力”，透视未来！

学习是一种信仰，同呼吸一样重要。学习是一个人、一个学校、一个国家、一个民族摆脱危机、走出困境的最佳出路。本书对“思想力、执行力、学习力、创新力”进行阐释，为读者提供可被触摸到的教育改革的脉动心律，也为大家送来了一种超越平凡、追求卓越的视角和思路。

二、借力发力

管理，就是通过计划、组织、激励、控制等系列动作，让员工有效地工作。人的情绪、需求、价值、思考、抉择等都会受到环境、教育和经验左右。

“解构”难，“建构”更难。管理不仅需要制度为先锋，还要掌握“力道”，以执行力开路。教育的改善力是永远不会枯竭的，民族的希望靠一批有良知、有正义、不沉默的知识分子精英将思想火花转化为学术成果以指导实践。

国家的命运取决于国民的智慧和信念，唯有思想才能安抚各种浮躁与焦虑，给人以前行的力量。“造血”“输血”要借助“外脑”，会干事和能干成事的人其诀窍就是借力发力。提高管理者的思想力需要从问题开始，以知识为基础，从灵活、正确的思维入门。“杠杆借力”的思维核心就在于整合资源，打造解开难题的钥匙。

三、布道之道

思维的质量决定未来的质量。思维的领导——设计思考的程序，提供思维的指引，改善人们的思维。学会站在别人的立场上看问题。普通人用嘴巴讲话，聪明的人用脑袋讲话，智者用心讲话！创业者要学会在一个点上把自身的优势与外部的条件恰如其分地结合起来，这个点，可把它叫作“力道”。力道运用得好，势如破竹；运用不好，山重水复。创业成功的关键点就是在坚持中学会运用力道。巧妙地运用杠杆，会让学校管理变得轻松灵活，且事半功倍。

思索是创造之源。一个民族有一些关注天空的人，他们才有希望；一个民族只是关心脚下的事情，那是没有未来的。《力道：思维的领导》可操作性、可读性强，可作为教育行政管理人员、校长和教师培训教材。从思想的制高点俯瞰：思想有力道，文字有嚼头；视界宽泛，才思涌动。本书在研究和撰写的过程中，汲取众多大师的智慧，得到很多仁人志士的帮助，谨致诚挚谢意！

陶华坤

2017.1

目 录

导论　力道：管理杠杆

管理当求实，但更要用巧劲，用技术来提高管理效益。巧妙地运用“杠杆”，会让管理变得轻松灵活，且事半功倍。你认为你是领袖，那么你就是领袖。只要我们珍重天资，锁定优势，围绕该优势自建认知体系，自创命运格局，以优势发展取代全面发展，以内在方略抗衡外在秩序，超脱正统藩篱，那么你那潜在的先天优势必将转化为显在的后天现实！

一、杜威：教师应是学生思维能力的领导者

在学校管理上，用巧劲是一种管理技术，但也是一种韬略。管理者找到了沟通的“支点”，巧用了杠杆技术，就会轻松地解决问题。

（一）领导员工的思维：激发士气，控制系统，优化效应

1. 谁来引导我们度过思维沼泽地

（1）哲学代表着一个民族的“思想自我”

哲学是时代精神的精华。就人的发展而言，哲学具有独特的价值和功能，它可以提升人的素养，使人变得富有理性，使人有坚定的人生信念和理想，使人能够进行复杂的思维，使人的言行富有条理。如果哲学对提高人的素养有不可替代的独特价值和意义的话，那么哲学对提高领导者的素养来说，其价值和意义尤其显著。因此，如果要提升领导素养，那就应该努力学习哲学，养成独立思考的习惯。

（2）成熟就是在表达自己的情感和信念的同时，又能理解他人的想法和感受的能力

双赢思维有四个步骤：首先要从对方的角度看问题，真正理解对方的想法和实际需要；其次，认清主要问题和顾虑；再次，确定大家都能接受的结果；最后，找到实现这种结果的各种可能途径。

2. 道家说："形而下者，谓之器；形而上者，谓之道。"从我做起，从心出发

（1）领导干部要把握好四种思维

前瞻的战略思维。真正的领导者应该能够准确地判断形势，判断可能发生的危机，以及可能引起的后果，并据此果断做出决策；

厚重的历史思维。做到上能了解民族历史，吃透国家发展战略，下能指导本职工作，以历史视角抓工作，思考问题；

哲学的辩证思维。用哲学辩证的方法解决工作中的问题；

积极的问题思维。改革要有强烈的问题意识，以重大问题为导向，研究思考关键问题，着力推动解决发展中面临的系列突出矛盾和问题。问题是改革的原动力，改革往往以发现问题为起点，又以解决问题为新的起点。

（2）战略家的时空概念与众不同

所谓战略思维，指领导人准确认识组织、行业的发展变化规律，具有前瞻性，并准确把握机会的能力。包括四个维度：高度、宽度、深度和时间维度。

战略思维的高度，就是把握规律的前瞻能力；战略思维的宽度，指综合思考问题的能力；战略思维的深度，指对行业发展的洞见；战略思维的时间维度，表现在对学校过去和未来的准确把握。

（二）成就个人品牌：将思想转化为力量

21 世纪的工作生存法则就是建立个人品牌，它能将你的名字变成"钱"。成就个人品牌的 8 个要素：

要素 1：有原则。你一定是一个特别坚持原则的人，你坚持的不是别的东西，而是你自己的价值观。

要素 2：被识别。你一定有一处或几处和其他人不一样，具有明显的区别。

要素 3：能持久。你所做的工作一定具有持久性，因个人品牌塑造实际上是一个积累的过程，人们往往很容易记住一辈子出色地做好一件事情的人。

要素 4：要诚信。诚是儒家的为人之道，为人处世，当以诚信为本。

要素 5：有能力。能力是品牌塑造的基础，没有能力就没有发展的机会，没有发展就谈不上个人品牌塑造。

要素 6：负责任。责任是智力和境界的象征，敢于承担责任的人自然受到众人的尊重，责任是个人品牌的根基，天下兴亡，匹夫有责，责任二字重千金。

要素 7：有修养。修养是塑造个人品牌的灵魂。有一颗不断进取的心，言

行均合乎规矩且在思想、理论、知识等方面都达到一定的水平。

要素 8：会传播。传播是塑造个人品牌的手段，个人品牌的塑造其实就是以自己的价值观作为影响受众群体的支点，让你的行为使你的受众群体产生深刻的印象，你一旦塑造了个人品牌，将一辈子受益无穷！

（三）思维力是智力的核心

思维力是人脑对客观事物间接的、概括的反应能力。当人们在学会观察事物之后，他逐渐会把各种不同的物品、事件、经验分类归纳，不同的类型他都能通过思维进行概括。

1. 给你的大脑"洗澡"

研究表明，左右一个人成功的最关键因素是思维模式，不在于智商的差异，思维和观念才是控制成功的核心秘密。"人的大脑里蕴藏着丰富的宝藏，而思维方式，是其中最珍贵的资源"。

（1）善于"将脑袋打开一毫米"

有想法的人才是天才，突破经验性思维。莫言的成功不是靠"三寸不烂之舌"，而是靠他三寸不朽之笔和他梦幻般的思维。爱因斯坦说："学习知识要善于思考、思考、再思考，我就是靠这个方法成为科学家的。"比尔·盖茨说："人与人之间的区别，主要是脖子以上的区别——思维方式决定一切！"

美国一家牙膏公司在业绩停滞不前的时候，有人提出了"将现在的牙膏开口扩大一毫米"的建议，这使该公司的营业额增加了 32%。一个小小的改变，往往会收到意想不到的效果。每天改变一点点就是创新的开始，每天创新一点点就是成功的开始。改革创新的精神，其实就是在新知识、新事物、新问题面前，"将脑袋打开一毫米"。

（2）杜威：教师应是学生思维能力的领导者

为了有效地发展学习，形成良好的思维习惯，教师应该让学生"做中学"，使学生养成创造的习惯，培养其创造性思维能力。教师要想成为学生思维的领导者，要将反省思维划分为五个阶段，并应用"五步教学法"：

第一，学生要有一个真实的经验的情景，即要有一个对活动本身感兴趣的连续的活动；

第二，在这个情景内部要有一个能够作为思维刺激物的真实问题；

第三，学生要有必要的知识资料，从事必要的观察，对待这个问题；

第四，学生必须能够有条不紊地展开他所想出的解决问题的办法；

第五，学生要有机会和需要通过应用检验他的观念，进一步明确想法和观念的意义，并让学生自己发现这些想法或观念是否有效。

学习是学生的天职，学习就是学会思维。教师必须将学生思维能力的培养作为教学的主要任务。

2. 成功 = 正确思考 + 个人能力

正确思考是一种能力。要培养正确思考的能力，应做到以下几点：

我信我能，我会。无论你面对什么样的困难和挑战，一定要给自己积极的心理暗示，相信自己一定能行。在进行心理暗示的同时也要积极进行思考，找到解决问题的方法，只有这样，才能把事情做好。

用专长与人较量。人与人之间的竞争，不是聪明与不聪明的比赛，而是不同专长的比较。如果一个人能在自己专长上发挥 86% 的能力指数，那么他就可以第一个成功了。

运用科学方法。一旦你找出了问题，分析了情况后，你就可以开始寻找解决问题的办法。同时，你要避免那些看起来似乎很好的答案，而要寻找一些科学的，甚至是不太常见的方法来解决。

心动不如行动。梦想是成大事者的起跑线，决心则是起跑时的枪声，行动犹如赛跑者全力地奔驰，唯有坚持到最后一秒，方能获得最后成功。

二、掌控发展的力道：找到你的杠杆

要创建风清气正的政治生态。政治生态好，人心就顺，正气就足；政治生态不好，就会人心涣散，弊病丛生。政治生态建设的“组合拳”打到了点位，打出了力道，才能呈现风清气正、干事创业、崇廉尚实的新气象。

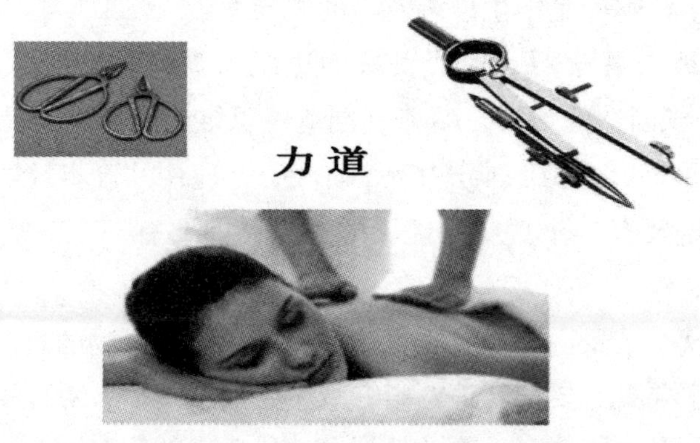

（一）走向实践的理论："支点"的困境与超越

1. 思维定势是一种习惯

习惯是一个人的资本，你有了好习惯，你一辈子都有用不完的利息；你有了坏习惯，你一辈子就有偿还不了的债务。世界上最可怕的力量是习惯，世界上最宝贵的财富也是习惯。

例：美国康奈尔大学威克教授曾做过一个实验。

把几只蜜蜂放进一个平放的瓶子中，瓶底向着有光的一方，瓶口敞开。而他发现蜜蜂们只是向着有光亮处不断飞动，并不断撞在瓶壁上。最后当它们明白，自己永远都飞不出这个瓶底时，便不愿再浪费力气，而停在光亮的一面，奄奄一息。然后把蜜蜂倒掉又换几只苍蝇进去，没有多久，苍蝇却一个不剩地全飞出来。因为苍蝇能多方努力，飞行时或上或下，或向光或背光，一旦碰壁，发现此路不通，立即改变方向。

思维定势是一种习惯，习惯用固定的角度来观察和思考事物，每个人也都在不同程度地被自己的习惯和惯性思维左右。

2. 意志力是心智的"统帅"

人的意志力就如同一个充电电池，其放电的能量是由它的容量和它的疏导系统决定的。它可以积聚很多的能量，在一定的条件下能够释放出强大的电流。

（1）自我锤炼，铸造意志力

·"提升"注意力；

·"想"出意志力；

·"炼"出意志力；

·"看"出意志力；

·"思"出意志力；

·"嗅"出意志力；

·"读"出意志力。

（2）忍辱负重则是一种境界

忍，是心头一把锋利的刀，要培养刀捅心头而不惊的气度，后人尊称"太史公"的司马迁如果不能忍受宫刑之辱，又怎能完成流芳千古的《史记》，成为人人敬仰的史学家呢？

很多非凡的人物都具有这种在强大意志力支配下的卓越的思考能力。法国统帅拿破仑在这些方面就有着惊人的能力。

（二）活用心理杠杆：给他人无形的威慑力

学者们说："你真正的生命，是你的思想。"人应该用思想来生活，"把自己保持在理性的轨道上"。你的终点在哪里，也许并不重要，重要的是你要有完善的"供血"体系和"造血"机能。最后的胜利者，一定属于内力充足的人。他们知道自己想要什么，并且始终坚持下去，享受过程的快乐，并努力不让自己脱轨，这就是人生最大的成功。

1. 创新能力与抗挫能力呈正相关

为研究我国青少年创造能力培养情况，设计的调查问卷里有 4 个问题：

问题 1：你是否具有自信心与合作性？

问题 2：许多别人认为平常的事，你是否自认为有强烈的兴趣与好奇心？

问题 3：对于老师或课本上的说法，你是否"时常表示怀疑"？

问题 4：即使遇到不幸、挫折或反对，你是否"仍能保持工作热情"？

这四个方面分别彰显了青少年创造性素养特征，而要具备每一方面，都需要有一定的抗挫能力。

第一，自信。人只有对自己有信心，才能够直面挫折，从容应对。如果没有自信心，怎么能够接受挑战。

第二，兴趣。只有在遭受挫折之后仍然保持良好的心态，才能有强烈的兴趣和好奇心。如果一遇挫折就痛心疾首，还有什么心情做事？

第三，质疑。只有不怕遭遇挫折，才敢于对关心的事物表示怀疑。如果总怕碰钉子，不敢向权威挑战，怎么可能创新？

第四，毅力。只有意志坚强，百折不挠，才能在挫折之后仍然保持工作热情。如果一不顺利就垂头丧气，怎么能够东山再起，重新上路？

很明显，这四个问题检验的是创新能力，同时考察的是抗挫折能力，因为抗挫折能力是创新的前提和条件。

2. 提高思想的穿透力

什么是思想？两个字组成，前者为"思"，就是"耕心上之田"；后者为"想"，就是"心之成相"；"心之成相"，也就是"境由心造"。思想的威力关键就在于这个"相"，实际上就是"像"。

（1）思想的运行行为分为以下过程

过程 1：大脑形成一个、几个念头，甚至乱七八糟的想法。这是左脑的作用，我们感到想得很累很沉，就是这一阶段。

过程 2：左脑的想法、念头不断被梳理、筛选、过滤、澄清，又与右脑不断地沟通、交流，在右脑中越来越清晰地形成图像，这是右脑启动的一个过程。

过程 3：想法、图像在大脑中并存，左右脑同时使用，理性与感性，逻辑与直觉在斗争，图像更加清晰，且趋向理性化，这是使用全脑的一个过程。

过程 4："思"与"像"，理性与直觉经过斗争、交流，最终在右脑形成一幅图像，它如同我们认识事物的一个模型，这个模型越来越接近于真理——原型。原型也就是储存于心底的相片，两者产生共鸣，于是原型就从深深的心灵海底中浮现出来，这就是事物的本来面目。

过程 5：真相主宰了人，转化为行为，变成巨大的力量。

（2）如何提高思想的穿透力

穿透力是指工作切入准，层面深，有的放矢，具有针对性和实效性。如何提高思想的穿透力？要在增强正确舆论引导的亲和力和吸引力上下功夫，增强正确舆论引导的控制力和导向力、穿透力和影响力。用好头脑里的"第三只眼睛"，透视未来。

电视剧《亮剑》中的李云龙说："任何一支部队都有自己的传统。传统是什么，传统是一种性格，是一种气质，这种性格和气质大部分又是由组建这支军队时的首任军事首长或最高长官的性格和气质决定的，他给这支部队注入了灵魂，从此，不管岁月流逝，人员更迭，这支部队的灵魂永在！"

思想意识的穿透力，就是你的思想意识带动你行为本身，穿越重重的思想或者意识的障碍，从而走向一个更积极进步的境界与行动！让我们共同不断地提升自我的思想意识的穿透力！

（三）找到你的杠杆："经营"人生

阿基米德说："给我一个支点，我能撬起整个地球！"虽然撬动地球的"支点"不好找，但是成就事业的"支点"，却从未远离我们。这个"支点"就是自我管理，而"杠杆"就是我们现在具备的各项能力。

1. 寻找成长的引擎——聚焦的力量

聚焦，就是当自己定位准确之后，把自己的时间、精力、财力、物力等可支配的资源和关系聚焦到同一个点上，然后不断地聚焦、聚焦、再聚焦。聚焦产生的巨大力量，就像在太阳底下，拿着一个放大镜将太阳光的能量聚焦在一个火柴头上一样，随之将产生巨大的热能。

成长力是一个人持续成长的能力，也是一个人赢在职场的支点，成就事业的杠杆。不论一个人曾经多么辉煌，昨天多么优秀，也不能停止成长。不但要学习，还要学得更快，才能借助成长力在社会上保持竞争力。

找准“切入点”。研究人员要有创造性的眼光，无论做什么事情，都有个找切入点的问题。找准了，能起到纲举目张的作用。

把握“着力点”。着力点，顾名思义就是致力于完成某项任务或工作时的重点着手之处。教师应该能够懂得育人的方式方法，教育研究的道路上还有许多问题等待我们去探索。

开拓“创新点”。英国对“创新”一词的定义——“新思想的成功应用”。创新的源泉在于学习，学习的成效体现于创新。成就创新需要一个开放的心态，一个共赢的心态。在学习态度上要汇聚“五心”——诚心、静心、虚心、恒心、信心，在学习方法上要注重“五多”——多看、多听、多问、多思、多悟。

激活“兴奋点”。常言道：“兴趣是最好的老师。”在平时的工作中，有效激活自己的工作兴奋点。要在书中找知识，在别人身上找知识，当然也不可忘记网络时代的新知识。

2. 哈佛精英的人生轨迹

美国哈佛大学针对 1970 年毕业的一批天之骄子做了一项长达 25 年之久的目标研究。研究发现：3%的人，有清晰且长期的目标；10%的人，有清晰但比较短期的目标；60%的人，目标模糊；27%的人，没有目标。那么，25 年后，即 1995 年，这些持有不同目标的人们生活状况如何呢?

3%有清晰且长期目标的人：25 年来，几乎不曾更改自己的人生目标，都朝着同一个方向不懈努力，25 年后，他们都成了社会各界的顶尖成功人士，他们中不乏白领创业者、行业领袖、社会精英。

10%有清晰但比较短期目标的人：大多生活在社会上层，短期目标不断被达成，生活状态稳步上升，成为各行各业不可或缺的专业人才。

60%目标模糊的人：几乎都生活在社会的中下层，过着安稳的生活，有着稳定的工作，没有什么特别的成绩，平淡地生活着。

剩下 27%从来没有目标的人：几乎都生活在社会最底层。

三、大脑管理：让思维呈网络化

没有想象的教育是残缺的教育。想象力会使人类自身产生心灵的革命，从而超越一切“智能人”，超越自身的束缚，进化成为智慧、和谐的新人类。爱因斯坦说，想象力概括着世界上的一切，推动着进步，是知识进化的源泉。

（一）建构知识网络：给你的大脑装上“搜索引擎”

教育冲破学校围墙和国门，正在形成一个覆盖全球的网络化、数字化、智能化、个性化的教育体系，这为每个中国人实现教育梦想开辟了新天地。

1. 互联网给教育带来革命性影响

影响 1：新技术是革命的动因，教育范式由工业化时代转向信息化时代。

影响 2：学生过上数字化学习生活，网络塑造一代新人。

影响 3：放大优秀教师的智慧，促进教育公平。

影响 4：依托大数据技术，教育治理体系和治理能力走向现代化。

影响 5：互联网让学习无处不在，学习型社会正在形成。建设“人人皆学，处处能学，时时可学”的学习型社会。

学习、研究、探寻、筛选、整理、精心研读各级各类教育报刊杂志，浏览教育系统的专业网站，搜索教育最新信息，分析其动态，以及基层学校教育实践活动状况，这为教育教学管理提供有参考价值的适用的经典的教育科学信息。

2. 让思想力转化为生产力

思想力也是生产力。现在的学校开始重视文化了，很多学校领导和政府行政部门的领导，都在进修管理科学，在学校内部也重视文化建设、人性管理，“富而思文”了。

（1）勤于思考是智者的思想力

思考是分析、创新、总结、提高的精髓。学习与思考都在“用心”上得到验证。巴尔扎克说：“一个勤于思考的人，才真正是一个力量无穷的人。”真正的智者，就是在不断思考、善于思考、刻苦思考的勤奋中，体现其思想的力量。

教师应拥有思想力。理性的教育需要成熟的教师，而成熟的教师首先应该思维敏捷，思路开阔，思辨力强。教师有了正确的思想力，就能在各种诱惑面前经得起折腾，耐得住寂寞，守得住原则，就能筑牢自己的精神家园，肩负自己的责任，展现出松树的“骨气”，竹子的“硬气”，蜡梅的“傲气”，荷花的“正气”，鹤的“志气”及杜鹃的“豪气”。有了思想力的教师就能对教育战略与定位进行反思，把对教育发展的情感和观点融入到生命中去，使自己成为有个性、有特长的教师。

（2）思想的力量是以社会为基础，以实践为根基的。思想的力量是以真理为追求、以责任为目标的。

思想力具有以下基本特征：

特征1：反思性与批判性。思想与实证科学“知识”不同。思想力以自我反思与批判的方法，把人们从传统、经验、惰性、习惯、定势、模式等种种束缚中解放出来，是一种“解放性力量”。

特征2：对人与社会前途和命运有强烈的忧患意识。思想力是一种能够有效地促使人们从被动到主动、从不合理向合理的“转化性力量”。

特征3：强烈的独立性和自主性。思想力通过把思想有效地引入人们的现实生活并掌握人们的大脑，进而自觉主动地改造生活现实的“建设性力量”。

特征4：前瞻性。思想为人与社会的未来发展提示种种新的可能性，思想力是一种激励人们不断前进、创造未来的“前导性力量”。

3. 人与人之间的最大差异，就在于思想的差异

恩格斯说：“一个没有理论思维的民族，是不可能站在科学的最高峰。”

（1）思想力是万力之源，执行力来源于思想力，思想力的升华与价值的体现在于执行力。

诺贝尔奖获得者丁肇中说：“成为一个杰出科学家最重要的，第一是要对科学感兴趣，认为从事的科学是你一辈子唯一的乐趣，其他都是次要的。假如你没有这个信心的话，你就不应该从事科学研究，而应该做别的。”

人的主观能动性，是人类特有的能力与活动，包括互相联系的三个方面：

第一，人类认识世界的能力以及人们在社会实践的基础上能动地认识世界的活动，突出地表现为通常说的“想”；

第二，人类改造世界的能力以及人们在认识的指导下能动地改造世界的活动，即通常所说的“做”；

第三，人类在认识世界和改造世界的活动中所具有的精神状态，即通常

所说的决心、意志、干劲等。

（2）思想堪称永恒的智慧。佛家讲，一个人要升华，必须经过几个过程：

过程 1：历练。就是千锤百炼，要受磨炼、折磨、熏陶，什么样的酸甜苦辣都要经受过；

过程 2：顿悟。就是在历练之后，经过自己的思考，有了一种豁然开朗的感觉，也就是“天眼”开了，能看清是非了。

过程 3：蛹化蝶。也就是说像凤凰涅槃一样。力是有功能的，思想力就是经过这样三个阶段之后，形成一种有功能的思想。思想力就是思维能力。

思维的“灵活性”包括四个方面：

思维起点的灵活性。即能否从不同的角度、方向、方面按照不同的方法来解决问题；

思维过程的灵活性。即能否从分析到综合，从综合到分析，灵活地进行综合分析；

概括和迁移能力。是否愿意和善于运用规律，能否触类旁通；

思维的结果是多种合理而灵活的答案。苏格拉底说：“教育不是知者随便带动无知者，而是师生共同追求真理。”

（二）识人密码：让你的眼睛变成扫描仪

思想有力道，文字才有嚼头。思想有深度，文学才有力度。作家的思想秘密就隐藏在“怎么写”“写什么”的艺术话语中。愈是伟大的作家、伟大的作品，其思想性与艺术性的融合度愈高，而且，在这种融合中，其思想性的生命力往往占据更突出的地位。

一个民族丧失了思考的能力和习惯是危险的，那最终会危及整个社会的发展。文学给思想留下了纵横驰骋的空间，如何在“解构”的狂欢中多一些积极的“建构”，达尔文说：“我一生主要乐趣和唯一职务就是科学工作，对于科学工作热心使我忘却或者赶走我的日常的不适。”爱因斯坦说：“推动我进行科学工作的是一种想了解自然奥秘的抑制不住的渴望，而不是别的感觉。”

1.《力道：思维的领导》研究框架

力道	定义	构成要素
思想力	思想力指思想的深度和力度，通过不懈地学习、磨炼，打造出坚定的正确方向，高度的自觉意识和不断增强的主观能动力。 思想力，必须能够抗打击，坚定地执行自己的意志。	思想是思维活动的结果，正确的思维依赖于正确的哲学意识和逻辑。思想的深度决定思想的价值。提高思想力需要从问题开始，从灵活的正确的思维入门。
执行力	执行力是在既定的战略和愿景的前提下，组织对内外部可利用的资源进行综合协调，制定可行性的战略，并通过有效的执行措施从而最终实现组织目标，达成组织愿景的一种力量。	完成任务的意愿、能力、程度。对个人而言，执行力就是办事能力；对团队而言，执行力就是战斗力。
学习力	学习力指个人或组织学习的动力、毅力、能力、效率及学习转化力的综合体现。学习力是把知识资源转化为知识资本的能力。一是能以最快速度，最短时间学到新知识，获得新信息的能力；二是加强“组织学习”，形成具有特色的组织文化；三是以最快速度、最短时间把学习到的新知识、新信息用于变革与创新。	学习动力； 学习毅力； 学习能力； 学习效率； 学习转化力。
创新力	创新原意有三层含义：一是更新；二是创造新的东西；三是改变。 创新力是个人、学校、国家发展的动力所在，而团队创新力的提高来源于组成团队的每个个体的创新力。	观念创新； 技术创新； 组织创新。

2. 教育和智慧是国家活力永不衰竭的新资源

学习力是最本质的竞争力。清华大学教授谭浩强说：“现在衡量人才的标准已经由知识的积累改变为知识的检索和知识的创造。人应该在最短的时间内，用最有效的方法获得原来不知道的知识，这是新时代学习能力的象征。”

全球化的“脑”分工：世界董事会在欧美，世界办公室在印度，世界加工厂在中国。以硬盘为例：

国别	生产分工	获得价值
美国	整体设计	\$229
日本	设计 60G 硬盘	\$67
中国	组装 60G 硬盘	\$3

从中国制造到中国创造，教育的责任：从童年时代开始培养中华民族下一代的创新思维。未来唯一持久的优势是有能力比你的竞争对手学习得更快。

（三）路径探寻：找到从当前状态通往目标状态的路

好领导都是集梦想家思维、实干家思维和批评家思维于一体，用梦想家的思维描绘愿景，用实干家的思维设计行动，用批评家的思维防范风险。

1. 智慧教育不仅是一种技术化的教育，更是一种新型的教育形态

智慧教育不是现代化、信息化社会环境中的一个动人标签，而是被赋予了深刻的内涵以及人们对信息技术引领教育改革发展的美好期望。尽管智慧教育指向技术支持的教育环境，但其核心都聚焦在如何符合学生的学习风格，如何培养学生思维和问题解决能力，如何实施协作和个性化的学习。因此，智慧教育不是传统意义上的计算机辅助教学，而是信息技术与教育深度融合的产物，它不仅是一种技术化的教育，更是一种新型的教育形态。

智慧教育不是智能技术的教育，而是教育范式的系统转变。为此，智慧教育的理论和实践者不仅要关注智慧教育环境的构建，更应重视智慧教育的教育属性，把智慧教育作为一种现代的、新型的教育形态来研究和实践。只有这样，才能发挥信息技术在引领教育教学创新的作用，才能促进教育教学的创新。

2. 中国教育亟需培植创新性思想力

教育价值观应由前喻文化的“过去时”转向后喻文化的“未来时”，人才标准观应由“全面发展型”转向“主体创新型”，高考目的观应由“知识中心论”转向“创新思想力至上论”。

既然人才评价观是求“新”求“特”，那么高考自然要作同步调适，即以弘扬创新性思想力和表达力为主要目的，以基于认知、记忆和理解之上的逻辑推断、缜密演绎、深度论证、独立评论为选才的最高能力取向。为此，中国教育及考试的目标必须从锻炼复制粘贴式的“应试力”发展为培植超越性和独创性的思想力。

例：一个国家建国 35 年便有人获诺贝尔奖。

有人做过专门的研究，一般来说，一个国家建国 35 年便有人可以获得诺贝尔奖：前苏联建国 39 年获得，捷克建国 41 年，波兰建国 46 年，巴基斯坦建国 29 年，印度建国 30 年都分别获得过诺贝尔奖。中国建国 60 多年才有人获得诺贝尔奖。

欧美的教育重视未来，我们的教育太看重现在，看重每一个局部的眼前利益。这就是文化的差异，这就是我们迟迟获得诺贝尔奖的原因。

3. 解放生命蕴含的潜在能量

思想力的强弱与民族生命力的盛衰的确有着极为密切的联系，中国的社会变革，正急切需要强大的思想力作为支撑。

（1）思想力无疑属于“道”的层面

比海洋更宽广的是天空，比天空更宽广的是思想。思想力源自对事件的思考，并在思考的基础上分析与评论，注重的是分析问题与发现问题。

理论再先进，没有人去落实也是没有实际意义的。人的行为是受思想来支配的，正确的思想才能产生正确的行为。

三国时曹操在违纪时能“以发代首”，斩发示众，获得了好名声。这是一次生动的“思想政治课”，赢得了士兵的尊重，同时也严明了纪律，这样的思想政治工作比口若悬河地说半天效果要好。

（2）挖井的故事

两个人挖井取水，其中一个人平时兴趣广泛，爱好很多，另一个人做事兢兢业业，总喜欢琢磨同样的事情。——归根结底就是两点，“坚持”和“重新来过”。无穷的想象，无穷的故事。当你的思考不断发挥的时候，你的智慧也不断发挥。

挖井的故事告诉我们：集中所有精力在一个点上，往往能够取得巨大成功。执着是成功的前提，有了执着的心，才能真正地做好一件事。一个人要做好职业生涯规划的第一步是定位。挖井人寻找挖井的地方，需要有好的洞察力！这个地方地下有没有水，挖井人接下来不断地挖井。一个专业或一个行业往往能让你奋斗一辈子！

第一章　思想力：能力之本

思想力指思想的深度和力度，通过不懈地学习、磨炼，打造出坚定的正确方向，高度的自觉意识和不断增强的主观能动力。思想力，必须能够抗打击，坚定地执行自己的意志，执行力是第一要素。

第一节　思想者：创造思想，生产知识

思想力就是竞争力。一个组织的战斗力首先取决于理念、目标、灵魂、文化高度的一致性。一个人如果没有力量，便不可能取得成功。只有你由衷地召唤力量，不停地吸取力量，你才会得到力量！

一、思想力不再是一个概念，已成为一门学科

思想力是人类行为的基石，是一个人经过成功和失败的洗礼之后，形成的一种有功能的思想。思想堪称永恒的智慧，用思想打造执行力。

（一）激荡智慧：教育领导力修炼

“思想是要你自己在阵痛中去生产出来的。”思想是思维活动的结果，正确思想取决于正确思维方式，正确的思维依赖于正确的哲学意识和逻辑。灵活的思维能力，是产生丰富思想的源泉。“思想的质量”既表现在正确性方面，也表现在深度方面。思想的深度决定思想的价值。有深度的思想以深厚的文化知识积淀和深度的专业理解为前提。思维的空间越大，思维的自由度越高。知识不仅来源于书本，也蕴藏于大千世界。视界宽泛，自然会才思涌动。提高管理者的思想力需要从问题开始，以知识为基础，从灵活、正确的

思维入门。

1. 教育改革需要吃“中药”，而不是吃“西药”

中国的教育改革需要吃“中药”，而不是吃“西药”。因为“中药”是综合施治，它用许多因素来推动改革，见效是慢的，但是现在效果已逐步显现出来。中医的长远功效还往往是西医力所不及的。

（1）教育改革顶层设计的思想力

领导者不仅应是有执行力的人，还更应是有思想力的人，其思想力展现为“博学之，审问之，慎思之，明辨之，笃行之”。他们在顶层设计中，秉持“有思想，识规律”，做到“有观点，有方向，有定力”，从而实现和保证了教育的科学发展。

教育研究的四个层面：

“道”，教育规律、理论研究，宏观研究，追求理论的系统性、科学性。

“法”，教育政策研究，宏观研究，追求政策的科学性、公平性。

“术”，教育策略行动研究，中观研究，追求途径的可行性、实效性。

“器”，教育技巧、方法研究，微观研究，追求方法的个性化、艺术性。

教育的“道、法、术、器”研究是一个相互依赖、相互贯穿的整体，不能把它们割裂开来，只有这样才能真正把教育科研成果转化成教育生产力。

（2）教育改革需要吃“中药”，而不是吃“西药”

医生：延长生命的“技术”。要配好教育改革这服中药，需要标本兼治，辨证施治，综合治理。在配这服药时，可能少一味药，这都会影响治疗效果。

要配好教育改革这服中药，需要广泛征求民意，吸收民间智慧和力量。认真审慎地征求公众意见，集中各界人士的建议和智慧，共同研判一个切实可行的药方。对待旧疾顽症，既不能拖，也不能急，特别是不能急功近利。只要用对药，假以时日，教育的痼疾定能祛除，教育事业将走上更加健康的发展之路。教育问题久治不愈的根本在于教育管理思维的故步自封。

新型教育管理者应是教育管理的研究者。要让人产生敬意，就要研究一个非常专业的领域，在那个领域中，你是最顶尖的，这样无论任何时候你都有话说，有事情可做。

（3）如何攻克世界教育史上的“癌症”

“厌学”被称为世界教育史上的“癌症”，如何激发学习的兴趣和主动性成为广大教师和家长的难题。思维教育是解决学校重大发展问题的杠杆。

兴趣是人生的“方向盘”。兴趣是人的基本需要，是人的一种内在动力。兴趣的源泉是人的伟大天性——好奇心，正因为如此，人们才带有感情色彩地积极地去探究某种事物和活动，人们才会产生揭示自然和人类奥秘的强烈欲望，才有了对真理的执着追求。

孩子一接触到自己感兴趣的学习内容或活动，态度就积极，心情就愉快，思维就活跃。苏霍姆林斯基说：“他们带着一种高涨的、激动的情绪从事学习和思考，对面前展示的真理感到惊奇甚至震惊；孩子在学习中意识和感觉到自己的智慧力量，体验到创造的欢乐，为人的智慧和意志的伟大而感到骄傲。”

2. 教育应该从灵魂开始

理念是人们经过长期的理性思考及实践所形成的思想观念、精神向往、理想追求和哲学信仰的抽象概括。

（1）办学理念回答学校是什么的问题，是校长基于“办怎么样的学校”和“怎样办好学校”的深层次思考的结晶，是学校生存理由、生存动力、生存期望的有机构成。

理性思考办学理念的“四个维度”：

维度1：政策理论基础。办学理念应以国家的教育方针、政策和法规为指导，树立现代教育观，思考形成怎样的办学理念。

维度2：继承传统与创新。以学校的优良传统为基础，在继承传统的基础上求发展，这是办学的基本思路。

维度3：借鉴外校经验。借鉴兄弟学校的经验，开拓办校思路，丰富校长的思想，从而使学校的办学理念有思想高度，并且更充实。

维度4：体现时代精神。学校的某一发展阶段里的办学理念，要适应当前社会发展的需要，体现时代的精神。

（2）毛泽东说：“人是要有一点精神的。”

怎么理解这种精神，怎么理解人生的信仰与价值，这却是个历久弥新的时代课题。美国《时代》周刊2000年编辑的《人类1000年》一书中，在评选出的过去1000年“影响人类文明发展进程”的100件事中，中国有3件事入选，其一就是长征。

《长征——前所未闻的故事》的作者哈里森·索尔兹伯里，早就已经预言：“阅读长征的故事将使人们再次认识到，人类的精神一旦唤起，其威力是无穷无尽的。”

邓亚萍，国家著名的乒乓球运动员，退役后去清华大学读书的时候，她的英语水平是 26 个字母都认不全，针对这样的教育对象，清华大学制订了一套教育方案，最后使她成了英国剑桥大学的博士生。

（二）引领成长：研究自己，为自己而研究

人修炼到什么程度，你的事业就能发展到什么程度。居里夫人说：“科学的探讨研究，其本身就含有至美，其本身给人的愉快就是报酬。所以我在我的工作里面获得快乐。”巴甫洛夫说：“感谢科学，它不仅使生活充满快乐和欢欣，并且给生活以支柱和自尊心。”

1. 愿景是内心的渴望，文化管人管灵魂

文化植入——从管行为到管思想。能成大事者，都是机会来到时抓住机会，能解决问题，达成目标的人。

（1）沉浸在自己喜欢的事业中

寻找一种有生命自觉意义的生活，让读书来拯救我们的灵魂！建立三个阅读圈：学科层面、教育学心理学层面、大文化大哲学层面。

例：用行动证明思想在远行！

阅读不能改变人生的长度，但可以改变人生的宽度。阅读不能改变人生的起点，但可以改变人生的终点。

网络学习，最关键的是要找到信息源。网络阅读需要有定力，这种定力体现在对选择的书籍或资料的阅读的深入程度上。

博客——个性化的知识仓库。

（2）思想和思想力的区别

思想：思想是基石，每个人都有思想，每一天都想着不同的事情，是大脑看到事物之后产生的联想反应。

思想力：思想力是人类行为的碑石，是一个人经过成功和失败的洗礼之后，而形成的经验和教训的结晶体。

——以诚信为基因，以大爱文化为主要内容塑造品牌是思想力。

——用时间换空间，用智慧和资本创造财富是思想力。

——用生命来奔跑，用血汗做燃料，坚持不懈追求卓越的精神是思想力。

竞争战略——“六力理论”

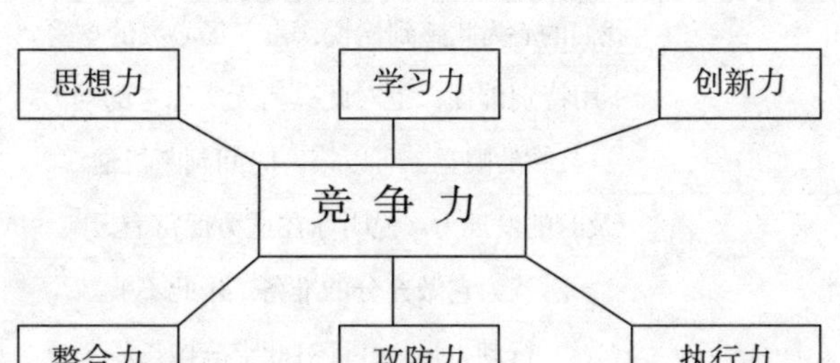

思想力包括战略思考、理念创新、颠倒思维、权变管理等。人们常说商场中“没有永远的敌人，只有永远的利益”。从竞争转移到优势构建上，就会发现，学校“经营”的战略目标既可以通过竞争，也可以通过合作来实现。这就出现了“双赢理论”。松下幸之助提倡“人同此心，舍身处地，立场轮换，创造双赢”。在美国企业界，有一句名言“既然你不能打倒它，就与它合作”。要知道，“战略行动”要依靠平凡员工创造非凡业绩，而不只是指望个别杰出人才带来奇迹。

2. 理念创新：木桶理论

一只木桶的盛水量，不取决于木桶最长的那块木板，而取决于最短的那块木板。管理学家根据这一规律总结成“木桶理论”。

原理 1：组织绩效取决于短缺要素。

原理 2：资源需均衡配置。

（1）什么是我们喜欢和要做的事

学生最大的发展基石是什么？是强大的思维能力；学生最大的短板是什么？是思维能力。所以，今天的教育，要侧重于对学生思维能力的教育。

教育者三问。

一问：事实层面。教什么？

二问：技术层面。如何教？

三问：价值层面。为什么？

真正意义上的教育实际上就是一个文化过程。教育一旦失去文化，所剩的只是知识的位移、技能的训练和应试的准备。北大在任最长的校长蒋梦麟说：“教育如果不能启发一个人的理想、希望和意志，单单强调学生的兴趣，那是舍本逐末的办法。”

心	我们的心为此感到愉悦，是一场心灵的享受。
脑	不用特别催促，也对此具有无穷思考的动力。
鼻	灵敏的嗅觉，可以第一时间判断机遇。
眼	及时的发现力，说明你在这方面富有天赋。
手	愿意为它做充分的准备，乐此不疲。
脚	行动力强，并且对此十分擅长。
嘴	善于为此沟通，在此领域内的表现和说服力强。

思维教育是提高成绩的推进器。学生的学习障碍，主要卡在思维上。思维是机器，学习成绩是产品。在思维能力发展的前提下，学生学习不费劲，学习成效高。发展思维能力，是提高学业水平、考试成绩的有效途径。

（2）思想是人的翅膀，带着人飞向想去的地方

机会需要我们去寻找。怎样使全民共同价值观入心入脑？思想力—灵魂唤醒灵魂。思想因远行而有力。思想必须经过行动才能得以实施，生命因思想而远行，思想因远行而有力，用双脚支撑起博大的心。

在绝望中寻找希望。哲学所能提供的是一种十分特殊的力量，即思想力。思想力推动行动力。思想力体现在思想、观念和行动策略方面。行动力体现在果断性、执行力和有效性方面，特别是要体现行动的有效性方面。一个没有思想力的人，一个没有理论思维的民族，是不会有前途的。

没有思维的发展，教育便没有高度和深度，人才也没有核心竞争力。当代的人才竞争，不是发生在国际奥林匹克物理、数学竞赛中，而是发生在面对新问题、新需要时，看谁率先拿出解决办法。想在这样的竞赛中获胜，除思维教育别无他途。

（三）求仁得仁：人才、大才和天才

思想力是领导力的灵魂。为什么曹操优厚的待遇留不住关羽？引才难，留才也难。一个小单位难以留住高素养人才，而留住高素养人才的“心”似乎难于上青天。

1. 人脉是你的最大存折

笑容是最饱含深意的“温度计”。松下幸之助说：“以笑脸相迎，就是有偿服务。”善，发源于心底，是一种奉献，一种力量。做人要存善心，尊善道，

行善举。

（1）领导作为灵魂人物，是全体下属学习和效法的榜样。要起表率作用。

在观念上，领导应将自己视为提供服务的人，其他人则是自己的服务对象。

在行动上，把“以我为中心”变为“以服务对象为中心”。这个服务对象，就是下属。须知，领导只是一个团队中的管理者，却不是这个团队的拥有者。

日本稻盛和夫的成功领导需要的五大素养。

素养1：摒弃私欲，具备使命感。抛开个人喜好，始终对员工抱有使命感，关注员工的幸福。

素养2：认清目标，勇敢实现。倾注热情向员工传递思想，把自己的能量转移到员工身上，从而调动员工热情，实现目标。

素养3：勇于挑战新事物。领导者唯有不害怕变革，并始终站在变革第一线，才有可能带领员工获取成功。

素养4：获取众人的信任和尊敬。具备时时深入思考事物本质的深沉厚重性格，做到公正、有勇气、谦虚和乐观开朗，才能获得众人的信任和尊敬。

素养5：抱有关爱之心。抱有关爱之心的领导者会获得员工的帮助，成为天助自助者。

（2）良好的行为习惯是人的素养的生长点

陶行知说：“我不是办天才教育，我办的是人才教育。”按照每个学生的特长才能、爱好，对他们提出一定的要求，加以定向培养，进行因材施教。这些“人才”在正确指导下经过“一”番努力，就转化成“大才”。对“大才”再进行深入的诱导，学生们自己再出“一”身力，流“一”身汗，“一”定时间之后，“大才”也就成为“天才”了。陶行知对培养天才的解释多么有道理呀！

朱棣文在哈佛大学演讲时说：“当你开始生活的新阶段时，请追随你的爱好。如果你没有爱好，就去找，找不到决不罢休。生命太短暂，所以不能空手走过，你必须对某样东西倾注你的深情。”

好习惯终生受益，坏习惯终生受累。培根在《习惯论》中写道：“思想决定行为，行为决定习惯，习惯决定性格，性格决定命运。”人的思想是万物之因。播种一种观念，收获一种行为；播种一种行为，收获一种习惯；播种一种习惯，收获一种性格；播种一种性格，收获一种命运。习惯是一种顽强的力量，可以主宰人的一生。

2. 领导力四要素：目标、自己、他人、系统

领导与管理的区别："领导是把梯子靠在正确的墙上，管理是沿着梯子往上爬""领导是在体制上做事情，管理是在体制内做事情""领导是艺术，管理是技术"等。即"领导是做正确的事，管理是正确地做事"。

（1）管理从以下几方面做正确的事情，提升领导力：

· 描绘一种激励人奋进的团队愿景；

· 建立高绩效的标准；

· 保持关心人的态度；

· 营造开诚布公的沟通氛围。

陈玉琨教授说，校长领导力包括：一是战略思维能力，即对学校发展机遇的把握能力；二是组织协调能力，即将办学思想转化为具体的办学行为，并团结各方积极因素的能力；三是课程教学的指导能力；四是评价与诊断学校现状的能力；五是争取社会支持的能力。

管理是"硬性"的，人的智慧是"软性"的。校长的管理信念、人格魅力、行为艺术等个人素养决定了学校管理水平的优劣。

（2）美国校长标准

标准 1：通过提出、表达、执行、保持整个学校团体共享和支持的学习愿景来促使每个学生成功的教育领导者。

标准 2：通过倡导、培养和维持有助于学生学习和教职员工专业发展的学校文化和教育方案来促使每个学生成功的教育领导者。

标准 3：通过对学校组织、运作资源的有效管理，保证一种安全、效率、效益的学习环境来促使每个学生成功的教育领导者。

标准 4：通过与家庭和社区成员的合作，对社区的多样化的利益和需要做出有效反应，调动社区资源来促使每个学生成功的教育领导者。

标准 5：通过诚信、公正的行为来促使每个学生成功的教育领导者。

标准 6：通过了解、反馈，影响政治、社会、经济、文化大环境，从而促使每个学生成功的教育领导者。

校长应是领导者和管理者的统一体，校长工作的核心是担当"教育领导者"，校长应是学习型学校建设的创建者，校长应成为与学校外部环境有效的合作者。

二、有思想力的人是万物的尺度

苏格拉底提出，“有思想力的人是万物的尺度”，他强调的是人的思想力。一个人有思想力，才知道如何思考，如何正确地思考。罗曼·罗兰说过：“一种理想，就是一种力！”一个优秀的教师，应该天生不安分，会做梦。思想力有三个特征。

特征1：内省性。形成一种新的思想力，首先要进行内省的过程。“吾日三省吾身”。思想力若要对客观物质世界施加作用，首先要对自己内部施加一定的影响。名师的思想力就是在不断的内省过程中逐渐产生的。

特征2：生成性。在实际教学工作中，教师常常得到一些思维的“碎片”，萌生一些新的教学观点或观念。如果将这些观点概括为指导教学的新准则，就需要教师进行思路的整理。思想力是一种提取力，也是一种展开力。从鲜活的实际工作中得到思想的灵光，需要运用理性的容器进行加工整理。

特征3：创新性。任何新生事物的出现，都经过了一段时间的积累与沉淀。创新力彰显名师的智慧与魅力。

（一）思想的劳动是美丽的，利剑总是败在思想之下

凡大师皆孤独。孔子感叹：“知我者其天乎！”有着深邃思想的大师必有其坚定的人生信仰。大师的思想具有深厚的人性内涵，联系着世道人心，具有现实性和理想性。雨果说：“人的智慧掌握着三把钥匙：一把开启教学，一把开启字母，一把开启音符。知识、思想、幻想就在其中。”

1. 求索·追随：信仰是时代灵魂

思想是地球上最美丽之花，一个拥有伟大思想的民族，才能拥有不断前进的动力。马克思说：“美是人的本质力量对象化。”

人生一般有三个层次：一是物质生活，二是精神生活，三是灵魂生活。信仰是人类的一种精神寄托，是通过内在的确定而选择的一种人生观、价值观和世界观，是人类对社会和人生终极目标的追求。它指引或潜移默化地影响着人的思想方式与行为方式。

信仰的本质是一种自我超越，是一种追求，也是一种生活方式和思维方式。真正的信仰可以将人的精神生活提升到最高境界，赋予人生积极的意义和动力，充实人的精神生活。

成功源自平凡工作的积累。“我们努力工作的最高报酬，不在于我们获得什么，而在于我们会因此成为什么”。有人说：“成功的人都是偏执狂，有才华的人都有棱角。”这种说法虽然有点片面，但是有一定道理。

2. 战略是刀尖上的哲学

政客是规划战争的，军人是执行战争的。战略是刀尖上的哲学，是如何有效地抵制暴力的学问。武，止戈也，真正会打仗的人是不轻言战争的。战争是“饥饿之虎”，是消耗的“无底洞”，没有哪个国家能够依靠不断战争维持强大，长盛不衰。任何国家和民族都应当力求通过非战争途径化解矛盾，自觉抵制和抑制“战争主义”、战争思维。

战略是刀尖上的哲学，是国家为生存和发展与他国博弈的学问，解决这方面的问题是要带刀子的。同时，战略又是研究国家发展能力的边界，即底线和极限的学问，解决这方面的问题没有哲学是不行的。战争是互动的对抗，“杀敌一千，自损八百”，打击对手的同时也会消耗自己。

例 1：华为总裁任正非说：“发展中的企业犹如一只饥饿的野狼。狼有三大特性：一是敏锐的嗅觉，二是不屈不挠、奋不顾身、永不疲倦的进攻精神，三是群体奋斗的意识。同样，一个企业要想扩张，也必须具备狼的这三个特性。”

例 2：据坊间传言，近年来，中国煤炭出口的传统市场一直以日本为主，但每年从中国进口大量煤炭的日本并不是把煤炭作为主要能源，而是将从中国运回去的煤炭在日本的下关下船，沉在内海海底进行储备，以防战时之需。

扩张战争就像一辆高速运行的列车，具有强大的惯性，一旦发动起来，再想一脚刹车就不那么容易了。事实上，明治维新以来的日本就是被自己设的“宏伟”目标打倒的。

（二）用合适的“法宝”驾驭既有能力又不服管理的人

通用电器前任总裁杰克·韦尔奇曾经讲过：“在你成为领导前，成功的标志就是自己成长；而当你成为领导之后，成功的标志就是如何使别人得到成长。”

1. 经营优势：善用“南风法则”

寓言。北风和南风比威力，看谁能把行人身上的大衣脱掉。北风首先来一个冷风凛冽寒冷刺骨，结果行人把大衣裹得紧紧的。南风则徐徐吹动，顿时风和日丽，行人因为觉得春意上身，始而解开纽扣，继而脱掉大衣，南风获得了胜利。

它告诉我们：温暖胜于严寒。运用到管理实践中，南风法则要求管理者要尊重和关心下属，时刻以下属为本，多点“人情味”，多注意解决下属日常生活中的实际困难，使下属真正感受到管理者给予的温暖。下属出于感激就会更加努力地工作。

发现力：平淡中见神奇。敢于反思，勇于自省，才会迸发自主成长的力量。

行动力：自主创造教育奇迹。做到眼里有事，手上有活，心中有人。

要善于思考，找准切入点，突破关键点，把握着力点，抓住落脚点。行动要有力。必须强化时间观念和效率意识，弘扬“立即行动、马上就办”的工作理念，每项工作都要立足一个“早”字，落实一个“快”字，体现一个“效”字，抓紧时机，加快节奏，提高效率。

2. 学做“瘦羊博士”

“瘦羊博士”是指能克己让人的人。汉朝建武年间，甄宇被拜为博士。皇帝每年腊月，下诏赐博士一只羊，羊有大小肥瘦，当时博士们为了分羊争议不休，建议杀羊分肉，将羊挂钩备杀。甄宇觉得可耻，就自取一只最瘦的，别的博士就不再争执了。这件事被皇帝知道了，对甄宇进行嘉奖。于是，“瘦羊博士”这个带有敬意的绰号就在京师传扬开来。

世界上没有绝对的公平，公平只在一个点上。人生最重要的价值是心灵的幸福，而不是任何身外之物。名次和荣誉，就像天上的云，不能躺进去，躺进去就跌下来了。名次和荣誉其实是道美丽的风景，只能欣赏。

做人如水，做事如山。生活中其实没有绝境。绝境在于你自己的心没有打开。你把自己的心封闭起来，使它陷于一片黑暗，你的生活怎么可能有光明！封闭的心，如同没有窗户的房间，你会处在永恒的黑暗中。但实际上四周只是一层纸，一捅就破，外面则是一片光辉灿烂的天空。

3. 管理者如何避免角色行为误区

古语说：“美玉藏于深山，人不知其美；黄金埋于地下，人不知其贵。”一个人如果不懂得表现自己的话，即使有着经天纬地之才，定国安邦之能，恐怕也不会受到别人的重视，他的价值也无法得到体现。

管理者的内部角色功能。

承上。也就是管理者同时要做好下属。一个人如果没有给你的上司做好服务，也没有资格去为人民服务。所以作为一个管理者首先要做好一个下属，履行下属的职责，承担单位的责任，执行上司的指示，达成组织的目标。

启下。管理者的第二个角色功能就是怎样做好一个上司。做好上司就是要做好组织的管理，所有的管理者不是员工选举产生的，而是组织任命的。所做的事是管理我们的团队，达成组织的目标，使得各项资源能够充分而有效地发挥。所以管理者代表的是组织。

平衡。管理者的第三个角色功能是如何在平衡之间处理事情，如何协调部门之间的矛盾等。

活用心理杠杆，给他人无形的威慑力。“一千个人的眼里，就有一千个哈姆雷特。”这是因为，一千个人有一千种性格，每个人看问题、想事情的角度都会有所不同。

（三）中国传统文化是一种信仰、一种精神和一种价值观

传统文化是魂，现代制度是纲，只有建立在现代科学的社会制度之上才能保障传统文化走得更远。

1. 现在的世界是“软实力”为王的时代，软实力的核心是一个国家的文化、价值观和社会制度的影响力。

一个国家的强大首先是文化的强大，文化的侵略远比战争的侵略厉害，武力只能控制你的身体，而文化它不仅可以控制你的身体，而且还可以俘虏你的心；武力入侵可以消灭一个国家，而文化入侵可以毁灭一个民族。

中国在世界历史上有过许多辉煌的时期，那些辉煌的时期都是文化最繁荣的时期。特别在亚洲当时受到中国文化影响最深的国家有日本、朝鲜、韩国、越南、老挝和柬埔寨，甚至有些国家以当时的汉语为官方语言，直到后来才创立自己的语言。

例：教育智库的建设路径。

教育智库在研究技术上，要由传统文献研究、问卷调查向依靠互联网、云计算、大数据平台等新技术转变。

在研究视野上，要由关注本土教育实践向积极开展国际比较、参与全球对话与合作转变。

在成果应用上，要由过去的注重学术理论成果发表向重视成果转化、产学研一体化发展转变。

在评价标准上，应把服务国家战略和教育重大理论与实践问题作为宗旨，向服务决策转变。

在激励举措上，瞄准国家急需的重大问题，必须通过协作的方式集中力量干大事。

在科研保障上，要由单一的经费支持向财政投入、拨付、社会委托等多元化保障转变。

2. 教育事业迎来内涵发展黄金期

教育是人类传承文明和知识，培养年轻一代，创造美好生活的根本途径。发展理念是推动发展的先导，从根本上决定着发展的成败。教育是最大的民生问题，让群众直接享受发展成果，为老百姓带来真真切切的实惠。

（1）教育新常态下的改革新思维

多做对国家有益的事，多办群众期盼的事，多做雪中送炭的事。时任教育部长袁贵仁在回顾总结2014年教育工作、分析研判教育形势和研究部署2015年的教育工作时，用了64个“改革”、70个“新”、26个“教育现代化”等字眼。这意味着以深入推进改革破解教育现代化进程中的瓶颈问题，依然是中国教育发展转入新常态的重要“风向标”。

迈向思维与知识并重的教育。教育是思维发展的主要外部动力和条件。我们要改变知识至上的观念，实行知识和思维并重并进的教育方式。我们必须强化思维培养，让思维能力进入教学目标、教学内容、教学过程，在学校和课程中，有意识地开展思维能力的训练。学校要培养能解决问题、能创造、可持续发展的人，要走出“学习，读书，当书虫，死读书，读死书，读书死”的唯知识主义文化传统。

知识是思维的载体，思维是通过知识来体现的，课程的知识表层下面，埋藏了丰富的思维内涵。知识是一条明线，思维则是一条暗线，它隐藏在知识的背后，构成另一类知识。教学要融合知识和思维，不能割裂两者，就知识教知识绝对不可取，而脱离了具体的知识空谈思维也难以奏效。每门知识的教学都要使学生开窍，都要发展学生的思维潜能，训练学生的思维能力，转变学生的思维方式，优化学生的思维品质。

（2）从依法治教中寻找改革的动力

法治是实现教育现代化的可靠保障。教育部长袁贵仁说，要按照“法无授权不可为”的原则，依法系统梳理职责权限，划定行为边界，减少审批及各种变相审批，把本该属于学校、社会的权力还回去，使行政行为都于法有据。同时，按照“法定职责必须为”的原则，把该管的管住管好，该服务的服务好，该协调的协调好。要求各级教育部门要按照这两个原则，尽早列出“权力清单”和“责任清单”，既要从“越位点”退出，又要把“缺位点”补上，并面向社会公开，接受社会监督。

3. 文化的实质在于思维方式这一关键属性

文化是社会的集体世界观，是一个群体的生存之道。文化是思想的产物，一定的思维模式创造一定的文化。在人类思想史上，马克思第一次对人的本质作出科学界定，主要有三个命题：一是“劳动或实践是人的本质”；二是“人的本质是一切社会关系的总和”；三是“人的需要即人的本质”。文化属性说到底就是人的悟性，悟的深浅，悟的多少，强势文化成就强者，弱势文化成就弱者。

马克思说：“在认识和改造世界过程中，人的一切思想和行为都是在一定的思维方式支配、调节下展开的，思维方式是人的全部活动得以展开的重要保证。”透视社会的三个层面依次是技术、制度、文化。文化属性是一种本能的反应，是最自然的一种条件反射。何为文化，就好比大缸里的水一样，水是咸的，你泡出来的东西就是咸的；水是甜的，泡出来的就是甜的。

三、思想有力道，文字有嚼头

文化管理的最高境界是让每一个被管理者都感到自己重要。远见，就好比在内心深处点亮了一盏明灯，可以照耀人前行的路。

（一）生活在自己的境界中：思想到了极致而开悟

德鲁克：管理不仅是一门学科，还应该是一种文化，一种包括价值观、信仰、工具和语言的文化。

1. 沉浸在自己喜欢的事业中

书法家王羲之专心于书法，一次他写字时书童把饼子和蒜泥端上来，请他吃饭。他的夫人走进来，只见王羲之满嘴是墨。原来他是用饼子蘸着墨汁吃的，还不住地对夫人说蒜泥好吃，好吃。

（1）尼采说：“人的一辈子都在寻找重要感！”

把工作的过程本身当作一个系统的学习过程，不断地从工作中发现问题，研究问题，解决问题。解决问题的过程，也就是向创新迈进的过程。

例：10 句话让你在职场游刃有余。

· 应答上司交代的工作：我立即去办！

· 传递坏消息时：我们似乎碰到一些情况……

· 体现团队精神：×× 的主意真不错！

· 如果你不知道某件事：让我再认真地想一想，2 点前答复您好吗？

· 请同事帮忙：这个策划没有你真不行啊！

· 拒绝黄段子：这种话好像不适合在办公室讲哦！

· 减轻工作量：知道这件事很重要，我们不妨先排一排手头的工作，按重要性排出先后顺序。

· 承认过失：是我一时疏忽，不过幸好……

· 打破冷场的话题：我很想知道您对这件事的看法……

· 面对批评：谢谢你告诉我，会仔细考虑你的建议。

（2）寻找一种有生命自觉意义的生活

生命的意义是一个解构人类存在的目的与意义的哲学问题。生命如艺术品一样，不论其长短，都在生命的过程中彰显着属于他的奇妙意义。“所有真实的都是朴素无华的”，所有人的人生都是平凡的。你需要一种不平凡的生命，则唯有在非功利的“永恒世界”中去寻找。人应当丰富人生，在有生之年实现自己的理想，快乐地生活。为社会和平、发展，奉献自己应有的精力，不虚度年华，不碌碌无为。

生存只是一种手段，最终的目的是为了完成自己的理想，实现一种价值追求。一个人怎样实现和创造自我的价值呢？每个人都有其独特的生活方式。以其生活的价值观、人生观的不同可分两类。一种是以天下为公，“先天下之忧而忧，后天下之乐而乐”，博大胸怀，以天下为己任，“为中华之崛起而读书”；另一种人，怀揣着“人不为己天诛地灭”的自私心理，损人利己，唯利是图。生命就是活出一种境界，一种奋斗努力的境界，一种成功的超脱。

2. 杠杆思维使管理回归简单：“复杂 = 简单”的奥妙

“治理大国，就像烹小鱼一样。”“管理企业，就像照顾家庭一样。”“指挥作战，就像下棋一样。”

（1）简单思维视角要求我们在看问题时，不仅要把简单的事情视为简单，同样也要把复杂的事情视为简单，前者对于一般人来说是理所当然的，但后者只有高智商的人才能做到。

寓言故事。有一个人丢失了斧子，就怀疑是他邻居偷的，于是他就仔细观察他的言行举止，结果发现邻居的脸色有异，像个偷斧子的人，看他走路的样子也像一个偷斧子的人，后来发现他的行为无处不像一个偷斧子的人。有一天，这个丢失斧子的人找到了他的斧子，又发现邻居的言行举止与当初一样，一点都不像一个偷斧子的人。其实，人还是原来的人，行为也和往常一样，只是由于观察者的思维视角发生了变化，一切就都变了味道。

每人都有一个“学习视界”，只能在一定的时空和视力范围内观察自己的行动效果。

（2）简单思维修炼的最高境界只有简单的三条法则

法则 1：大道至简。最高级的规则是最简单的规则，最普遍的规律是最简单的规律。

法则 2：逆向反成。正反是对立的，同时也是可以相互转化的；简单和复杂是对立的，同时也是可以相互转化的。

法则 3：螺旋法则。由简单到复杂，由复杂再上升到更高层次的简单，如此螺旋上升，就构成了简单的螺旋模式。

3. 苹果公司的核心理念：至繁归于至简

乔布斯是让苹果公司保持非凡创造力的灵魂人物。对于“乔布斯时代”的苹果公司来说，乔布斯就是那个把 1 加 1 变成 3 的魔术师。乔布斯又是怎样做到这一点的呢？不妨用另一个公式表述，这就是“1+1=1”。换句话说，这就是苹果公司的核心理念：至繁归于至简。

乔布斯把自己的理念归结为“专注和简单”。他这么说：“简单比复杂更难，你必须努力让你的想法变得清晰明了，让它变得简单。但是，到最后，你会发现它值得你去做。因为一旦你做到了简单，你就能搬动大山。”

例：“1+1=1”。

看单位，1 个 +1 个 =2 个，1 个 +1 对 =3 个，1 对 +1 对 =4 个，1 个指头 +1 只手 =6 个指头，1 天 +1 周 =8 天……

当单位统一时，人们约定：1+1=2。

还可能 = 十，=11，= 王，= 丰……

生活中，1 堆土 +1 堆土 =1 堆土，1 堆土 +1 桶水 =1 堆泥……

逻辑运算中，1+1=1。

二进制中，1+1=10。

狼和羊在一起，狼吃掉了羊。即“1+1=1”。

因为苹果产品看似极简的外观之下，有着极为苛刻而复杂的设计内核。要把一件东西变得简单，需要真正地认识到潜在的挑战，并找出漂亮的解决方案。这需要很多努力。简洁并不仅仅是视觉上的，也不仅仅是把杂乱无章的东西变少或抹掉，而是要挖掘复杂性的深度。要想获得简洁，你就必须要挖得足够深。他给无限的复杂赋予精确的秩序，将平凡的工业产品做成了工艺品。

在苹果的设计过程中，最重要的一步就是简化、思考，再简化，无论是软件还是硬件，无论是产品类型，还是造型、材质，以精确追求完美。

极简主义并非意味着简化、剔除，而是精准、确定。正如日益被人们接受的极简主义生活方式，并非一味减少生活内容，而是确定自己所要的，拒绝那些不要的。不让多余的东西打扰，是获得完美和宁静的秘诀。

（二）思想的共生："天道"与"人心"

文化管理被称为"基于价值观的管理"，它是一种以人为中心，以塑造共同价值观为手段的管理模式。人管人叫人治，制度管人叫法治，思想管人叫自治；人管人只管一点，制度管人可管一片，思想管人才能管全面。

1. 核心价值观指一个人对周围客观事物的是非曲直、好坏善恶的评价标准

（1）校园文化脱胎于教育的理念

办学理念是一条看不见的线索，它在牵引着我们的教育管理、活动设计。人们对各种事物，如金钱、地位、友谊、荣辱、幸福、诚实、自尊等，都有自己的评价标准，在心目中都有好坏、轻重、主次之分。这种轻重、主次的排列构成了个人的价值观体系。学校核心价值观是学校判别曲直的原则，是全体员工均需遵守的是非判断标准。

让读书来拯救人类的灵魂。写下来的力量：

——写下来，可以帮助自己整理思路，把一个问题想得更加清楚；

——写下来，写的过程，人会变得更加理智；

——写下来，白纸黑字，可以督促自己把写下来的任务完成；

——写下来，不敢撒谎，因为别人会看到，工作总结中的水分会减少；

——写下来，传播更加广泛，共享更加容易，保存更加长久；

——随着时间的延续，经验可以积累并固化；

——看属下写的东西比听属下述说更节省时间……

（2）思维教育是学校内涵发展的增长点

现在学校内涵中极贫乏的是以学生为本的思维教育，发展学校内涵的良

法，莫过于开展广泛深入的思维教育。有了有品位、面向个体学生的思维教育，学校就有了真内涵，学生个体思维能力搞好了，学校教育就优质化了。

思维教育是优质教育的本质所在，是其必备的内容和主要的措施。只有学生的思维能力发达了，教育才是优质的，学校才是有品位和上层次的，否则都是外在的繁荣，暂时的辉煌。要促进教育的优质化，必须引入思维教育，在知识教育中融合充足的思维训练。

2.“共赢”才是“长赢”

列宁说：“管理的基本原则是一定的管理人员对其所管理的一定工作完全负责。”管理就是自己做给老师看。“新竹高于旧竹枝，全凭老干为扶持。”“教育不要去追求发不发达，教育是用人心去构筑的。”在合作中行走，在探究中行走，在书本中行走，在更广阔的天地中行走。

(1) 领导者获得追随者的能力主要表现在三个方面：

一是“跟我来”——令人信服的远见卓识；

二是“看我的”——令人信服的表率作用；

三是“一起干”——令人信服的精神力量。

可以看出，领导力与执行力成正比。领导要善于识人。怎样判断“小人”？第一，古人说“相由心生”，小人的脸一定形瘦而多横纹，面颊内陷，眼神闪烁，嘴唇轻薄。第二，他们走路往往会低着头，若有所思，但眼神其实经常在游离、观察。第三，爱打小报告，爱背后讲人坏话。能正确识人、用人，就会拥有更多的追随者。

(2) 思维方式：不要遗漏相关要素

“魔鬼就在细节中”。尽可能考虑到每一个细节，如果此刻出现疏漏，行动之后就会后悔莫及。

例：学校一位政教主任的认识和体会——“三心”“四意”“五力”。

“三心”：“静心、耐心、恒心”。

静心——静心倾听同伴、家长、学生的声音，静心修炼自我；

耐心——耐心帮助同伴、家长、学生进步，一起走向成功的彼岸；

恒心——政教工作不可一蹴而就，需要的是反复抓、抓反复，抓一件成一件，形成一个好习惯。

“四意”：真意、创意、乐意、舍意。

真意——真心真意做人，真心真意做事，真心真意生活；

创意——一旦有个好想法，就要付诸行动；

乐意——找到激发工作激情的燃点，以快乐的心情完成工作；

舍意——有舍才有得，找准自己的定位同时帮助别人找到定位，适时补位。

“五力”：“合力、动力、活力、分解力、沟通力”。

合力——一起与同伴、家长、学生构建共同的愿景，形成合力，达到双赢；

动力——让有为者有位，有功者有奖，有才者有舞台；

活力——享受工作，享受生活，为生活与工作注入滋味；

分解力——能把工作分解，人人有事做，事事有人做；

沟通力——懂得心理，对不同类型的人说不同的话。

3. 武术界有“天下武功，无坚不摧，唯快不破”的说法

在当今商界的风云变幻中，“小米”手机以互联网思维逆袭手机行业，获得了巨大的成功。其互联网思维 7 字诀：“专注、极致、口碑、快”。“快”也成为一些成功企业迅速成长的核心策略之一。

（1）在实践中寻找真理

有些问题，没有对错，只是立场不同。微信上有这样一个段子：老板问：“石头怎样在水上漂？”有人说“掏空石头”（转型）或“把它放在木板上（借势），也可以组合石头做艘船（整合）”，老板都摇头。有人说：“速度！”老板：“正确！”《孙子兵法》说：“激水之疾，至于漂石者，势也。”速度决定石头漂起，人生（事业）没有等待，选准角度，找准方法，去繁就简，与时间赛跑才能赢。

用心工作，用智慧工作，用只争朝夕的精神工作！其实，深层次的含义还是追求“快”。当然了，在“快”的同时，还要系统思考速度与质量之间的矛盾，寻求在尽量不影响发展质量的前提下，如何获得更快的速度。为解决这个矛盾，需要系统思维，“系统是一种思维，而不是一种表象”。

（2）教父：洗脑者，控制力量为已所用的人

跨界思维：放大眼光，多角度，多视野看问题。用大世界，大眼光，多角度，多视野看待问题和提出解决方案的一种思维方式。跨界的主要目的是为了“借智”。跨界最难跨越的不是技能之界，而是观念之界。

顶级思维：“牛人”制定信仰让别人消化。

高级思维：精英制定规则，屌丝惨死在规则里。

杠杆思维：老板靠组织杠杆来赚取利润。

超认同思维：超强的自我价值认同感，不以外界环境为转移。牛人不是活在当下，他所有的努力或者付出都是为了未来的自己。自我价值认同感源于内心中那一颗不断超越的心。

（三）理性思维：找出可行的解决办法

理性思维是一种有明确的思维方向，有充分的思维依据，能对事物或问题进行观察、比较、分析、综合、抽象与概括的一种思维。说得简单些理性思维就是一种建立在证据和逻辑推理基础上的思维方式。

1. 逻辑思维与表达呈现——金字塔原理

金字塔原理是一种思维的组织方式，旨在阐述写作过程的组织原理，提倡按照读者的阅读习惯达到写作效果。因为主要思想总是从次要思想中概括出来的，文章中所有思想的理想组织结构也就必定是一个金字塔结构——由一个总的思想统领多组思想。在这种金字塔结构中，思想之间的联系方式可以是纵向的——任何一个层次的思想都是对其下面一个层次上的思想的总结；也可以是横向的——多个思想因共同组成一个逻辑推断式，而被并列组织在一起。

（1）讲出你的故事结构——让“听众”听得清

自上而下搭建文章的框架结构，有以下五个步骤：第一步，提出中心思想；第二步，设想听众或读者的需求点、关注点、利益点和兴趣点，设想他们的疑问；第三步，写出序言；第四步，写出一级论点；第五步，根据听众疑问，写出二级和三级论点。

自下而上搭建文章的框架结构，有以下三个步骤：第一步，列出所有要点；第二步，找出各要点之间的逻辑关系；第三步，得出结论。

（2）什么是立体思维

心理学家的测验题。在一块土地上种植四棵树，使得每两棵树之间的距离都相等。受试的学生在纸上画了一个又一个的几何图形——正方形、菱形、梯形、平行四边形……然而，无论什么样的四边形都不行。这时，心理学家公布出了答案，其中一棵树可以种在山顶上！这样，只要其余三棵树与之构成正四面体的话，就能符合题意要求了。这些受试的学生考虑了那样长的时间却找不到答案，原因在于他们没有学会使用一种创造性的方法——立体思维。

2. 应用思维导图分析问题

多数教育家认为问题求解是最有意义、最重要的学习和思维活动，问题解决的过程也就是学习与进步的过程。思维导图的核心思想是把形象思维与抽象思维结合起来，让左右脑协同运作，将思维痕迹在平面媒体上用图画和线条形成发散性的结构，以外显的方式展现出来。

思维导图能够很好地帮助问题求解者组织自己的思路，分析问题产生的各种原因和限定条件，搜寻相关的领域知识，对问题空间进行表征，形成最终解决方案，并对方案的执行进行监控与评估，从而有助于问题的解决。

（1）怎样用思维导图来分析问题呢？

一是把问题进行分解，找到更小的问题和给小问题排序；

二是把问题进行转化，找到本质的问题，从哲学的高度去试着找答案；

三是对问题进行发散联想，试着找到合适的解决办法；

四是对问题进行逻辑分析，试着找到合适的解决办法。

思维导图具有无限的发展性，有两层含义：首先，思维导图不是一成不变的，它是随着制作者思维的发展而发展的；其次，思维导图可以具有无限的层次性，上述性质对理论研究工作者、管理者和教师无疑提供了事半功倍的有效的思维工具。

（2）思维导图是应用于学习、思考等的思维“地图”

思维导图是一幅幅帮助你了解并掌握大脑工作原理的使用说明书，它能够增强使用者的超强记忆能力、立体思维能力（思维的层次性与联想性）、总体规划能力。利用思维导图，可以制订清晰的研究计划和行动指南，可以对研究过程进行对比、讨论、修正和再提高。

思维导图的核心就是利用“左脑+右脑”的“全脑”思维模式，让人的左右脑在思维过程中同时动作，把抽象思维和逻辑思维结合起来。

应用思维导图就是学生主动建构知识的过程。思维导图是思维放射性的表达，是一种非常有用的图形技术，是打开大脑潜力的钥匙。思维导图可以用于生活的各个方面，其改进后的学习能力和清晰的思维方式会改善人的行为表现。给学生思维的杠杆，设计适宜的支点，使学生的思维向纵深度、多层次拓展，从已知区域进入未知区域，从局部区域进入新的发展区域。

第二节　中国芯：人的信念决定思维

“中国芯”是指中国企业研发的，具有自主知识产权的，占据一定市场份额的集成电路芯片和 IP 核。中国的古语“攻城为下，攻心为上”，特别讲究做人要怀有一颗“感恩的心”，这样会赢得员工的忠诚。

计算机的最核心头脑是小小的芯片，它的功能强大，与中国传统思维太极图那样触类旁通，是关联物质运动和智能化的，上至天文下至地理的巨系统。

一、领导员工的思维：洗脑

所谓“洗脑”，是被人用一种经过设计的方式灌输了一种观念，并使这种观念根深蒂固。科学早就证明过，在人际关系之间也存在着这样的场，它会影响到人们的思考和思想。灌输新的思维，多看自己不了解的范畴，多读新的书刊！调整心态，端正自己。分析一下自己现在在干什么，将来要干什么；让自己紧张起来，投入到紧张而精彩的生活中去；让自己理性些。

（一）创新思维是卓越的诞生地

凝聚人心不是靠说教，不是靠开会、培训来讲一些大道理，而是先寻找一个支点，然后用杠杆撬动了人心涣散的巨石。

1. 人必须改变思维的方式，才能改变行为的方式

思维是一种技巧，需要专门训练。但是很可惜的是，很多组织的员工大量的思维潜力没有被唤醒。思维不是一个容易激发的词，因此特别需要指引力的启发、引导、管理、调动。团队思维更需要一种统一的工作语言，让大家在一个频道上发言，避免混乱和争论。

（1）人们的学习速度总是慢于需要使用的速度

老司机为什么越来越谨慎，管理者为什么年龄越大管理上越精道，越年轻的管理者越觉得没问题。老的经验丰富的管理者，追求的是管理流程中不出事，这是管理的最高境界。

明确目标的四个基本要素。

管理者一定要给员工非常清晰的目标，让每个人都清楚他在做什么。

要素 1：拳头。目标中最重要的部分。

要素 2：短板。目标中最重要的部分中最弱的部分。

要素 3：桥墩。目标寻求支撑的部分。拳头得以支撑是靠手腕，所以，我们要注意修炼腕力。你没有腕力，你的拳头就缺乏力道。目标仍然如此，要知道目标支撑点的位置。如果没有支撑点，目标就是假的。

要素 4：权重。要分清目标之中哪些要素是最重要的。

（2）思维的质量决定未来的质量

设计思考的程序，提供思维的指引，改善人们的思维。大脑是人们思维的硬件和潜能，就像是一部汽车，大脑是发动机，知识是燃料，可是我们还需要驾驶技巧。我们有了思考的硬件——大脑，但是还缺乏思维的软件——思维的操作系统。思考最大的敌人是混乱，最大的限制是自我防卫。虽然都有思考的主题和焦点，但是还缺乏思考的程序和工具，因此思考需要程序的协助，才能提高思考的质量和效率。

2. 思维的实践

思维意志的钻研性具有一种穿透力，钻研到一定程度，便会喷涌出滚滚清泉。我们需要踏实肯干的管理者，但也更需要用智慧来管理的思想者与行动者。

（1）人们的思维大致分成三个阶段

阶段 1：0 ~ 5 岁，是会问“为什么”的年龄。如为什么天是蓝的？为什么青蛙是从蝌蚪变成的？这个阶段，孩子们无拘无束地感受、体验、观察着这个世界。

阶段 2：6 ~ 12 岁，会问“为什么不”的年龄。如为什么不让我玩游戏？为什么不能先去玩再写作业？这个时候，他们会质疑大人给他的约束和要求，甚至还能够去挑战“权威”。

阶段 3：到了 13 岁以上，进入会回答“因为”的年龄。教育和经验都致力于给出正确答案，但是却不致力于培养独立的思考和探索的习惯。越来越多的“标准的盒子”框住了孩子们的挑战和质疑。

（2）思维实践并不能机械地遵循“熟能生巧”这一规律

如果你常年从事一种贫乏思维的实践，那么你将彻底沦为一名贫乏思维的熟练工。只依靠思维实践是远远不够的。我们需要直接关注思维的方法。思维的训练可以促进我们愿意成为独立的思考者，在需要思考的时候能够有抓手，或者叫作按需思考、定制化思考，在需要我们有产出的时候，能够带来有质量的思考内容。

经常引导学生“反思”思维过程，培养良好的思维素养，学生的思维结构将会得到优化，学生的思维能力将会得到提高。

3. 领导力的本质：管理的目的不是改变人，而是任用他的才能

韩非子曰：“下君尽己之能，中君尽人之力，上君尽人之智。”也就是说，低水平的管理者，只知道自己勤勤恳恳地埋头工作；中等水平的管理者，能够安排别人去做事；只有高水平的管理者，才会运用别人的智慧去解决问题。

孟子曰：君之视臣如手足，则臣视君如腹心；君之视臣如犬马，则臣视君如国人；君之视臣如土芥，则臣视君如寇仇。

支撑专业教师的核心素养包含什么？除知识结构、基础技能、认识水平的换代升级外，还包括思维模式的转换，审美素养的提升，导演甚至表演能力，资源判断与整合能力等。老师最大的焦虑来自哪里？课程，课程，还是课程。

（二）要想改变员工的行为，首先改变员工的理念

高明的领导者，领导员工的思维；不高明的领导者，看管员工的行为。高明的父母领导孩子的思维，高明的老师领导学生的思维。教师理念的提升靠的是自身努力的结果，而不是“洗脑”，强行推销，说服教化。

1. 学校软实力

学校的综合实力包括硬件和软件两个方面，硬件建设是必要的，它是学校发展的物质基础。对于一所学校来说，最重要的是要拥有优质的软件，它包括先进的办学理念、优质的学校管理、深厚的文化底蕴、良好的校风校貌、优质的教学质量、良好的办学效益，以及一个优秀的校长、一支过硬的教师队伍，最终反映在学校对社会的影响力以及对生源的吸引力。软实力在学校发展过程中起着关键性作用，对内表现为一种文化的力量，对外表现为一种吸引力和影响力，这是学校品牌、形象、服务、文化、价值观、团队精神、影响力的总和，是学校赖以生存发展的不可或缺的无形资产。

学校软实力是学校的价值理念和内在素质，是学校办学的综合实力和核心竞争力的重要组成部分。学校软实力深深地熔铸在学校的生命力、精神力和

发展力之中，充分展现于学校的文化力、制度力、凝聚力、创造力、执行力等诸多构成要素方面。

2. 学校文化力是学校核心竞争力的核心

学校文化是学校在长期的办学实践中，经过自身努力、外部影响、历史积淀而逐步形成的独特的东西，它主要凝聚在学校所拥有的理念、制度、管理、行为、校风、教风、学风等深厚底蕴之中，具有前瞻性和先进性，能够形成一种良好的教育氛围和综合力量。这种能够为学校和个人提供可持续发展的原动力和支持力就是学校的文化力，就是学校的核心竞争力。

学校文化管理的特征：

特征 1：学校文化管理是价值、理念的管理，是教育思想办学理念的管理，具有价值性、思想性；

特征 2：学校文化管理是知识、信息的管理，具有知识性、信息性；

特征 3：学校文化管理是以人为本的管理，把人的发展放在中心位置，具有人性化、个性化；

特征 4：学校文化管理是注重团体学习和经验分享的专业共同体的管理，具有合作性、分享性；

特征 5：学校文化管理也是品牌、形象的管理，具有榜样性、示范性；

特征 6：学校文化管理是理性与非理性相结合的管理，具有整合性。

3. 基于以下理念的“发展性学校教育质量保障”体系研究

学校追求做到更好，保障可持续性，特别关注学校的发展诊断和问题发现；

学校的发展要重视人财物的优化配置，更要重视文化的引领，用文化来提升教职员工人生目标的期望；

学校需要有形资产的扩张，更需要声誉品牌的增值，把注意力放在无形资产的经营上；

学校需要外部支持，更需要自身努力，要把可能的教育资源转化为现实资源来丰富学校发展。有眼界才有境界，有思路才有出路，有作为才有地位，有实力才有魅力。

（三）善于运用逻辑思维方法

决策的前提是判断，判断的基础是逻辑思维。判断要经过思维推理过程，善思维者才能作出好判断。一个思维混乱的领导者，很难根据事实和价值观来导出应有的判断结论。慌乱是思维的天敌，也是领导者要对付的最大敌人。决策，尤其是复杂的决策，本质上是个高强度、高难度的思维活动。要提高决策水平就要提高思维能力，只有科学的思维过程，才能对客观事物作出正确的反应，才能认识事物的本质和规律，才能纵观全局，对各种各样的方案作出科学的比较，才能审时度势地作出正确的抉择。

1. 领导者，有一个最重要的“因为”

领导力就是八个字：动员群众解决难题。分两部分：一是带领群众解决技术性问题；二是动员群众解决挑战性难题。前者可以说是管理，后者可以说是领导。前者主要是回答问题，后者是提出问题。一个人领导风格的形成，主要来自三个方面：一是学，二是悟，三是换位思考，多想想自己愿意怎样被领导，就给予下属这些。一个成功的领导者，最重要的是要做好两件事：一是把恰当的人放在恰当的位置；二是把方向搞清楚，放手让手下去做。

故事。尧帝有一次下乡去巡视，刚好看到两个人被押送要关起来。尧帝一看，心里面很慌张，马上就跑过去问清楚：你们两个为什么犯错？犯了什么错？这两人说：因为上天久旱不雨，我们已经没有东西吃了，连家里的父母都没东西吃，所以我们只好去偷人家东西。结果尧帝一听完，马上就跟士兵说：你把他们两个放了，把我关起来。这士兵一听都愣住了，怎么可以把君王关起来？尧帝说：我犯了两大过失，他们两个没罪，因为我没有把子民教好，所以他们偷人家东西；而因为我没有德行，所以上天久旱不雨，这两件事都是我的过失。尧帝发出内心至诚的一种反省，马上感动天地，当场雨就下下来。

领导力的修炼：多听、少说、多问。多听别人的讲话，而不是一天到晚都是自己在发言，更重要的是“常问”，有机会的时候问问你身边的人，对某些事情甚至对你做的某些事情的看法。

2. 思维拓展：人和人的差别，本质上是思维的差别；人和人的差距，本质上是思维的差距。谁掌握了思维的秘密，谁就掌握了事业和人生的主动权。

从聪明者到智慧者——聪明者胜得一时，智慧者赢得一生。

从实干者到思想者——实干者必然成就自己，思想者则可照亮别人。

从发现者到创造者——发现者能成为从无到有的大匠，而创造者则是从无到有的大师。

现代学校管理者所面临的压力之大和问题的复杂性，早已超出了学校本身的范围。新的时代要求学校管理者成为思想家、政治家和军事家综合素养的融合体，不断掌握和运用更为根本的思维原理和更为高级的思维方法，努力开阔思维视野，打通思维局限，既能“会当凌绝顶，一览众山小”，又能“运筹于帷幄之中，决胜于千里之外”。

二、头脑里的战争：提高思想的穿透力

思维的力度。思维要有力度，思考工作自身要达到一定的高度。不管在哪个方向上、感觉上要想做到专家的程度，要有独立的视角。思维有力度就像给心灵装了一双额外的眼睛，这样就能看到属于自己的东西，再在实践中一磨炼，高度可能就出来了，也就能做出自己的框架，提出自己的思想等。

（一）灵魂战争：真正的军人不是打打杀杀，是“止杀”

知识战争。知识经济时代的最大财富是知识，是信息。马克思认为，战争或暴力的本源是经济，经济既是发生战争的根本动因，又是进行战争的物质基础。

1. 孔子有军人的精神

军人孔子是真正的孔子。《史记》记载，孔子曾是鲁国的司寇与元帅，干的是带兵打仗的活，原来孔子的精神是从战火中磨炼出来的。从气节上讲，孔子为保卫国家可以牺牲生命；从本领上讲，孔子屡次击退外敌侵略。孔子不仅仅是军事意义的军事家，更是人性意义的军事家。中国军人的两大美德——忠诚与智慧，在孔子身上都得到完美的呈现。忠诚方面，孔子忠于三代鲁君：定公、昭公、哀公。智慧方面：夹谷会盟勇挫齐国，坠三都维护周礼。真正的军人不是打打杀杀，是止杀。所以当卫灵公问阵于孔子，孔子就告诉他：“祭祀礼仪之类的事，我听说过；用兵打仗的事，我没有学过。”并非孔子不懂军旅之事，他只是不屑于从技术上谈军事，孔子更关心的是灵魂战争。孔子是中国军人的榜样。作为军人，孔子的精神就是勇毅！

孔子对中国及世界意义重大。

· 以孔子为标志的中国文化有益于提高国民素养，有益于“以人为本”。仁爱是中国及整个世界存在的基础，自强不息精神是中国人乃至全人类的原动力，中庸是生存智慧，“和为贵”思想引导建设和谐世界。

· 孔子的中庸思想是辩证法，教育我们秉持原则做人，抓核心，用不偏不倚的眼光看世界，做事情。

·孔子《四书五经》是中国人的全民教科书，有利于做人做事。孔子重视文化教育，礼乐思想打造中华礼仪之邦，忠孝思想影响全体中国人爱国爱家，有益于国家稳定、家庭幸福。

2. 有人说，毛泽东思想是新时期的普世价值

毛泽东作为中华民族的儿子，是中华文明基因和思想文化的承载者，他具有顶天立地的伟岸气质，天下为公、追求大同的价值观和胸怀，对于人的理性价值和内在力量具有坚定的信心，因而相信人类可以凭自己的努力，把世俗人间建设为理想的大同世界。

毛泽东让中华文明拥有了世界史的正统地位与价值，也让中国的精神文化具有规范、指导人类未来历史道路和价值取向的普世意义。如果中国能在毛泽东的旗帜下崛起，就不是崛起一个民族国家，而是崛起一种文明，一种价值，一种关于和谐、正义、幸福的普世梦想。

毛泽东对资产阶级推崇的民主、自由、抽象人性等思想观念进行了批判，并提出防止资本主义和平演变的战略思想，可以为新时期了解“普世价值”的本质，防止资产阶级意识形态的渗透和颜色革命提供有益的启示。

3. 影响中国教育的思想

在中国传统的国家治理思想中，儒家、道家、法家代表了三种不同的国家治理观，即儒家的仁爱思想，道家的无为而治思想，法家的法治思想。

（1）影响中国教育的几种思想

第一种，孔子、孟子、皇帝的教育方式在影响着我们。大家一直认为我们的传统文化是儒道文化，其实深入思考是皇帝文化，任何道都是皇帝认可的。西汉的时候，百家独尊儒术，就是汉武帝为了钳制人们的思想，利用了它。

第二种，实用主义教育思想。1923 年杜威受陶行知、蔡元培等的邀请到中国讲学，传过来这种思想。实用主义的核心是教育即生活。

第三种，建国后，苏联教育部长凯洛夫把斯大林的思想进行了概括，形成了他的教育原理。教育为无产阶级政治服务，教育为阶级斗争服务的集权主义思想。

第四种，现在大家关注的建构主义思想，整个教育是要素建构的过程。

陶行知在 70 年前曾说：“平常人以为办教育是一件事，改造社会是另一件事，这个想法是错误的。办教育和改造社会是同一件事，不是两件事。改造社会而不从办学入手，便不能改造人的内心；不能改造人的内心，便不能彻底

地改造社会。反过来说，办学而不包含社会改造的使命，便是没有目的，没有意义，没有生气。所以教育就是社会改造，教师就是社会改造的领导者。”

（2）教育引导社会改造

教育，改造社会之工具。社会需要进行持续不断的改造与变化，社会的改造和变化涉及教育的改造和变化，社会改造的实现需要利用教育。教育不再只是适应社会，而要在适应的基础上超越社会；教育转型不再只为社会转型而制约，而是要引导社会改造。教育是人类实现特定目的的工具，教育目的必须统一到“解决文化危机，取得高度文化成就”上来，并使学生对这个真正的教育目的持积极态度。教育的方法和过程应该有助于发展学生分析、批判以及作出决定的能力，而这些只有通过民主的教育实践才能实现。

教育应引领社会改造。社会转型的实质是一场“人的革命”，人的变革将牵动着整个社会的变革与发展。以终身学习的价值取向为指导，整体性地重构各类教育，形成有助于人的可持续发展的学习制度。打通不同教育类型的壁垒，真正建立起教育的立交桥。

（二）人本意识 + 科学精神 = 人性化管理

众所周知，所有的管理问题只有两个因素：一是人，二是事。成功的组织在对人和事的管理上具有一个共同的特点：用制度管人，按制度办事，也就是让制度说话。只有执行，才能把口头上讲的规章、纸上写的制度付诸实施；只有执行，才能使制度的力量得以体现。

1. 敬业：责任的延续

在学校管理中构建人本精神。

建构 1：“教师第一，学生第二”。构筑学校发展的成功和学校发展的社会价值。

建构 2：“同等关注”。学校的管理核心不在于留人，而在于用人，用人贵在能充分发挥每个教师的潜能与优势，充分体现教师的教育教学个性，构建学校的教育教学特色。

建构 3：“思想第一”。现代教师更注重获得工作中的成就感和成长体验。因此，适当的物质奖励虽然还是必需的，但更为持续有效的激励，则是与教师的工作成就和个人成长相联系的自我实现的需要。

建构 4：教育即生活。现代教师最可悲的是在单一的工作模式中故步自封，感觉日渐麻木，情感日渐冷淡，思想日渐刻板，僵化而不自知。因而教师要学会自救，要善于投身生活，在丰富多彩的生活中寻求教育灵感和源泉。如果教师不是用心体会生活，就会对教育工作感觉麻木，有心则“忙”，无心则“亡”。

制度是管理的法宝，是成功的基石，而用制度进行管理则是学校成长壮大的推动力。马云说：“三流的点子加上一流的执行，强于一流的点子加上三流的执行。”胜在制度赢在执行，制度、目标、激励，一个都不少；执行力、战斗力、竞争力，样样都“给力”。

2. 设计可控的阶段节点

· 把目标量化到每个流程。

泰勒在耗时数年的实证实验中不断致力于工人的动作分解以及时间损耗的研究上，首次在管理中引入了科学的理念，在 20 世纪掀起了一场科学管理的旋风，这大大提升了工作效能，使管理从早前的经验主义提升到了科学、系统、规范化的层面。

泰勒科学管理原理的主要内容是从动作、时间研究结果出发，提出标准的工作流程和时间分配，使工作更具合理性，科学地选择和培训工人；实行差别计件工资制，让工人在工作中意识到自我价值的实现等，从而实现“物尽其用”“人尽其责”的优化配置，从本质上改善工作效率。流水线工作的诞生，充分解决了大批量生产的问题，通过严格的时间管控和标准流水线操作程序，大幅度提高生产过程的效率。

· 把目标细化到日常工作，一步一个脚印地达成目标。

细化的目标要有行动指导性。

指导 1：细化目标意味着将总体目标分解成为一个个具体的小目标，这些小目标应该直指可操作的行动，最好是具有量化的评判标准。

指导 2：划分的标准可以是任务的阶段性，也可以根据任务量来进行划分。目标的划分不要距离过近或者过远，以适中为宜。

指导 3：设置考量任务完成水平和程度的标准，标准越清晰、客观越好，当阶段性目标完成后，需要根据评价标准与目标完成情况进行对比，总结不足与进步之处，进行反馈改进。

3. 破解困局：每一个细节都要监控到位

（1）将目标分解为一个个小目标

考察和改善的着眼点始终在于流程。开车时，我们需要不断地看汽车仪表盘，以了解汽车的水温、油量、速度、转速，以及其他信息，从而使那些原本看不到、无法判断的车况直观地显现在我们眼前。

发挥考核的“风向标”“指挥棒”作用：一是明确目标任务，引导“该干什么”；二是及时掌握进度，了解“干的怎样”。

评价绩效管理体系的维度：

纬度 1：战略目标。

纬度 2：角色分工。做任何一项工作，首先都要科学合理地分工，然后根据分工制定工作细则，只有这样，工作才可能被理解得好，做得好。

纬度 3：管理流程。有效的绩效管理体系应具备四大流程：制订绩效计划，确定关键绩效指标；绩效沟通与辅导，保证绩效管理过程的有效性；绩效考核与反馈，对前一绩效周期的成果进行检验和反馈；绩效诊断与提高，总结提高并进入下一循环。

纬度 4：工具表格。

纬度 5：绩效沟通。

纬度 6：绩效反馈。

纬度 7：结果运用。

纬度 8：诊断提高。管理制度化是基础，精细化是过程，人性化是目标。

（2）建设感恩文化

用感恩的心代替抱怨的嘴。在“热情优质服务”方面做先锋，爱岗敬业，干一行，爱一行，专一行，强化细节管理，精通本职业务，热情周到服务，为打造“服务满意”品牌做贡献。当实干成为一种风尚，成为一种导向时，这才能真正做到为民服务，真正让群众受益。

（三）思维意识的落后是桎梏社会发展的根源

中国未来企业的三大超越：

超越 1：超越“中国境界”，超越“独立自主、自力更生”“民族品牌”等狭隘意识；

超越 2：在全球视野之下审视本土的价值取向，认真思考“为谁而活，为谁而战”的问题；

超越 3：思维方式上，跳出鸦片战争以来国人比较习惯的“由下往上”的洋务思维，以“站在月球看地球”的新俯视观，探讨本土思维在应对全球化之新策略。

1. 剖析根源：抓住偷走时间的盗贼

现代人浪费时间的现象。

现象 1：低效率。做事的时间可缩短而实际上未被缩短。即“效率未彰显”。

现象 2：不在意。如用于等待的时间，这类零碎时间积累下来也颇为可观。

现象 3：坏情绪。事情不顺利或失败时，生气、惋惜、愧疚、后悔，如不及时控制这些消极情绪，及早转换心情，就会在情绪上浪费许多时间，拉长了做事的时间。

现象 4：不专心。如做事不能静心，易被琐事分散注意力，时间就很快流逝，结果一事无成。

现象 5：包揽工作。自以为万能的管理者常会干涉及指导他人，或将他人的工作任务揽到自己身上，结果把自己累得半死，同时也剥夺了他人尝试及修正的机会。

现象 6：被打扰。当他人请求帮忙时，许多人既不甘为人跑腿，又担心说“不”会“得罪”人，只好任人掠夺自己的时间。

一般来说，时间管理不善，主要源于工作没有计划，组织工作不当，时间控制不足，整理整顿不足和进取意识不强等方面。

2.“二·八”法则：把握关键的 20%

有人说，美国人的金钱装在犹太人的口袋里。为什么？犹太人认为，存在一条 78:22 宇宙法则，世界上许多事物，都是按 78:22 这样的比率存在的。如空气中，氮气占 78%，氧气及其他气体占 22%。人体中的水分占 78%，其他为 22% 等。把这个法则用在生存和发展之道上，就是把精力用在最见成效的地方。

（1）在正确的时间里做正确的事

心智成熟到理解自己在做什么，对社会有什么影响的时候，即是正确的时间。一个人能在正确的时间做正确的事，这个人一定会成功。而这种找到恰当时间的能力是需要判断力的。马克思说：“时间实际上是人的积极存在，它不仅是人的生命尺度，而且是人的发展空间。”

例：时间管理16招。

1	时间预算表
2	花钱买时间
3	多用流程管理
4	整理工作环境
5	跳出时间的陷阱
6	每日工作计划表
7	今日事，今日毕
8	决不轻易“迟到”
9	各种文件只看一次
10	同时做两、三件事情
11	使用管理时间的工具
12	没定期限就不叫工作
13	找出自己最佳工作时间
14	培养好的时间管理习惯
15	集合零碎时间做大事情
16	休息是为了走更远的路

（2）把想做的事情做得越来越好

教育追逐的不是技术，而是技术的应用。归根到底，一切技术只是手段而不是目的，教师的效能才是学生学习的关键预测因素，教师的机智是挖掘学生学习潜能的最大动因。想进行脑力挑战的渴望越强，想掌握新的或有意义的东西要求越迫切，生产力就越强。最精明的领导给员工自由，让他们用自己的方式雕琢工作，让他们用自己的方式全身心投入到那些烦琐的日常工作中。

理想是做自己想做的事情，并做到了可以做到的最大程度。要强化意志的力量。对自己奋斗的目标要有高度的自觉。只要你经过自己的实践认准的事，就应义无反顾地走下去，想方设法达到预期目的。

3. 思维力：效率是设计出来的

跳出平面思维，走进立体世界。杨振宁教授说：“优秀的学生并不在于优秀的成绩，而在于优秀的思维方式。”钱学森教授则称形象思维的研究是“思维科学的突破口”。

德鲁克说：“智力、想象力及知识等才能只是资源，资源转化为成果是管理者的有效工作。”在德鲁克看来，知识工作者如果能够凭借其职位和知识，充分发挥资源的价值，就能够实质性地提升该组织的经营能力，并创造出最好的成果。因此，作为管理者，要学会用自己的智慧，调动一切可以利用的资源，保证资源利用最优化。

管理者的成功是建立在教师努力奋斗基础上的，因为这个时代早已不是英雄创造历史的时代，而是团队创造了英雄，成就英雄的时代。我们帮助下属成功，下属就会“度你成佛”，这便是古人所说的“水可载舟，亦可覆舟”的道理。

三、对力道的认识：将军是打出来的

2014 年 12 月 13 日中青网评论频道《看看习近平分析经济发展的“力道”》：分析当前国内外经济形势精辟到位，把握特征充满辩证，安排部署“力道”足够，是发展经济的新遵循。

（一）蓄力·借力·给力：创业的力道

2013 年 6 月 4 日人民日报刊发浙江省委书记夏宝龙《领导干部要“画饼”更要“做饼”》一文中说：三分战略，七分执行。一个政策、一个规划的成败，关键要看执行的力度、“做饼”的“力道”。不当甩手掌柜，把心思和“力道”用到“具体”上，自己去“和面”“拌馅”“做饼”和把控“火候”，才能有香喷喷的“饼”。我们强调工作要具体、细致，任何工作，一具体就深入，一深入就有办法，出成效。

1. 成功与失败的决定性因素：对力道的理解和掌控

（1）创业者要学会在一个点上把自身的优势与外部的条件恰如其分地结合起来，这个点，把它叫作力道。力道运用得好，势如破竹，一日千里；运用不好，就会山重水复，元气渐损。创业成功非常关键的一点是要坚持，但坚持不是死等，更不是蛮干，要在坚持中学会运用力道。

蓄力——积累自身优势。投身创业，就需要全面提升自身综合能力和素养，这是一切成功的基础。不积跬步，无以至千里；不积小流，无以成江海。期望有什么样的成就，就要有什么样的付出，如果侥幸得到了与你能力不相符的东西，也迟早是要还回来的。所以“蓄力”是最基本的工作，当然这里面也有很多方法和技巧。

借力——营造外部环境。外部环境并非上天注定，不可改变，机遇只给有准备的头脑。外部环境是可以被“造”出来的。让环境变得对自己有利，是完全可能的，至少做三方面事情：其一，审时度势，顺应天时；其二，调整目标，找准定位；其三，学会组织和沟通，让人尽其用。这几点都做到了，可成大事。

给力——调整到最佳“时点”，全力以赴。最好的球员，总是不可思议地出现在恰当的时机，在恰当的位置，让对手措手不及。成功并非是偶然的，对于绝大多数成功者而言，成功可以说是必然的。

孔子的“欲速则不达，见小利则大事不成”，说的也是要掌握力道。做好了足够的内部力量蓄积，外部环境的营造，成功与失败就只有一步之遥，对力道的理解和掌控就成了决定性的因素。

（2）给力学校品牌提升

学校品牌是质量、内涵、文化、特色、信誉的集合体。开展学校品牌提升工程，需要给力。

· 让世界教育给力学校品牌提升。世界教育论坛提出，到 2030 年各国教育投入应占其 GDP 的 4% ~ 6%。面向 2030 年，地域之间、城乡之间的办学条件差距切实缩小，形成良好教育生态；校际之间、人群之间的公平公正得以实现。

· 让优秀文化给力学校品牌提升。中华文明源远流长，博大精深，为学校品牌提升注入不竭动力。

· 让管理标准给力学校品牌提升。学校要按照《标准》，自觉规范管理和教育、教学行为，将各项要求作为行为指南，把各项标准落到实处。

· 让学校章程给力学校品牌提升。学校依章程办学是依法治教的应有之义，是未来学校品牌提升的重要遵循。

· 让基层探索给力学校品牌提升，观念革新给力教育创造。

2. 最佳的管理是一门实在的科学

泰勒对科学管理的定义：“诸种要素——不是个别要素的结合，构成了科学管理，它可以概括如下：科学，不是单凭经验的方法。协调，不是不和别人合作，不是个人主义。发挥每个人最高的效率，实现最大的富裕。”

（1）科学管理理论不仅仅是一种思想，一种观念，也是一种具体的操作规程，是对具体操作的指导。

首先，以工作的每个元素的科学划分方法代替陈旧的经验管理工作法；其次，员工选拔、培训和开发的科学方法代替先前实行的那种自己选择工作和想怎样就怎样的训练做法；再次，与员工经常沟通以保证其所做的全部工作与科学管理原理相一致；最后，管理者与员工应有基本平等的工作和责任范围。

“泰勒制”强调每个细节的规范，强调从起源到结果每个环节的过程控制，其精髓就是精细化、标准化和数量化。泰勒认为：“最佳的管理是一门实在的科学，基础建立在明确规定的纪律、条例和原则上。”

（2）泰勒的“科学管理”理论概括为以下八方面

· 科学管理的中心问题是提高效率。泰勒认为，要制订出有科学依据的工人的“合理的日工作量”，就必须进行工时和动作研究。让每个人都用正确的方法作业。

· 为了提高劳动生产率，必须为工作挑选“第一流的工人”，制订培训工人的科学方法。

· 要使工人掌握标准化的操作方法，使用标准化的工具、机器和材料，并使作业环境标准化，用以代替传统的经验，为此需要调查研究，拿出科学依据，这就是标准化原理。

· 实行刺激性的计件工资报酬制度。

· 工人和雇主两方面都必须认识到提高效率对双方都有利，都要来一次“精神革命”，相互协作，为共同提高劳动生产率而努力。

· 把计划职能同执行职能分开，变原来的经验工作法为科学工作法。

· 实行“职能工长制”。即将管理的工作予以细分，使所有的管理者只承担一种管理职能。

· 在组织机构的管理控制上实行例外原则。泰勒认为，规模较大的企业组织和管理，必须应用例外原则，即企业的高级管理人员把例外的一般日常事务授权给下级管理人员去处理，自己只保留对例外事项的决定和监督权。

（二）给力—中国教育

梦想是激励人们前行的精神动力。当一种梦想能够将整个民族的期盼与追求都凝聚起来的时候，这种梦想就有了共同愿景的深刻内涵，就有了动员全民族的强大感召力。实现中国梦，需要教育的持续给力。

给力 1：“规划”是财富。

规划是人类为了在经济社会发展中维持公共生活的空间秩序而作的未来空间安排的意志，其任务就是创造合理、高效、公正、有序的经济社会发展环境，为经济社会发展提供基本依据，推动经济社会健康、有序发展。

教育发展纲要指出："当今世界正处在大发展大变革大调整时期。我国正处在改革发展的关键阶段，经济建设、政治建设、文化建设、社会建设以及生态文明建设全面推进，工业化、信息化、城镇化、市场化、国际化深入发展，人口、资源、环境压力日益加大，经济发展方式加快转变，都凸显了提高国民素养、培养创新人才的重要性和紧迫性。中国未来发展，中华民族伟大复兴，关键靠人才，基础在教育。"

给力 2：教育家学说。孔子"仁爱教育"思想，陶行知"生活教育"理论，蔡元培"五育并举"思想等。

孔子的理想是要实现人与人之间充满仁爱的大同世界。为了实现大同世界，关键是要把仁爱思想灌输到广大群众中去，为此需要培养一大批有志于弘扬和推行仁道的志士和君子。陶行知是一位伟大的人民教育家，也是我国创造教育的开拓者。他在反对传统教育和洋化教育的斗争中，根据中国国情逐步形成了系统的、独具特色的创造教育思想，为中国教育理论宝库作出了独特贡献。改革和创新是陶行知教育思想的基本特征。蔡元培在中国近代教育史上首倡世界观教育，并认为世界观教育是教育的终极目的。如何正确引导人们去追求真理，追求有价值的人生，这是值得我们重视的。

给力 3：领袖思想。马克思的全面发展学说，毛泽东的《实践论》等。

马克思认为，人的本质"在其现实性上，它是一切社会关系的总和"。因而，人的全面发展的本质在于人的社会属性和社会关系、社会性需要和精神需要、社会素养和能力素养的全面发展。毛泽东的《实践论》以实践观点为基础，具体地论述了实践及其在认识过程中的地位和作用，强调人类的生产活动是最基本的实践活动，它决定其他一切活动；实践是认识的来源和推动认识发展的动力。

给力教育，就是给人改变未来的力量！聚力中国梦，要找准着力点，在三个方面重点给力。

在坚定理想信念上给力。思想是行动的先导。

在践行实效上给力。坚持问政于民，问需于民，问计于民，从人民最关心、最直接、最现实的利益问题入手，以踏石有印、抓铁有痕的工作作风，多办利民之事。

在制度保障上给力。要通过制度为群众参政议政提供有效的渠道，扩大人民民主。胡锦涛提出要构建"和谐社会"，它是一个能够不断地解放生产力、发展生产力的社会；一个消灭了剥削，消除了两极分化，人们能够共同占有生产资料，平等相处、民主协商、自由发展的社会；一个人民群众通过自己的辛勤劳动最终走向共同富裕的社会。

（三）教育的使命：即精神的成长

教育的定力来自于对教育功能、价值、使命的正确而深刻的理解。教育的功能在于育人，教育的价值在于促进所有人的发展，促进人的全面发展、个性发展、主动发展、终身发展，这是教育的当代使命。

使命 1：促进所有人的发展，点燃每个人心中的火焰，使每个人充满成功的希望。

使命 2：促进人的全面发展，使学生的所有潜能都得到尽可能的发掘，在学习中快乐成长。

使命 3：促进人的个性发展，为每个人提供适合的教育机会，为每个人的成长成才创造条件。

使命 4：教育要关注学生的自主发展，引导学生生动地学习，自由地成长。

使命 5：教育要关注学生的终身发展，着眼于学生健康成长和终生幸福。

教育即精神的成长。"教育首先是精神成长，其次才成为科学获知的一部分。"一个人精神丰满，就是求真、向善，做真人，说真话。聚焦于学生的精神世界，理应有灵魂安顿的设计与精神居所的创生，理应源于生活，基于信仰。

1. 为增长学生的智慧而教

何谓教育？"教"，关注学生知识的积累；"育"，关注学生生命的成长。教育之"道"，即人的身心发展规律和教育教学规律。如果规律是求真的结果，价值是向善的追求，那么教育就是求真、向善的事业。教给学生知识固然重要，但传授给学生知识获得的方法和技巧更重要，能使学生的智慧自由生长。

智慧严格意义上说不是教会的，而是个体内在生长的。智慧是个体能把知识应用于实践，其本质是创造性地解决问题。因此，教学首先要扎实地打好"是什么"的陈述性知识基础，还要重视"为什么"的知识，即教师在备课时要尽量把教材中的句号转化为问号。知识可以传授和记忆，可以教给和转让，而智慧则不能。

智慧≠知识。智慧需要知识，知识可以生成智慧，但并非所有的知识都能自然生成智慧。即使是很博学的人，也不一定是很有智慧的人。

智慧≠智力。智慧包含智力、技能、能力等因素，但智力、能力却不是智慧的全部。智慧是智力、能力、精神等整体生命的一种存在。智慧必须是个体凭借着已有的知识、经验、常识等去亲历、感受、体验、发现、顿悟、生成的。

2. 教师要以教育哲学作为精神成长的思考工具

学生的有效学习不是被动的接受过程，而是一个主动地建构和重构的过程。这个过程不是只靠学生主动地、自发地进行，而是受社会文化环境的影响，需要教师和家长为学生提供适合于每个儿童发展的"脚手架"。支持学生不断地建构自己，将学生的智力从一个水平引导到另一个更高级的水平——教育即精神的成长。

（1）学生精神成长的过程缓慢

教育的根本目的是培养真正的人。人的成长重要的是精神成长，人的精神成长，实质上是在环境影响下的成长。教育是在学生成长的过程中，在丰盈的精神支持下教给学生进行正确的选择。学生精神成长也不是一蹴而就的，精神成长的过程缓慢。成长是生命的复杂历程，它是体验、经验，是改造、发展。教育的根本目的是培养真正的人，这也是办学的使命所在，我们必须不断追求管理的新境界，在不断前行中超越自我。

教育是规范与引导。知识教育，塑造人知识的教育，实行的必然是规范教育。从知识走向智慧的课堂教学，是对教师和学生规范性生存的一种超越，即从规范性存在走向创造性生存，用智慧和创造来充实、支撑、引领师生们的生存。学校从管中起步是必要的，但形成基本规范后，要及时转型，内在驱动，文化引领，从他律走向自律，从被教走向自教，从人管走向自管。使学生的一切言行都是出自内心的招引，使学生的学习动力源于无穷的精神力量。

（2）学生的学习过程需要重构

校本课程的规划是学校教育哲学的反映。建构主义理论认为：知识是主观的，每个学习者都是在自己经验的基础上来建构现实，学习者之间经验、信念等不同，对外部世界的理解可能就各异。课程是学校对学生实施教育的载体，校本课程的规划是学校教育哲学的反映，而丰富的校本课程则是学校特色的具体体现。"学习过程是学习者利用原有的知识经验与从环境中接受的感觉信息相互作用，主动建构信息意义的生成过程，其本质不是被动的学习和记录信息，而是主动地建构它对信息的理解，从而作出推论”。

教师要以教育哲学作为精神成长的思考工具。重视“知识传递”与“知识内化”的过程研究，“知识传递”的过程解决“是什么”的问题，“知识内化”的过程解决“为什么”的问题。就学习而言，停留于“是什么”远远不够。因为知识是材料，是工具，是可以量化的“知道”，只有让知识进入人的认知本体，渗透到人的生活与行为当中，才能转化为素养。“为什么”问题是知识发生、知识发展、知识应用、知识与知识之间的相互联系等。

第三节　唤醒管理者的思维革命：用危机引燃未来

教育是思想者的事业，思想对教育有着决定性影响。唤醒大脑沉睡的潜能，将思维的革命进行到底。中国正处于工业化的初级阶段，珍惜危机，引燃组织的未来。

一、借力发力：领导风格与团队动力

所谓领导风格，指领导者在一定时间内所展现出来的价值观、情绪反应、行为特征。

（一）学校文化的核心：价值观建设

学校品牌提升的“支点”：课程是支点，教学是支点，教材、教师也可以是支点，学校教育教学工作的关键环节都可以成为支点，通过内部发力，撬动学校品牌提升。

1. 学校文化诊断

从问题中找出路，从常规中现文化。良好的生源，敬业的师资，规范的管理，和谐的校园文化是提升教育教学质量的四大因素。

（1）构建核心价值理念，打造人人为之奋斗的学校精神文化

价值观。学校价值观是学校文化的核心，决定文化的发展方向，直接体现学校生存和发展的意义。价值观是人们对事物的重要性的主观判断，是人的行为的基本驱动力，是获得知识、掌握技能、形成态度和倾向，进而形成世界

观的基础。

面对失败的态度。态度决定命运。个人面对失败所采取的态度，决定了个人的成与败。那么，学校面对失败所采取的态度，也决定这个学校的成与败。

行为自发性。行为自发性可以直接反映文化在广大员工中的接受或普及程度，体现文化的建设效果。行为自发性表现在很多方面，主要表现在员工的工作热情上。

信息沟通。即所谓的有效沟通。包括对内对外、上下左右的全方位沟通和快速反应，使信息能顺畅地到达指定目标，达到既定效果，那么学校文化建设也是良好的。

互助行为。即所谓的团队合作，员工能互帮互助，为了共同的目标而努力。这也是衡量现代学校生命力的一个重要标准。

员工忠诚度。忠诚度不是说出来的，要看实际的效果。员工忠诚度建设是学校文化的难点，也是最高境界的建设。

自我价值实现。就是员工实现自我价值的平台，能为员工的成长不断注入活力，员工能把自己的荣辱兴衰同学校的荣辱兴衰紧密结合起来。员工自我价值的实现同学校的发展是辨证的关系。

（2）管理需要理论、方法、经验，如何更好地融合、领悟、提高？

学校管理是学校管理者通过一定的机构和制度，采用一定的手段和方法，带领引导师生员工，充分利用校内外的资源和条件，有效实现学校工作目标的组织活动。即组织学校人财物的最优化，以达到教学的高质量，也就是我们平时所说的向管理要质量。如何发挥师生的创造性，在有效的条件下提高教育教学质量，培养出优秀的学生，这是学校管理者永远研究的命题。

在世界上，最具凝聚力的组织是宗教，最具学习力的组织是学校，最具战斗力的组织是军队。从他们的经营管理中悟到一些真谛。向宗教学什么？学信仰，经营人的精神世界。宗教就是让人相信，变成信念，最后变成信仰。人一旦有了信仰，就会虔诚，就会敬畏，就会专一，就会奉献。这种精神的东西是发自内心的，会自内而外流淌，从骨子里往外生长。向学校学什么？学教导，努力使人成长进步。学校就是教书育人，训练技能，最后造就人才。人都会渴望成长，有模仿和学习的动机。向军队学什么？学执行，养成人的服从习惯。军队就是令行禁止，整齐划一，最后具有战斗力。

2. 管理之道在于借力发力，才能事半功倍

管理，当借力而行。翻开人类历史，王者以借取天下，智者以借谋高位，商人以借赚大钱，不善于借助外力的人，一定是平庸一生的人。

借力是生存竞争第一法则。正如《劝学》篇中的观点：“登高而招，臂非加长也，而见者远；顺风而呼，声非加疾也，而闻者彰。假舆马者，非利足也，而致千里；假舟楫者，非能水也，而绝江河。君子生非异也，善假于物也。”

管理之道在于借力。高层主管借中层主管的脑力，中层主管借基层主管的脑力及体力，基层主管借现场人员的体力，现场员工借己体力及可用的机械力。

“站在巨人肩膀上”。外力是无限的，善于借用外力的人，能创造无限的奇迹。《三国演义》中的诸葛亮，每临大战必能借：草船“借”箭，不费一兵一卒，不到三天向曹操借来十万支雕翎箭，充实了友军东吴的军械；“借”东风火烧赤壁，十万曹兵被烧得丢盔弃甲，成就了以少胜多的千古佳话；就连刘备的第一块地盘——荆州，也是由他出谋划策“借”来的，为刘备后来的蜀国江山奠定了基础。上借政策支持，中借协作帮助，下借合力行动。“管理是通过别人完成任务的艺术”。

3. 变革时期的领导，学会自我保护，也是延长领导生涯的一个重要问题

东方长于修“道”，西方长于炼“术”。“道”和“术”在越来越多的领域里走向融合。

发力 1：不断学习，不断给自己充电。作为领导人，必须要比时代快半步，走在时代的前头，与时俱进。

发力 2：敢于决策。这样才能在激烈的市场竞争中保持领先优势，否则，就会贻误战机。

发力 3：善于整合内外部资源，发挥整体优势。当然，要以组织内部资源的价值最大化为先。

发力 4：专业教导，成就卓越。领导就是教练，不善教导，就不能领导。

发力 5：以执行达成绩效。学校是以绩效为导向的，而绩效目标的达成，要有不折不扣的执行来保证。

发力 6：感召团队，凝聚人心。领导者的唯一定义是其后面有追随者，没有追随者，就不会有领导者。

（二）激情：校长管理学校的智慧与文化

什么是梦想？梦想是埋藏在人们内心深处的最深切渴望，是一种强烈的

需求，它能激发你潜意识中所有的潜能，每当想起它就会兴奋不已。它是人类创造一切美好事物的原动力，人类所创造的所有奇迹，一切触手可及的都是梦想成真的结果。

1. 赞科夫说："激情：校长管理学校的智慧与文化。"

校长应该是一个放风筝的人，胸中有天空，眼中有目标，手中有分寸，脚下有土地。不能光有理想，没有目标。激情管理是一种创造的冲动，一种管理的文化，一种管理的风格，更是一种管理的智慧。作为校长，应该让学校成为"激情燃烧的校园"。

（1）把学校建成立体教科书

以追求卓越为办学理念，以一切为了学生的发展为办学宗旨，努力实现让每个学生的个性和才能都得到最大限度的发展，让每个学生在校园都享受成功的喜悦。

校长应赋予制度生命的活力。制度，本身就是一种形象，是一种示范和引领，而不是冷冰冰的条条款款，它有生动的内在思想。校长要让制度富有生命力，这样学校才能发展，教师和学生个体的要求也才能得到和谐发展。

（2）学校是引发学习的地方

教育的作用就是为学习自觉化的形成提供援助。所以说，引发学习才是学校最重要的意义。"办大学是大师之学，无大师就无大学"。教学是反思，是探索，是批判，是建构。教师的工作，既要"躬行"到位——实，又要灵动、超脱——活。既要苦练功夫，又要锤炼高境界。

换位思考，架设沟通的桥梁。一个人的成功，约有15%取决于知识和技能，85%取决于沟通。在教育管理中，校长必须要有一颗"学生的心"，这不仅是教育思想，更是教育行动，其核心就是校长站在学生的立场，为学生考虑。教育的根本目的不是为了管住学生，而是为了让学生自己管自己。

2. 知识管理是一种全新的管理思想，体现了未来学校管理发展的必然趋势。其基本特征如下。

特征1：知识管理重视对教职工的精神激励。

特征2：知识管理重视知识的共享与创新。知识经济下的学校之间的竞争取决于学校的整体创新能力，即运用集体的智慧提高应变力和创新力，增强学校的竞争能力。它要求学校的领导层把集体知识共享和创新视为赢得竞争优势的支柱。

特征 3：知识管理高度重视知识和人才。对知识的重视，这使得学校作为典型的学习型组织，要求教职工不断地获取知识和自学成才，发挥知识团队的整合效应。

特征 4：知识管理重视组织文化建设。

特征 5：知识管理重视领导方式的转型。让每个成员都有参与领导的机会，领导层要不断地进行学习，扩展成员的能力。

特征 6：知识管理重视社会整体目标。学校是在与社会的相互促进中成长壮大的。学校要适应社会现实发展和未来发展的需要，在管理中更强调快速反应，机动灵活，超前领先和开拓创新。

3. 寻求颠覆式思维，进而找到合适的杠杆来撬动世界

如何破解或隐或现的连串危机，着眼长远与社会公平，从根本性问题入手，重塑这个不安的世界？答案唯有两字：变革。

变革是世界运行的常态，挑战是世界进步的车轮。谁能破解变革与重塑背后的“思想力密码”，谁将在未来的竞争与合作当中居于主动。中国要成为教育强国，就必须有一批世界一流的学校，必须培养一批能在全球范围内有竞争力的教育家。

“让听得见炮声的人来决策”。康德在《判断力的批判》一文中写到：教育是痛苦的，只有忍受这种痛苦，才能感受教育的崇高。“最精英的人做最大众的事情，才是人生的最高境界”。

全球化。需从价值观开始重塑。“从月球看地球，以全球应对全球”的思维重塑。要有新视野，才能有新思维，才能有新对策，即找到撬动世界的杠杆。要真正具备整合教育资源的能力，需要一个历练的过程。而中国教育要想在较短的时间内跻身世界一流教育的行列，需要以颠覆式的新思维和新战法，巧用、善用杠杆来撬动发展。

（三）校务公开：一种充满智慧的文化行为

朱永新教授说，校长不是官。现在许多校长太像官，太注重职位的权力，因此丧失了许多真正与教师沟通的机会，而校长离开了教师的爱戴，就成了孤家寡人，从而他的权力也就没有了对象。

1. 公开校务正校风

孔子云：世上之事不患寡，只患不公。教师内心非常希望管理者处理问题时能做到公平、公开、公正。因此，管理公平性是一个学校管理水平的重要

标志，是影响管理实效性的重要因素。

专家认为，学校的管理机制要规范，不能在封闭的小圈子里一个人说了算，要通过校务公开化、分权与制衡、轮岗机制等，防止校长权欲膨胀。同时还需同步强化外部监督，形成一个责任明晰、监督到位的良性运行体系，驱除校园滋生腐败的基因，还校园一片净土。

2. 权力来自何方，服务对象就在何方

按照教育部《全面推进依法治校实施纲要》的要求，到2015年，全国要全面形成“一校一章程”的格局。因此，制定好学校的“大法”，就成为学校管理者面临的一项重要而紧迫的任务。

例：北京十一学校财务工作必须相互制约——按照“不让有权的人理财，不让理财的人有权”的原则，校长只有批准年度预算和根据工作需要批准临时申请项目预算的权力，不能对任何具体财务支出签批。财务总监的签批权只能在预算内有效，不得签批预算外的任何支出。每年度进行两次专项审计，审计工作由校长或校长委托相关人员负责，财务人员回避。

当我们的干部以自己获得的权力和资源真心实意为一线老师们服务的时候，权力和资源才有了最大化的价值。随着依法治国、依法治教工作的深入推进，政府、社会对学校的监督管理主要依据两条，一是学校是否依法办学，二是学校是否依章程办学。努力促进学校管理的规范化、科学化。

3. 大道至简，有权不可任性

“大道至简”是道家哲学之精华，也是古代治国之精要，这为后世许多哲学家和政治家所推崇。“大道至简”意思是说大道理是极其简单的，简单到一两句话就能说明白。“有权不可任性”，即权力是人民赋予的，怎能“任性”？一切按照法定的规则办事，不能不作为，也不能滥用权力。

二、心智模式：前瞻思维与感悟力

史玉柱：成功的秘诀不靠广告靠口碑。投资是一种思维方式，它需要灵感、悟性、经验和积淀，但更需要的是独立思考，勤于思考，善于思考。

（一）我们看到的是自己想看到的世界

佐藤学说：“所谓‘好学校’，绝不是‘没有问题的学校’，而是学生、教师和家长共同面对‘问题’，齐心合力致力于问题解决的学校。”

1. 智慧：强化战略思维和知人之智

把你的精力集中到一个焦点上试试，就像透镜一样。意志是每个人的精神力量，是要创造或是破坏某种东西的自由憧憬，是能从无中创造奇迹的创造力。没有伟大的意志力，就不可能有雄才大略。“二十岁的人，意志支配一切；三十岁时，机智支配一切；四十岁时，判断支配一切”。

知识是珍贵宝石的结晶，文化是宝石放出来的光泽。犹太民族自古以来就有重视教育的传统，认为“知识是夺不走的财富”，是“唯一可随身携带，终身享用不尽的资产”。犹太人获诺贝尔奖的人数超过 240 人，是世界各族平均数的 28 倍以上。世界十大哲学家中，有 8 人是犹太人。

思想力，指用思想改变客观世界的能力。马云曾说：“10 年后三大癌将会困扰着中国的每一个家庭，肝癌、肺癌、胃癌。肝癌，可能是因为水；肺癌是因为空气；胃癌，是因为食物。担心的是我们这么辛苦，最后所有挣的钱都成了医药费，我希望中国人真正健康一点。”“耐心和恒心总会得到报酬的。”马云说，“作为一个领导人，应该控制自己的情绪，很多时候发脾气是无能的表现，合理的情绪控制对于团队的和谐、稳定军心有大作用。”

2. 超越我们的心智模式

人各有异，这是一种幸运：一个个风格迥异的人，构成了我们所能体会到的丰富的世界。但人本质上又那么一致，这也是一种幸运：如果有心，便能通过这共通的部分，最终看见彼此，映照出彼此，温暖彼此。

林清玄对“窗子”和“镜子”有过精彩的比喻：“一个人面对外面的世界时，需要的是窗子；一个人面对自己时，需要的是镜子。通过窗子，才能看见世界的明亮；使用镜子，才能看见自己的不足。”使用镜子，面对的是自己，看见自己的一切。

以人为镜明心志。一镜一自己，一窗一世界。你、我、他，透过窗子看到了精彩的世界，大大的世界就在这小小的窗前定格。人的一生，无外乎两种关系：人与社会，人与自己。罗曼 · 罗兰在《名人传》中说：“打开窗户吧！让自由的空气吹进来！”大家都抱怨复杂，却不愿想自己就是复杂的根源，麻烦都是自找的，只要诚心，就会看见世界简单至极。你需做的只是扔掉目的而已。

有“一花一世界，一叶一如来”之说。从平凡的世界中开启了一个无限深远的意义世界，一种神圣的生命境界。在这个世界中，每一事物既是它自己，同时又是世界本身。令我们透过眼前的凡事俗务，可以直观到它背后所隐藏的无限的大千世界以及它自身存在的意义。

3. 教育管理 + 企业管理 = 现代学校管理

钟朋荣教授提出的这个公式，意在指明现代学校要做好管理文章所不可或缺的因素。学校管理者需要学习的不是企业管理中的一些具体做法，而是要从企业管理的理论、观念、思路、原则、方法中获得有益的启发。我们的学习是批判性地吸收，创造性地应用。学校管理者必须建立新的学校观、管理观，从传统的控制管理转向教育管理，从行政管理转向校本管理，从封闭管理转向开放管理，从而保障新课程的深入推进，促进学校的持续发展。

向企业学习精致管理。学校管理从粗放走向精致是一种必然趋势，精致成就卓越。校长要向企业家学管理，管理的难点有三个：第一是责任；第二是协同；第三是激励。

一位哲人说："垃圾是放错了地方的宝贝。"尺有所短，寸有所长。所以，管理者既要能善用人之长，又要善用人之短。管理者在用人时，不要看人才有什么缺点，而要先看他能做什么。管理者用人所长，这毫无疑问是值得提倡的，但一个管理者如果能善用人之短，化短为长，这才是管理者用人的最高境界。

（二）突破"路径依赖"：用危机引燃未来

路径依赖是一个经济学概念，用来形容某个系统在一个时期内的演化或发展方向会受到上一个时期内的发展轨迹的影响，即在整体上该系统的发展轨迹将遵循某一特定的路径持续较长的时间。

1. 美国高质量的教师应该是什么样的？全美专业教学标准委员会最新制订的教师评价标准。

关注 1：对学生及其学习尽心尽责。让所有学生获得知识，对学生一视同仁；承认个体差异，并在实践中充分考虑这些差异；尊重学生因来自不同文化、不同家庭而在课堂内表现出的差异；关注学生的自我概念、动力、学习效果以及同伴关系；关注学生个性发展和培养学生公民责任感。

关注 2：通晓所教学科知识和教学方法。

关注 3：有责任管理和监护学生学习。进行高效能教学，掌握多种教学技术和方法，并能运用得当，游刃有余，能始终激发学生的学习动力，使其专心学习；知晓怎样确保学生参与和营造秩序井然的学习环境，怎样组织教学以达到教学目标；知道怎样去评估个体学生和整个班级的进步；能采用多种方法测量学生的成长进步和理解力，能把学生的表现向家长作出清楚的阐释。

关注 4：能系统地反思，从经验中学习。成为受过良好教育的楷模——会读书，质疑，创新，勇于尝试和接受新事物；熟知有关学习的理论、教学策略，始终关注和了解国家当前的教育问题及焦点；经常批判性地审视自身的教学实践，深化知识，拓展所有的专业技能，将新的发现运用到自身的实践之中。

关注 5：教师是学习型团队的成员。

关注 6：舞台广阔，教师不只是课堂内的领袖。

美国教师教学评价指标的聚焦点：其一，教师对所教科目的知识和教学方法运用得当；其二，教师具有高效能教学的素养，激发学生学习动力与营造良好学习氛围的能力；其三，教师必须具有对所教学生和班级进行评价的能力。

2. 伟大的工作，并不是用力量而是用耐心去完成的。——约翰逊

中国教育评价机制以考试为主导，这就产生了以传授基本知识和基本技能为主，课本标准化、教师专业化，对学生高标准、严要求、强控制的教学方式。

例：中国的传统教育模式有时候是“过”了？

焦点 1：中国人向往西方的“快乐教育”？

“快乐教育”的内涵：教育者强调快乐不是教师示范出来的，而是学生心理本身所具有的情感，被愉悦的教学环境所“唤醒”，强调一种“享受学习”的过程。这也是中国人想象中的西方的“快乐教育”。

世界教育的趋势是中国在向西走，从纪律走向民主，灌输走向讨论；西方在向东走，注重纪律与评价。

焦点 2：哪种教育有利于实现社会流动？

教育界普遍认为，中式教育下，学生的基础知识比较扎实，但应用能力有所缺乏；而西式教育有助于培养学生主动学习的能力，应用知识的能力，但知识储备较为薄弱。

中国传统教育统一的选拔制度是相对公平的，至少更有利于实现社会流动，保持社会稳定。

3. “互联网 ÷ 教育”：解构传统学习模式与教育体制

互联网 ÷ 教育，即用互联网解构传统学习模式与教育体制，重新制定一套新的教与学互动模式，这将改变人类几千年以来以教师为中心的授课模式。

（1）将教育管理分解成若干枝干，若干条线，若干个知识点，深化“节点”研究，引入全面质量管理理念，解构影响教育质量的因素，借鉴泰勒科学

管理的分工合作方法，重视整合效益。

只有专业的思考，才能带来专业的进步。对于教育来说，执行的三个层面其实表现为职业追求、专业追求、事业追求。校长超脱，少用力，多用心："道、儒、法"的实践智慧。

执行中的精细化手段：
- 让人不能——方法、制度建设
- 让人不敢——处罚
- 让人觉得不该——精神教化

我们不能左右这个社会，但可以左右自己的精神。教育是社会的教育，我们的教育正在向功利化、技术化、庸俗化发展。每一个教育者都在咬牙切齿地诅咒现在的教育，但每一位教育者都在助纣为虐。

（2）解构教材，建构教材

·解剖教材，二次开发。建构适宜学校的校本教材，适宜学生的生本教材；

·分层教学，因材施教；

·个性化教学与辅导；

·运用互联网、教育技术，探索教育教学方法及教学与管理艺术。

解构与建构："翻转课堂"与"导学案"教学联动共生。以"导学案"为指导，把"翻转课堂"的教学视频作为一种新概念引入教材，从时间和空间的维度重构新的课堂教学模式。建构以网络信息技术为支撑，以"导学案"为指导的视频学习平台，实现学生、教师、家长之间的有效互动，同时也实现课堂与课外在时间和空间上的有效延伸和衔接。

如果把一门课程分解为 N 个知识点，制作出 N 个微课，一个微课讲清楚一个教学知识点，就可以形成一个"微课集"。开发"微课集"有三个要点：统一的标准，开放的平台和竞争的组合。如何将一门课程划分为 N 个知识点或知识点谱系图，这或又会成为教师的困惑与谜团。

（三）天道酬勤——推动一个人成功的最强大力量是意志

"悟道"："道"首先是一套价值系统，"道"还是一种智慧。"悟道"就是要获取智慧，"悟道"还必须持续地思考。寻找教育的遗憾，抓住教育的契机，享受教育的幸福。

基石·种子·宝典——陶华坤教育思想 14 卷。有人说是教育的"基石"，也有人说是思想的"种子"，还有人说是治校"宝典"。——把先贤的精神财富变成孩子们成长的精神养料！读书要读经典，读当代学者的书最好读懂读透他的大脑里想说还未有说出来的东西。

1. 基石

教育是基础，教育是支撑，教育是民族振兴和社会进步的基石。教育家办学富有时代的向上奋进的精神感召力！中国教育需要“教育家群”这支先锋队。一个社会中，没有一大批具有独特教育理想又富于创新的教育家，这个社会就不可能有“塑造灵魂”的事业，就不可能培养杰出的人才和身心健全的公民，更不可能产生一个创新的民族。

教育家。思想力是能力之本。教育家是“精神助产士，帮助别人产生自己的思想”。教育家一靠培养，提供发展环境；二有实践，成长的平台；三有潜质；四有悟性；五有胸怀。走出校园的围墙，放眼世界。让思想说话，用文化诠释。教育家是思想者，实践者，研究者。

教育家具有伟大的社会理想和拯救人类的抱负，天降大任的社会使命感和改造社会的伟大实践，对教育功能的超历史认识，人才培养的卓越成就，坚忍不拔的奋斗意志和不可为而为之的伟大情怀，这留给后人永恒的精神财富。

思想力是人类行为的碑石。教育家不是那些身处教育实践活动但却肤浅理解教育实践的人。社会越浮躁，越要心静。教育是需要全心经营的，需要遵守教育规律，特别需要耐得住寂寞。成为教育家，需要这种长期的坚守精神。

2. 种子

夏衍在《种子的力量》中讲述这样一个故事。人的头盖骨非常致密，坚固。生理学家和解剖学家用尽一切方法，要把它完整地分开来，都没有成功。

而把一些植物的种子放在要解剖的头盖骨里，配合适当的温度、湿度，使种子发芽。一发芽，这些种子便以可怕的力量，将一切机械力所不能分开的骨骼，完整地分开了。这可见种子的力量。

在知识王国里，每一粒种子都充满了自己的梦想。人生就像打字机，你敲下什么样的键，就会落下什么样的诗行。开辟的教育家是教育思想的传播者，脑际有星河宇宙，笔底涌万顷波涛。教育人怀着对教育的真诚情怀，为生活而教。教育是精神唤醒、潜能显发、内心敞亮、主体弘扬、个性彰显与灵魂感召！

教育是社会生活的“晴雨表”。教育家应有的重要技能，就是要了解社会的变化将对教育发生什么影响，教育家要做的，正是要还原教育的复杂性。教育家要具备哲学思辨能力，寻求并坚守真理，寻找并恪守教育基本规律。教育是“最廉价的国防”，是国家和民族最稳定最持续的力量。——我是一颗神奇的种子，用“种子的魔力”让我们生存的空间变成一个名副其实的绿色地带！让教育为人类发展服务！

3. 治校“宝典”——匠心独具的“教育妙招”

实践的理论：陶华坤教育思想 18 讲

Ⅰ	第 1 讲	校魂：精神管理
	第 2 讲	校长谈治校
	第 3 讲	校长发展学
	第 4 讲	“导演—教练”型教学模式
	第 5 讲	“规范 + 特色”办学模式
	第 6 讲	新教育学校全面质量管理
	第 7 讲	走进名校：构建以学为基点的组织新模式
	第 8 讲	区域教育发展战略与运行机制
	第 9 讲	都市教育
	第 10 讲	多元·共存：论国际理解教育
Ⅱ	第 11 讲	学校教育力
	第 12 讲	思想力：能力之本
	第 13 讲	执行力：组织设计的核心
	第 14 讲	学习力：最本质的竞争力
	第 15 讲	创新力：“引爆”创新潜能
Ⅲ	第 16 讲	教育研究：思想的种子
	第 17 讲	教育第二次飞跃：“质量—效益”型教育
	第 18 讲	教育家——思想的接生婆

教育是提高国民素养，促进人的全面发展的根本途径。重视知识传递与知识内化的过程研究，用好四种力量：法统的力量、感情的力量、奖惩的力量、社会的力量。把握“用兵之道”。开端管理：求实；过程管理：求活；终端管理：求“正”。治校“宝典”——匠心独具的“教育妙招”令人目不暇接。学校实施观念先行、目标激励、硬件“拉动”策略，进行科学决策，民主管理，依法治校，构建和谐校园，千方百计提高学校的综合实力。

教师要把教育哲学作为精神成长的思考工具。教师的工作不是靠规章、程序的制约进行的，把教师的职业生涯设计纳入到学校的管理中来。聚焦于师生的精神世界，理应有灵魂安顿的设计与精神居所的创生，理应源于生活，基于信仰。他们依靠执着追求的热情、事业心，形成较为稳定的思想、生活和工作方式。简单的招式练到极致就是“绝招”。在“绝招”形成的过程中，孕育了人们长期坚守的价值观和行为规范，并被固化下来，这成为一种制度和程序。再通过长期教育实践的涤荡，形成一种文化，成为人们的行动自觉和文化自觉。这时，教育创新实践的成果便成为一种常规，从而被固化。

教育是国计，也是民生；教育是今天，更是明天。《教育家—思想的接生婆》就教育引领社会改造，校魂—学校精神，学校教育力，“导演—教练”型教学模式，“质量—效益”型教育，教育家标准，教育研究—思想的种子等方面进行阐述，勾勒出教育工作者的心智地图。教育家之所以是教育家，就在于他能引领我们重温和回归教育的本义。

国家的命运，取决于全体国民的智慧和信念。浮躁的时代，唯有思想，才能安抚各种浮躁与焦虑，给人以前行的力量。——马克思的脚印是一部博大精深的历史巨著。他用思想写就了自己的“脚印”，又用实践深深印下了自己的“脚印”。他的“脚印”是历史的火车头。

三、信息管理：变知识为智慧

知识经济时代，最核心的资源，一个是数据，一个是知识工作者。管理也会从传统的多层次走向扁平化、网络化、生态化。

（一）互联网思维核心：一切以用户为中心

互联网思维，就是在互联网、大数据、云计算等不断发展的高科技背景下，对市场、用户、品牌、企业的价值链，甚至对整个商业生存状态进行重新审视的思考方式。

1. 智慧教育 5 个本质特征

特征 1：感知。指采用各种技术、各类传感器以及各种量表来感知外在的学习环境与人的内在学习状态。

特征 2：适配。为达成因材施教的美好愿望，让教育资源能够根据学生个性化的需求而获取和使用，教与学可以按需开展。

特征 3：关爱。关爱是一种尊重学生的态度，指教师通过关注、可依性、尊重、肯定等行为，在与学生互动过程中与学生建立并维持的信任和支持关系。

特征 4：公平。指受教育者在受教育过程中在教育权利、教育机会、教育资源和教育质量方面享有平等权利。

特征 5：和谐。指教育系统有序运行以及内部各要素有序配置的状态，是人对教育的主观追求和美好理想，也是构建和谐社会的动力。

2. 互联网思维是用户至上的思维

互联网思维就是口碑为王，口碑的本质是以客户为中心，参与感是满足客户的心理需求。

（1）把用户变成粉丝：互联网思维下的极致体验

“顾客是上帝”，不仅仅是一种终端服务概念，更是整个设计生产销售链条的原则。传统企业应该向互联网企业学习的是，对于自己的核心用户群时刻保持巨大的吸引力，并且尽可能提高这些核心用户的活跃度以及转换率。

第一，为用户带来其难以抵挡的价值；

第二，为用户带来极佳的过程体验；

第三，为用户“建档”，能保持对核心用户群的持续吸引力。

（2）由于互联网的普及，信息传播发生了三个重大变化

变化 1：信息从不对称转变为对称；

变化 2：信息传播速度暴增，影响范围空前扩大；

变化 3：互联网信息是去中心化的传播，通过社会化媒体，每个人都是信息的节点，都有可能成为意见领袖。以前的信息是通过广播、报纸、电视、杂志等媒体传播，没有互联网，信息是单向的。现在不受时间空间地域限制的网络社会，每个人通过手机等获取信息。这种变化会使得社会变成一

个个大的群组，如微博、微信朋友圈、论坛等，这形成扁平化而相互交织的信息传播网络。

3. 互联网思维，堪比“文艺复兴”

人类社会每次经历的大飞跃，最关键的并不是物质催化，甚至不是技术催化，本质是思维工具的更迭和替代。一种技术从工具属性到社会生活，再到群体价值观的变化，往往需要经历很长的过程。文艺复兴运动带来了一段科学与艺术革命时期，揭开了近代欧洲历史的序幕，被认为是中古时代和近代的分界。

（1）互联网时代的商业思维是一种民主化的思维

任何一种大型技术革命，早期总是高估它的影响，会有一轮一轮的泡沫；但是中期大家往往会低估它的影响，觉得这些不过是概念而已。当你觉得它是概念的时候，它已经开始生根发芽，开始茁壮成长。互联网是一种伟大的工具，也许就像第一次工业革命的蒸汽机和第二次革命的电力一样，但不管工具有多伟大，所谓的“工具”不能帮助我们从无到有，只能协助我们从慢到快。这样的互联网，并不能解决一切问题，但的确也在改造我们的生活。碎片化的互联网思维有三个核心要素是最值得关注的。

关注 1：平庸将被淘汰，极致是唯一出路。

关注 2：微创新是这个时代需要的“快”。对于很多学校来说，第一步，先“跑起来”，哪怕是小步快跑。

关注 3：互联网带来“去中心化”，改变“经营”过程。

互联网思维具有代表意义的“专注、极致、口碑、快”，也被形容成了互联网的“七字箴言”。互联网思维是一种思维方式、一种工具，还是一些思考，互联网确实改变了这个世界。

（2）用互联网思维推动变革

互联网的特点是开放、透明、共享，消除了信息不对称，使得消费者掌握了更多的产品、品牌等方面的信息。

大数据原则：社会领域的事务太过于复杂，依据经验总结的规律只具备有限的正确性，而一种可行的方案是积累超大规模数据，依据相关规则，反算出其代表特征并确定关联关系。简单解释，就是你依据经验总结的东西仅具备相对有限的正确性，而且可能没有很强的指导意义。互联网时代的执行不再是标准化的复制，而是创新执行。

政治维度上的互联网思维："平民＋博爱＋互联网"。

经营理念的互联网思维："平等、透明、互动、快捷的商业理念，用户体验至上，还有互联网金融的去中介、去中心等"。

人文理念的互联网思维："平等，爱心，环保，回归自然"。互联网思维必然体现着平等、开放的特征。平等、开放意味着民主，意味着人性化，这是一种人性的回归。

（二）从教育管理走向教育治理

从教育管理到教育治理，虽仅一字之差，但这一转变却意味深长。"管理"是自上而下、一元单向的，而"治理"却是一个包含多元主体围绕一个目标，共同参与、协调互动的过程。教育治理体现了市场经济背景下现代社会的基本特征：一是治理主体的多元化，教育治理不仅仅由政府来承担，社会、家长、学校等应当共同参与；二是治理体系的复合化，涵盖了政府、社会和学校三大体系，三方统一互补；三是治理手段的多样化，除行政手段外，更多的是强调各主体间的合作。

1. 教育改革涉及的是"灵魂"的问题

从传统"管制者"到现代"治理者"的转变，这是推进教育治理面临的重要问题。把"情"和"法"结合起来，无疑会赋予制度管理以人文色彩，有利于学校的健康发展。制度管理和人文关怀的统一不可能一蹴而就，它需要一个过程，学校的发展，起步于制度建设，提高于人文关怀。

例：提升管理者的思想力测试题

1. 单选题

（1）关于思想力的重要性，表述错误的是：（D）

A. 思想力是万力之源　　B. 管理的最高境界是管理思想

C. 思想可以支配人的行为　　D. 思想是不容易改变的

（2）关于成功企业文化的共同点，表述错误的是：（C）

A. 大力倡导人性化理念　　B. 采取人性化理念＋商业化操作模式

C. 企业经营的本质是经营服务　D. 善于经营人心

（3）想要成为卓越的思想者，正确的思想通常来源于：（A）

A. 社会实践　B. 书本知识　C. 祖辈流传的经验　D. 国内外贤人的思想

（4）佛教中讲人的思想升华要经过三个阶段，其中不包括：（B）

A. 历练　　B. 挫折　　C. 顿悟　　D. 蛹化蝶

（5）通过自我提升增强思想力的方式，其中“心智改善”的内涵不包括：（A）

A. 超越挫折，战胜逆境　　B. 突破思维定势　　C. 提升信念系统　　D. 改变态度

（6）下列选项中，关于人生的三大追求，表述错误的是：（B）

A. 治心以“广大”为要　　B. 置业以“光耀门庭”为荣

C. 做事以“格局”为重　　D. 人生以“疆域”为终

（7）格局会决定结局，关于“三维定格局”的内容，不包括：（A）

A. 学历　　B. 眼界　　C. 胸怀　　D. 思想

2. 判断题

（1）由“感识”阶段上升到“意识”阶段，改变注意力最重要。（正确）

（2）要增强思想力，首先要形成持续、宁静和积极的心理状态。（错误）

（3）思想者与平庸者的差别在于对普通事物的认识方式。（正确）

2. 共同协作：保证学校“动车”上的每个节点都有充足的动能

校长最重要的职责是团队的融合。它是在教师的共同发展中实现的，是把教师的心凝聚在一起，焕发出教师的创造性与主动性，这样才能保证学校“动车”上的每个节点都有充足的动能。古人云：“感人心者莫先乎情，屈人力者莫过于思。”

在学校里，每个“我”都很重要，让每个“我”都能快乐工作更重要，每个“我”都能成为正能量的一个点。“我”是学校的“股东”，出资的是智慧与才情。正是每个“我”都发挥正能量，才能推动学校发展得更快。当教师真心把学校当作自己的家，如果每个人都充满向上的力量，每个人都感觉学校的生活有滋有味，有情有义，这才能最大限度地发挥“动车”的作用，即众人划桨方能开好大船。

例：请看一组镜头。

镜头1：中层干部——你的背影，我的标杆。

镜头2：班主任老师——疲惫的身影，尽责的态度。

镜头3：行政例会——鲜明的主题，智慧的火花。

镜头4：教研组活动——我思故我在。

镜头5：师徒结对——你的肩膀，我的高度。

镜头6：常规检查——一丝不苟，精益求精。

镜头7：体育文化节——细节是成功的关键，信心是成功的助力。

镜头8：期中考试——严格规程，友情操作。

镜头9：年级考试分析会——感动于人，反思于事。

镜头10：高三家长会——让家长更多更好地理解我们。

镜头11：教师家访——让我们真正走进学生的心灵。

镜头12：高三任课教师动员会——危机中的新发展。

镜头13：教师辅导——你的进步，我的快乐。

镜头14：冬季长跑——你的整齐，我的榜样……

（三）校长补“钙”：教育家一定是自由的教师

教育家应有的一项重要技能，就是要了解社会的变化将对教育发生什么影响，经济发展之快，需要更开放、更动态的教育体系，培养更符合需求的人才。

1.教育被视为社会阶层流动的“引擎”

教育是什么？往简单方面说只需一句话，就是培养良好的习惯。而良好的行为习惯是建立在良好的规则意识与执行规则的能力上。

（1）教育家要做的，正是要还原教育的复杂性

教育是一个慢的过程，教育人不能急功近利，需要有一种淡泊名利的心态。南怀瑾说：“佛为心，道为骨，儒为身，大度看世界。”让智者尽其谋，勇者竭其力，信者效其忠，各取所长，各尽其能。力求营造一个谁也不被轻视，谁也不轻视别人，每个人都追求成功和进步的幸福团队。

教育改革从家长教育开始。家教是什么？是家长对孩子的言传身教，往往体现在非智力因素方面。家庭教育，就是对“根”的教育，“心灵”的教育，只有“根壮”“心灵好”，状态好，才能“枝粗叶肥”，这恰是“庄稼养根，育人养心”啊！灵魂工程师一定要有自己的灵魂。经过长期的非成就冲动的观察，才可能找到教育的一点心得，这就是教育家应该干的。

（2）好校长要具备“五气”

用“四有”标准定义“好老师”：即做好老师，要有理想信念；做好老师，要有良好的思想情操；做好老师，要有扎实学识；做好老师，要有仁爱之心。吸引、鼓励、支持优秀人才长期从教，终生从教。

好校长要具备“五气”：处事要和气，做人要正气，腹中有才气，管理要

大气，专业要有底气，充分发挥教育思想引领者与教育实践指挥者的作用。

优秀校长发展阶段：入职校长—称职校长—成熟校长—创新型校长—教育家型校长。校长应该是一位读书人，读名著，读历史，读教师，读学生，始终给自己一个仰望的视角，做有思想、有思路、有创新的优秀校长。

2. 从实干者到思想者——实干者必然成就自己，思想者则可照亮别人

例 1：陶行知的“四颗糖”。

一次，陶行知先生看到有个学生用泥块砸同学，他当即制止，并让这名同学放学后到校长室。当陶行知来到校长室时，这名同学已经等在门口，准备挨训了。没想到陶先生却从口袋里掏出了一颗糖给了他，并说：“这是奖给你的，因为你很准时，而我却迟到了。”这名学生惊疑地瞪大了眼睛。

接着，陶先生又掏出第二颗糖给这名学生，说：“这第二颗糖也是奖给你的，因为我不让你再打人时，你立即就停止了。这说明你是一个听话的孩子，而且对我很尊重。”

接着，陶先生又掏出第三颗糖，说：“我调查过了，你砸那些男生，是因为他们不遵守游戏规则，欺负女生。你砸他们，说明你很正直善良，且有跟坏人做斗争的勇气，应该奖励你啊！”这名学生感动极了，哭着说：“陶校长，你打我两下吧，我错了，我砸的不是坏人，是自己的同学呀！”

陶先生这时笑了，马上掏出第四颗糖，说：“你能够正确地认识错误，我再奖给你一颗糖。这件事就到这里吧！”

例 2：陶行知喂鸡。

有一次，陶行知先生在武汉大学演讲。他走向讲台，不慌不忙地从箱子里拿出一只大公鸡。台下的听众全愣住了，不知陶先生要干什么。

陶先生从容不迫地掏出一把米放在桌上，然后按住公鸡的头，强迫它吃米。可是大公鸡只叫不吃。怎么才能让公鸡吃米呢？他掰开公鸡的嘴，把米硬往鸡的嘴里塞。大公鸡拼命挣扎，还是不肯吃。陶先生轻轻地松开手，把鸡放在桌子上，自己后退了几步，大公鸡自己就开始吃起米来。

这时陶先生开始演讲：“我认为，教育就像喂鸡一样。先生强迫学生去学习，把知识硬灌给他，他是不情愿学的。即使学也是食而不化，过不了多久，他还是会把知识还给先生的。但是如果让他自由地学习，充分发挥他的主观能动性，那效果一定好得多！”台下掌声雷动，为陶先生形象的演讲叫好。

3. 教育改革：躲不得更急不得

忽视教师的教育改革就是“折腾”。教育是民生工程，教育改革方案的设计应当做到科学、民主和透明。

（1）教育家的基本责任应是价值的启蒙

“科学”就是改革目标、任务的设定，举措和方法的选择以及改革效果的评价都要努力做到实事求是，有理有据，不能盲目地照搬别处的经验。

“民主”就是改革要注重倾听不同层面尤其是利益相关人的意见和建议，围绕着改革的关键举措开展广泛的民主协商，对于反对的意见要仔细倾听和认真研究，不要为了改革的速度而牺牲改革本身的民主性。

“透明”是指改革的决策、执行、评价等环节要透明，理念要公开，利益要公开，资料要公开，结果要公开，使教育改革在阳光下进行。

民主的教育家要具备自由、平等、民主、法治、公正这五项核心价值。教育家的基本责任应是价值的启蒙，即致力于构建民主教育体系，培育具有民主精神的现代公民。

（2）将学生置于学校发展的中心

学校的教育教学工作，不应纯粹追求升学率的提升，而应追求具有民主意识的公民的养成。学校要走近孩子，走进他们的学习与生活，了解他们的困惑与需求，感知他们的情感变化，将学生置于学校发展的中心，一切工作围绕学生展开。

百年大计，教育为本。教育是人类传承文明和知识，培养年轻一代，创造美好生活的根本途径。教育大计，教师为本。教师重要，就在于教师的工作是塑造灵魂、塑造生命、塑造人的工作。“一个人遇到好老师是人生的幸运，一个学校拥有好老师是学校的光荣，一个民族源源不断涌现出一批又一批好老师则是民族的希望！”

第二章　执行力：制度设计的核心

管理不仅需要制度为先锋，还要掌握力道，以执行力开路。比尔·盖茨说：“在未来10年内，我们所面临的挑战就是执行力。”执行力就是在每一个阶段、每一个环节都力求完美，切实执行。专注是执行力的本质和精髓。执行力的本质就是做事情专注，聚焦于那些关键的成果。

第一节　超越管理：管理者是培训师是教练

执行力是一种纪律，是策略的根本，是领导人的首要工作，必须成为组织文化的核心。执行力的背后是文化，执行力文化要以价值观为核心。管理人员“学术化”。思想不是靠培训出来的，而是经过长期思考、积累得来的。思想从思想中来。

一、执行力文化要以价值观为核心

“执”是一种担当，“行”是以结果为导向的付出。如果把执行力中的“执”与“行”二字拆开，可以解释：“行大道”只是做到了“执”的部分，还没有涉及“行”的部分。因为“执”在执行中是一种担当，是承担责任的意思，而“行”在执行中是要付出行动，要以结果为导向。

“行大道”，道指规律，是可以感受到的，道是一种思想和追求，在平常人眼里是“虚无”的，在修行的人眼中却是“真实”的。道是一种状态，是大方向，是力量和源泉，是通向未来的路。

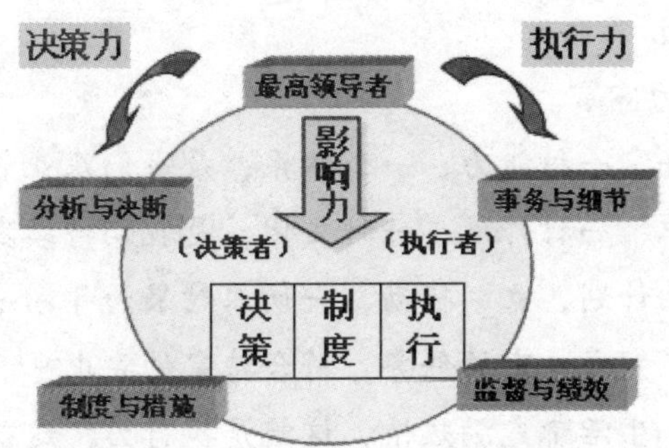

（一）提升执行力

执行力 = 动力 – 阻力。很显然，要想提升执行力，可以从两方面着手：一方面要减少阻力，另一方面要加大动力。

怎么能够增强动力呢？

第一，提出愿景，指出未来的方向；

第二，规划落地，要有很实实在在的规划，只有愿景大家会觉得很缥缈，怎么办，规划落地；

第三，把成败的"基点"放到你所要影响的人身上，激发人们的斗志。

1. 执行力提升的渠道

渠道 1：源头控制——确保执行力的防火墙。选任干部应重点考量其是否具有创新精神？是否具备政策执行能力？是否具备驾驭岗位或部门工作的能力？是否具备协作精神和大局意识？这是把好选用干部的首道关口。

渠道 2：政策机制——推进执行力的润滑剂。成熟的领导集体，应在创设机制、规范制度上下功夫。当学校充满活力与激情时，它的润滑剂少不了政策机制的科学和到位，而此时纲与目则相得益彰。

渠道 3：目标监控——提升执行力的推进器。工作目标的制定决定着工作方向和未来的工作成效。只有人人心中有目标、时时处处奔目标，执行力自然会得到不断提升。

渠道 4：会议制度——培育执行力的加速器。有效的会议，均是与会者主观能动性的展现。会议的实效性取决于会议组织的科学性和严肃性。因此说会议制度是培育干部执行力的加速器。

渠道 5：民意评价——检验执行力的试金石。考察其工作成效时，更应注重其团队的认可度，不能在人为的小圈子中评价而产生“官官相护”的现象，这使执行力大打折扣。

例：×× 执行力宣言。

执行是一种责任、一种能力、一套体系，是我们基业长青的源泉；

执行是一种意识、一种作风、一种文化，是我们持续发展的动力；

明确目标，详细计划，立刻行动，一切以结果为导向；

在特定的时间，完成特定的任务，符合特定的要求；

对工作、目标、生活都充满热情，这就是执行力！这就是竞争力！

2. 宣传贯彻的密度 + 力度 = 执行的深度 + 高度

执行力：组织成员在落实组织战略决策、执行组织规章制度的过程中，完成某项任务或实现某一目标的能力。提升执行力的三大重点：激发并提升员工的士气，让执行文化渗透到员工骨子里，重视执行中的创造性；并从框架的构建、团队的管理、领导的权责利、执行流程、管理机制、执行工具和文化等方面构建高效执行力。

（1）消除执行过程中的误区——贯彻执行力的重要保障

心态误区。自以为是：总是认为上面的决策是不合理的，在执行过程中喜欢按自己的意思去改动，结果一级一级地改动下去最后导致了执行力的完全失真，爱找借口和推卸责任。

能力误区。不求上进：不能吸收新思想、新理念，安于现状，反对创新。能力错位：把能力用在玩乐或搞人际关系上，不但无用，反而还会起负面作用。中层领导纵容能力不够的教师，执行力无疑就会大打折扣。

授权误区。很多具体工作执行者热衷于把所谓的权力紧抓在手中，什么事都亲力亲为，结果下面的人没事干，而他却累得要死，且执行效率不高。

团队精神误区。把“团队精神”和“团伙精神”搞混淆了，在学校拉帮结派，搞权力投机。没有从心里认识到决策如果形成，必须不折不扣地执行。

（2）执行力差的原因

员工不知道干什么，不知道怎么干，干起来不顺畅。解决执行力差的方法：目标明确，方法可行，流程合理，激励到位，考核有效。

思想意识上：缺少成果意识，仅着眼于操作，没有集中明确的目标。这样容易出现执行不力的状况。

时间上：常常会有拖、等、看的现象。新队伍新班子，对于目标任务会有拖时间、等指示、看情况问题。需要变“明天去”为“马上办”。

方法上：遇到障碍缺少变通，不能创造性地解决问题，要将有问题转变成有办法。

落实上：不见成果，只有“正在办”。

过程上：没有有效控制。

实施上：缺少有效的组织，往往缺少系统化、条理化的措施保障。

有人这样评价管理者：一流管理：自己不干，下属快乐地干；二流管理：自己不干，下属拼命地干；三流管理：自己不干，下属主动地干；四流管理：自己干，下属跟着干；五流管理：自己干，下属没事干；末流管理：自己干，下属对着干。

（3）有效沟通

执行者参与计划的制订。在制订过程中上下级之间可以良好沟通，让组织内的员工进行活跃的对话，坦诚交流实际情况，表达自己的真实观点。

建立顺畅的反馈渠道。明确每项任务的阶段负责人与总负责人，执行过程中遇到困难，员工可以越级反馈，直接和主管沟通，避免按照自己的理解和方式去解决问题。

沟通方法。要求总负责人在任务布置后对所负责工作的具体人员，提出多种具体问题并要求解答，确保计划完全被执行者理解、接受。并要求这样的沟通方式与对话模式要一层层下达，流传到整个组织当中。

真诚交流。尊重每个人提出的意见，如不能执行要告知原因，鼓励员工提出问题，自由表达自己的观点。

（二）对执行情况持续跟进

1. 萧伯纳说：“自我控制是强者的本能。”

（1）自控力方法

方法 1：控制接触的对象。选择自己喜爱的伙伴，结识对自己有帮助的朋友，对那些不利于成功的交往对象要控制自己与他们少接触。

方法 2：控制沟通方式。沟通的重要方式是聆听、交谈、观察，当你与他人交谈的时候，要控制自己的语言，使对方从你的话语中感觉到尊重并有收获。

方法 3：控制思想。对大脑思考的问题要有所控制，可以进行创造性的想象，而对忧虑、苦恼则尽量少想。

方法 4：控制时间。无论是工作、娱乐还是休息，都应该有个时间安排，不能想玩时就玩上一天而忘了学习，想学习时就学上一天而忘了休息。

方法 5：控制忧虑。无论周围发生了什么事情，都要保持乐观精神。

方法 6：控制承诺。不能随便承诺，一旦承诺了的事情就要努力做到。

方法 7：控制目标。科学的目标能帮助你保持愉快的情绪。

（2）有效控制方法

事前跟进，发现潜在风险提前给员工预警。

事中跟进，在任务进行中发现问题后，寻找解决办法，使员工的工作重新回到正轨上来。

事后跟进，出现问题后，找出原因，提供补救建议和具体措施，避免员工再犯同样错误。

授权不授责，大多数管理者的通病是授权又授责，这样导致的结果就是权责不分，职位越高承担的责任越小，做的多就错的多，管理者不做具体的事，永远不出错，被授权的人害怕出错而不停地往下授权，必然没有好的结果。

对身兼管理责任的人进行监督，当管理者管理他人或检讨自身的行为时，有效的监督十分必要，如果没有有效的监督，准确的工作定义、选拔、管理和培训这些工作都不可能轻而易举地完成。

对那些可能是以前所遗留下的含糊不清的或没有论及的问题，管理者要能给予明确而又清晰有力的说明；然后，他们还要提出对未来的展望，以使将来组织的工作重点能集中到所提出的焦点上来。

（3）事后控制不如事中控制，事中控制不如事前控制

事后控制不如事中控制，事中控制不如事前控制，可惜大多数经营者均未能体会到这一点，等到错误的决策造成了重大的损失才寻求弥补。而往往是即使请来了名气很大的“空降兵”，结果于事无补。

故事：扁鹊的医术。

魏文王问名医扁鹊：“你们家兄弟三人，都精于医术，到底哪一位最好呢？”

扁鹊答：“长兄最好，中兄次之，我最差。”

文王再问：“那么为什么你最出名呢？”

扁鹊答：“长兄治病，是治病于病情发作之前。由于一般人不知道他事先能铲除病因，所以他的名气无法传出去；中兄治病，是治病于病情初起时。一

般人以为他只能治轻微的小病，所以他的名气只及本乡里。而我是治病于病情严重之时。一般人都看到我在经脉上穿针管放血，在皮肤上敷药等大手术，所以认为我的医术高明，名气响遍全国。”

2. 执行力：组织设计的核心

拉里 · 拉姆从三个层面阐述“执行”的含义：其一，执行是战略不可分割的部分，而不单纯是一个战术问题；其二，执行是企业领导人亲力亲为的工作，而不是一线员工的事；其三，执行是企业文化核心成分，而不是一个简单的流程与岗位要求。

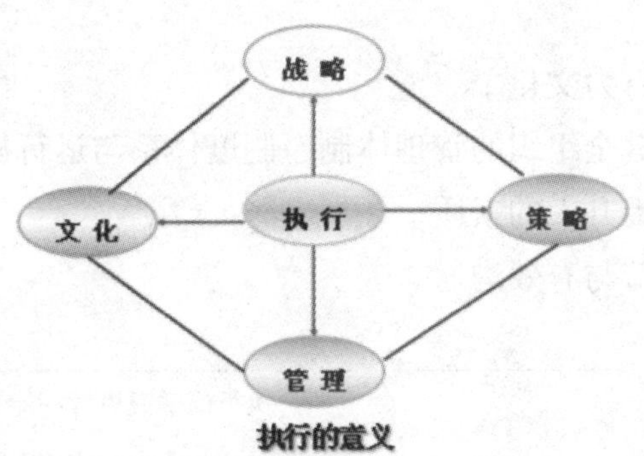

执行的意义

执行力就是生命力。执行力不是工具，而是工作态度，执行是任务完成的有力保障，执行能力是基础，执行方向是灵魂。执行力落脚点在“力”上，执行是一个主观与客观相结合的过程，而力的取向、力的质量、力的度等，决定了执行力强弱。

（1）执行力 = 流程 + 技能 + 意愿

增强执行效果：一要吃透上情，正确理解决策是实施执行力的前提；二要吃透下情，正确判断民情是实施执行力的基础；三要做好“结合”文章，抓好落实是实施执行力的核心。

教育执行力：就是关于教育政策和策略的调研决策、过程实施和效果表现等方面的表征能力。教育竞争中不可忽视的重要因素——执行力。

管理者的执行力：由领悟能力、计划能力、指挥能力、督导能力、创新能力等因素构成。领导的实质是一个说服和榜样的过程。管理者需重视下属执行力的培养，校长要把握好“五界”——境界、眼界、学界、分界、外界。

“境界”：指人的思想觉悟和精神修养；

“眼界”：指目力所及的范围，引申为见识的广度；

“学界”：指校长是“师者之师”，是知识分子中的知识分子，应具有学者风范；

“分界”：指校长要把握好权力的分界线，谨慎处理好与下属的集权与分权的关系；

“外界”：指校长力争做个“社会活动家”，致力于拓展学校外部环境，为学校的发展营造广阔的外部空间。

（2）提高执行力的途径：文化、制度、战术、执行计划、检查、确认、总结。

第一，塑造执行力文化；

第二，建立和健全组织的管理体制、制度体系与运行机制；

第三，改善和提升人的素质；

第四，注重细节与有效沟通。

校长执行力	执行前敏锐思考的能力
	执行中的判断能力
	执行后的反思能力
中层执行力	执行前的交流能力
	执行中的落实能力
	执行后的思考能力
教师执行力	贯彻上级意图的能力
	个人组织管理的能力
	创新应变能力
学生执行力	遵守校纪的能力
	执行教师任务的能力
	学生自主学习的能力

学校（企业）的成功，30%靠战略，50%靠执行力，其余的20%依靠机遇、环境等因素。可见执行力是最重要的。

（三）执行力才是核心竞争力

良好的执行力来自优秀的团队。决策是管理层的事情，但是一个好的决策能否不折不扣地得到及时执行，却要靠优秀的团队。

1. 执行力是成功的核心动力

众所周知，思路和战术也许会被竞争对手跟进和模仿，但执行力是模仿不走的，事实上，许多学校运作的成功，并不是有多奇妙的策划和创新思路，而是实实在在的执行力已经成为学校运作中的强大竞争优势，同时，在与学生及家长沟通的精细化过程中建立起人性化的服务平台，久而久之，学校立足的根基就会牢固。

（1）“三分战略，七分执行”，执行力是左右学校成败的关键。执行力的个中差别也是区别一所学校平庸与卓越的重要标志。

强调“例行、力行、厉行”。例行——例行公事，该怎么做就怎么做，做完就完；力行——身体力行，尽力而为，而不是竭尽全力；厉行——只有这两个字才是真正的执行，学校才能生存发展。

执行在于随时有危机意识。有人煮了一锅热水，把青蛙放进去，青蛙当时就蹿了出来，它很警觉。再把水变成一锅凉水，把青蛙放进去，它美滋滋的，当它发觉不好时，水已经变热，已经没有能力跳出来了。为什么？因为惰性，没有压力，没有危机意识。

例：西点军校执行力密码。

西点军校是一个培养将星的超级军校，3700 多名将军从西点出发，现身于战场。西点军校之所以培养了一批批优秀的军旅将帅、政坛要人、科技名流、商企巨贾，它的“没有任何借口”就是其中的奥妙之一。

执行的第一要义：服从；

执行的第二要义：专注；

执行的第三要义：行动。

执行型人才的三大特质：信守承诺，结果导向，决不放弃！“执”是一种担当，“行”是以结果为导向的付出。

（2）“没有任何借口”是美国西点军校奉行的最重要的行为准则。

没有执行力，就没有竞争力。在美国西点军校里有一个广为传诵的悠久传统，就是遇到军官问话，只能有四种回答：

“报告长官，是”；

“报告长官，不是”；

“报告长官，不知道”；

“报告长官，没有任何借口”。

除此以外，不能多说一个字。这四个“标准答案”让许多人受益终身。

“没有任何借口”是美国西点军校奉行的最重要的行为准则。它强化的是每一位学员想尽办法去完成任何一项任务，而不是为没有完成任务去寻找借口，哪怕看似合理的借口。其核心是敬业、责任、服从、诚实。这一理念是提升学校凝聚力和竞争力，建设学校文化的最重要的准则。西点军校秉承这一理念，建立了自己杰出的团队。“没有任何借口”体现的是一种完美的执行能力，一种服从、诚实的态度，一种负责、敬业的精神。

2. 执行力指贯彻战略意图、有效利用资源，保质保量完成预定目标的能力。是把学校战略、规划转化成为效益、成果的关键。

（1）执行力是一个变量，不同的执行者在执行同一件事情的时候也会得到不同的结果。

执行力不但因人而异，而且还会因时而变。如果要想解决执行力的若干问题，就必须先剖析影响执行的根源，然后再找其方法，这样解决问题自然就会变得清楚些，容易些。

个人执行力是指每一个人把上级的命令和想法变成行动，把行动变成结果，从而保质保量完成任务的能力。

团队执行力是指一个团队把战略决策持续转化成结果的满意度、精确度、速度，它是一项系统工程，表现出来的就是整个团队的战斗力、竞争力和凝聚力。为此，在“严、实、快、新”上下功夫。

着眼于“严”，积极进取，增强责任意识。责任心和进取心是做好一切工作的首要条件。

立足于“实”，脚踏实地，树立实干作风。天下大事必作于细，古今事业必成于实。

行动于“快”，只争朝夕，提高办事效率。

侧重于“新”，开拓创新，改进工作方法。提升执行力虽不是一朝一夕之功，但只要你按“严、实、快、新”四字要求用心去做，就一定会成功！

（2）执行力有三个核心：人员、战略和运营。人员，就是用正确的人做合适的事；战略，就是做正确的事；运营，就是把事做正确。三者相辅相成，缺一不可。

提高执行力的五大法则：沟通是前提，协调是手段，反馈是保障，责任是关键，决心是基石。

执行理论六个要素：计划、沟通、风险评估、实施、反馈、改进。

例：在电视剧《汉武大帝》中，窦婴是一个悲剧人物。他手持先帝托孤遗诏，而终被遗诏所害。然而只看到窦婴之死的导火索是不够的，窦婴之死既不是汉武帝的无情，也不能怪田蚡的残酷。

窦婴之死在于执行之误。黄河发大水，北岸溃堤而广大民田被淹，民间怨声载道。朝廷派去的水利专家巡视了南北护堤之后立刻托病辞职。原因是南岸的田地不是皇亲国戚的，就是重臣豪强的。武帝不得已命窦婴持节去决开南岸的缺口，窦婴如实执行了汉武帝指令，江北乃至全国人民高呼大将军万岁。

思考：在这个执行中，窦婴违背了执行的基本原理。他错误地将“执行”理解为“实施”，而忽略了执行的其他要素。“执行”和“实施”究竟有什么区别？执行在意识上是被动的工作行为（按照外力意愿去做），实施在意识上是主动的工作行为（按照自主的意愿去做）。

3. 什么是执行的要素

两个基本——靠制度管人，按程序办事。执行力靠人来贯彻，人要靠制度来管，违规必罚；工作要靠程序保证，丁是丁，卯是卯，违背程序就要严办。

三大规则——标准化、制度化、规范化。运作管理要有标准，实现标准靠制度保证，贯彻制度要严格规范。标准、制度靠学校制定，需要强有力的执行力加以规范、贯彻。

四项原则——目标管理的原则，全员参与的原则，过程监控的原则，持续改进的原则。即按既定的目标，把目标管理作为工作中的主线；坚持全员参与实施，做到横向到边；加强过程监控执行，做到纵向步步落实；不断持续改进，确保学校发展像芝麻开花——节节高。

执行是需要耐心和恒心的。也就是说，耐心有多大，恒心有多大，执行力就有多强。执行力就是“认真、认真、再认真，深入、深入、再深入，细致、细致、再细致，落实、落实、再落实”。

执行力要素：

要素 1：策划能力；

要素 2：创新能力；

要素 3：沟通能力；

要素 4：号召能力；
要素 5：合作能力；
要素 6：决策能力；
要素 7：监控能力；
要素 8：领悟能力；
要素 9：授权能力；
要素 10：应变能力；
要素 11：组织能力；
要素 12：协调能力；
要素 13：学习能力；
要素 14：抗压能力。

二、共赢思维：团队管理之道

大成功靠团队，小成功靠个人。人们常说："小企业靠老板，中企业靠制度，大企业靠文化。"有人把这句话作为区分企业规模大小的标尺，虽然有一定道理，但并不得其真意。这里的"小－中－大"更多的是在表述一个企业的成长过程，而"老板－制度－文化"则指出了企业发展中核心动力源泉的转变过程。

（一）执行之前必须充分明确领导的意图

树立正确的执行理念，用学习创新的成果充实执行力，用科学管理的制度保障执行力，用实际成效检验执行力。

1. 个人执行力构成的 13 个能力特征

战略理解力	就是执行人对战略的理解能力或是对任务的理解能力。
战略分解力	把战略分解为具体的工作步骤和流程的能力。
战略执行力	是不折不扣地贯彻能力，以结果为导向，就是"喊破嗓子不如甩开膀子"的能力。
目标分解力	把战略转化为目标，把目标分解到人头，把任务转化为操作，量化目标、监督、考核的能力。
流程设定力	确定每项工作的流程标准、执行操作标准以及结果标准和跨部门对接的能力，从而保证各项工作有序地进行。

时间分配力	围绕工作和目标合理分配时间、划分时间的能力。
岗位行动力	明确岗位职责，实施岗位行动，完成岗位任务的能力。
过程控制力	对自身岗位工作的执行过程进行合理控制的能力。
信息沟通力	保证各级、各部门横向或纵向的信息沟通，在传递过程中不增加，也不丢失信息的能力。
工具运用力	完成各项任务所需要的系统支持，充分利用各种资源和工具的能力。
心态调节力	能够随时调整，保证最佳工作状态和工作效率的能力。
人际环境力	构建和谐、实现共赢的能力。
结果总结力	科学评估自身岗位工作结果并改进自身工作效能的能力。

学校是个学习型组织。强调终身学习，全员学习，全过程学习，团队学习。学习型组织要建立共同愿景，打造团队精神，谋划共同的战略目标，强化系统思考，强化敬业精神和责任心，注重团队协作与配合，以提升团队的执行力。

2. 塑造不依赖于人的执行文化

“无为而治”是管理的最高境界，指不依赖于人为控制的情况下也能达到既定目标。在这种管理模式下，不再过分依赖管理者，而是通过内在机制激发员工的工作积极性，实现自我管理和自我控制。

（1）矩阵式管理的三大优点

矩阵式管理是指通过横向联系和纵向沟通的管理模式，在平衡学校运营中的权利，使各个部门的工作重点回到整体效率上来，打破部门之间的壁垒，消除部门的本位主义，更加有效地实施战略目标。这种组织结构克服了垂直式组织结构和事业部制组织结构的缺点，其最大的优点就是沟通的信息链条较短，信息反馈较快，工作目标统一，提高工作效率，降低成本，提升快速反应能力。

优点 1：提高工作效率。采用灵活的组织结构，资源上进行共享，当项目出现的时候，调集与之相匹配的资源，组建跨功能部门的项目团队，提高团队执行力，减少沟通环节，加快信息的共享，提高反应速度。矩阵式管理使各个部门的管理聚焦到业务的发展上，更加有利于战略实施。

优点 2：资源共享。在矩阵式组织结构中，各部门的资源共享，充分利用，减少了以前出现的“忙的忙死，闲的闲死”的情况。研究表明，采用矩阵式管理模式比采用传统组织结构的管理模式要减少 20% 的资源。

优点 3：有利于人才的发展。采用矩阵式管理模式不会影响人才的晋升通道，采用跨部门的协作模式，有利于提高员工的综合能力。矩阵式管理更加有利于人员的团队合作精神，避免部门的本位主义。

（2）情境领导——最佳的团队管理模式

在领导和管理团队时，不能用一成不变的方法，而要随着环境的改变及员工的不同，而改变领导和管理方式。

员工的成长过程分为四个阶段：第一阶段为“没信心，没能力”；第二阶段为“有信心，没能力”；第三阶段为“没把握，有能力”；第四阶段为“有信心，有能力”。

在员工刚进单位时，其工作状态基本上为“没信心，没能力”，但经过领导者的激励，可以将员工带入“有信心，没能力”的第二阶段。而当员工慢慢能胜任工作，到达一种“有信心，有能力”的情况时，作为领导者应该授权更多给此员工，接着此员工要渐渐离开领导者的庇护，时常自己做决定，会出现信心不足的情况，于是就进入了“没把握，有能力”的第三阶段。最后这名员工一步步走向成熟，而领导者断定他到了“有信心，有能力”的第四阶段后，就可以完全授权给此员工了。

相对于员工的四个不同阶段，领导者也应采取四种不同的领导模式。当员工在第一阶段时，领导者要采取“告知式”来引导并指示员工。当员工在第二阶段时，领导者要采取“推销式”来解释工作从而劝服员工。当员工在第三阶段时，领导者要采取“参与式”来激励员工并帮助员工解决问题。如果员工到了第四阶段，领导者要采取“授权式”将工作交付给员工，领导者只需做监控和考察的工作。

（3）成功领导团队的要诀

要诀 1：创造共同愿景。好的领导不直接发号施令，而是建立团队共同的愿景，特别在景气好的时候要谈危机，在景气差的时候则谈愿景。把正面思考与气氛带给团队。

要诀 2：给成员需要的东西。要成员对领导者忠诚，必须先建立信任感。平时必须以诚心关心部属，了解部下真正在乎的是什么，只有当成员的欲望被满足时，才会努力达成期望。

要诀 3：帮成员厘清未来生涯。为成员勾勒一幅未来的远景，让他了解在这个团队，将来可以有美丽人生，让个人利益与团队的利益结合为一，才会努力打拼。

要诀4：帮成员补齐能力。协助成员建立乐于接受挑战的心态，鼓励他们不断追求卓越，能力自然会不断提升。定期恳谈，依照职务说明书，一一盘点成员的能力是否足够，不够的部分就要协助补强。

要诀5：以专业服人。领导的专业能力除了技术的精进外，更重要的是对趋势的观察力，讲得出未来方向，又做得出成效，这最令人心服口服。

要诀6：塑造认错文化。塑造一种认错的文化，鼓励诚实面对错误，与成员一同探讨错误的成因。

要诀7：授予权力，保留责任。授权是给成员磨炼成长的最佳机会，授权能让领导者减轻工作负担，还能让部属站在主管的角度思考问题。在团队绩效好时，一定要将功劳归给上司与部下，但出现不良状况时，则要挺身承担责任。

（二）影响执行力的因素

“为贤才留空间，为中才立规矩，为庸才找出路”。奖惩分明是提高执行力的有力杠杆。奖励是一种拉力，惩罚是一种推力，二者合力即可以倍增执行力。切记：莫让奖惩压倒发展。

1. 执行力就是要消灭妨碍执行的官僚作风

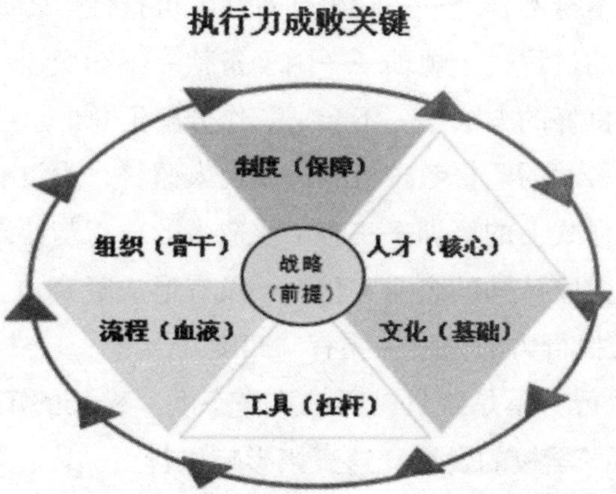

执行力成败关键

简单才最有力量，简单才最有执行力。无论是制度还是流程，都要简洁、精练，要便于理解，更要便于执行。监督和检查不是信任不信任的问题，而是游戏规则！如果你强调什么，就把它量化；你不量化，就说明你不重视。管理从思想上来说是哲学的，从理论上来说是科学的，从工作上来说是艺术的。

（1）执行不力的管理因素

执行力是制度，是文化，更是责任：制度是让想犯错的人犯不了错，文化是让有机会犯错的人不愿意犯错！责任是把自己分管的工作按要求做好！

例：东北一家大型国有企业因为经营不善导致破产，后来被日本一家财团收购。厂里的人都在翘首盼望日本人能带来什么先进的管理方法。出乎意料的是，日本只派了几个人来，除了财务、管理、技术等要害部门的高级管理人员换成了日本人外，其他的根本没动。制度没变，人没变，机器设备没变。日方就一个要求：把先前制定的制度坚定不移地执行下去！结果怎样？不到一年，企业就扭亏为盈。

日本人的绝招是什么？——执行力，无条件的执行力！要了解执行的本质，必须谨记三项关键要点：第一，执行是人心向背，向则可改变世界，背则推翻自己；第二，执行是众人意志的达成，行动是对自己的承诺；第三，执行是角色换位，行动定位，标准前卫，结果到位。

（2）管理层执行力不佳的 8 个原因

原因 1：管理者没有常抓不懈——虎头蛇尾。

原因 2：管理者出台管理制度时不严谨——朝令夕改。

原因 3：制度本身不合理——缺少针对性、可行性。

原因 4：执行的过程过于烦琐——困于条款，不知变通。

原因 5：缺少良好的方法——不会把工作分解汇总。

原因 6：缺少科学的监督考核机制——没人监督，也没有监督方法。

原因 7：只有形式上的培训——忘了改造人的思想与心态。

原因 8：缺少大家认同的企业文化——没有形成凝聚力。

（3）影响校长执行力的因素主要有“四度”

工作态度。执行力不是工具，而是工作态度。校长的工作态度是否积极，是否认真，是否为了学校的发展，这直接影响执行力。

决策高度。校长的管理理念陈旧，学校无长远的发展规划，制定的目标及措施不被师生认可，这样执行的结果可想而知。

执行力度。校长的意图需要中层干部去领悟，校长的决策需要中层干部去执行，若中层干部不身体力行且不一以贯之地督促检查，就会陷入政令不通、上下脱节的怪圈，执行力就无从谈起。

贯彻速度。如果工作流程过于烦琐，致使校长的决策不能迅速传达到每一位教师、每一个班级，长此以往，容易养成懒散低效的工作作风，形成推诿扯皮的不良习气，进而直接影响学校的长远发展。

2. 提高执行力，抓住四个关键词：目标、标准、方法、准时

执行力是一种纪律，是策略的根本。执行力是领导人的首要工作，执行力必须成为组织文化的核心成分。美国政治学家拉斯维尔提出“5W 分析法”，后经过人们的不断运用和总结，逐步形成了一套成熟的“5W+IH”模式。5W+IH：是对选定的项目、工序或操作，都要从原因（何因 Why）、对象（何事 What）、地点（何地 Where）、时间（何时 When）、人员（何人 Who）、方法（何法 How）等六个方面提出问题进行思考。

何因	为什么做	有必要吗
何事	目标是什么	承担什么责任
何地	在哪里工作	与何处有关系
何时	何时工作	到何时完成
何人	由谁做	由谁完成
何法	如何工作与衡量	资源、策略及如何考核

（1）苏格拉底的第一课

开学第一天，苏格拉底对学生们说：“今天咱们只学一件最简单也是最容易的事儿。每人把胳膊尽量往前甩，然后再尽量往后甩。”说着，苏格拉底示范一遍，“从今天开始，每天做 300 下，大家能做到吗？”学生们都笑了。

过了 1 个月，苏格拉底问学生们：“每天甩手 300 下，哪位同学坚持了？”有 90% 的同学骄傲地举起了手。又过了 1 个月，坚持下来的学生只剩下八成。一年之后，苏格拉底再一次问大家：“请告诉我，最简单的甩手运动，还有哪几位同学坚持了？”这时，整个教室里，只有一个人举起了手。这个学生就是后来成为古希腊另一位大哲学家的柏拉图。

（2）简单是金，复杂的东西往往吃力不讨好。做到“三讲四化”：

“三讲”：讲平衡，讲结果，讲危机；

“四化”：把复杂的过程简单化，把简单化的东西量化，把量化的因素流

程化，把流程化的因素框架化。

短板原理：非“二八”原则的100–1=0。没有谁能游离于制度之外，执行成功不是取决于大多数人如何，而是极少数人如何！

例：15%和85%。

有一家权威公司做过一项调查：整整一年时间里，许多公司只有15%的时间在为顾客提供服务，其余85%的时间所做工作对顾客而言根本没有意义。换言之，公司为了维护组织自身平衡稳定，将大量的时间和精力花在企业内部协调，开会，解决人事问题，处理各种管理纷争上了，此时企业组织变成了“为了存在而存在”，而不是“为了顾客而存在”。然而顾客却必须为15%的价值，向公司支付100%的货币。显然，这样的组织没有执行力，更没有竞争力。

3. 每一个合适的人员持续性地在合适的时间，用合适的方法，以合适的速度做成合适的事情。

核心竞争力是一种超越竞争对手的内在能力，是学校独有的，比竞争对手强大的，具有持久力的某种优势。打造核心竞争力不是靠某种“绝招”，也没有一成不变的模式，执行力是核心竞争力的保障。

有执行力人才的特征：前三项每项20分，后六项每项10分，合计120分，如果有人达到90分，就可以当副总；80分，可以当经理；60分以上可以当一名合格员工；不到40分，应该淘汰。

项目	内容	赋分	得分
1	自动自发	20	
2	注意细节	20	
3	为人诚信、负责	20	
4	善于分析、判断、应变	10	
5	乐于学习、求知	10	
6	具有创意	10	
7	韧性——对工作投入	10	
8	人际关系良好	10	
9	求胜欲望强烈	10	

（三）执行就是把领导的思想转化为行动

执行力就是将思想转化为行动，把理想变成现实，把计划变为成果的能力。马克思说："人是由思想和行动构成的，不见诸行动的思想，只不过是人的影子；不受思想指导和推崇的行动，只不过是行尸走肉——没有灵魂的躯体。"在学习上求"实"，把思想根基筑牢。中层领导必须时时事事将沟通升级，必须是充电器，而不是耗电器。

1. 努力缩短"说了"与"做了"之间的距离

（1）"沟通"可分五个层次

层次 1："说了"并不意味着"听了"；

层次 2："听了"并不意味着"理解了"；

层次 3："理解了"并不意味着"同意了"；

层次 4："同意了"并不意味着"采用了"；

层次 5："采用了"并不意味着"保持了"。

这"说"与"做"的距离，没有了"沟通"，会显得何其遥远。

高效执行者能力分析

执行力要素	高层管理者	中层管理者	基层管理者	普通员工
信息获取力	√			
目标分解力	√			
战略制定力	√			
标准设计力	√	√		
领悟力		√	√	
岗位操作力	√	√	√	√
部门协调力	√	√		
过程控制力	√	√	√	√
环境应变力	√	√	√	√
结果评价力	√	√		

（2）向着一个目标努力，你常常会超越自己最初设定的目标

学知识是为了长智慧。孩子练的是他的智力、聪慧、穿透力、记忆力、剖析力、分析力，这个东西常练常新。世上的许多问题并没有唯一的正确答案，而是取决于一定的条件。但可以理解的行动并不一定是正确的或是应该

得到支持的。要瞄准通过改革可以明显增动力、添活力、出效益的领域先改真改。

2. 营造有执行力的学校文化

（1）你激励什么，就会得到什么

· 培养员工的信念；

· 我们生活在一个什么样的时代？

· 培养员工的敬业精神；

· 用学校的理念影响每一个员工；

· 鼓励员工不断学习；

· 文化管理是最高境界；

· 让文化使每一个员工在潜移默化中得到提升；

· 构建适合自己特点的执行文化；

· 提高员工的竞争意识；

· 速度制胜；

· 注重沟通；

· 关注细节；

· 责任感；

· 坚持；

· 团队精神。

（2）执行力的五个“凡是”原则

凡是工作，必有计划；凡是计划，必有结果；凡是结果，必有责任；凡是责任，必有检查；凡是检查，必有激励。

三、诊断杠杆：目标引领执行力

校长执行力的强弱，在学校管理中主要体现在他能否起到思想引领的作用，他的价值判断、价值取向以及价值选择，能否将学校工作引向正确的道路，引向成功的彼岸。

（一）教育人要有超越数据的视野与胸怀

丁肇中说过，同行评不出来创新人才，因为他们都是用已有的知识来评价人才，而创新人才是要面向未来的，不是一个模子刻出来的。只有大数据才能解决这个问题。

1. 共同的职业价值追求就是最有效的凝心聚力工程

寻找课堂低效症结："关注不留盲点，关爱不留断点"。优质教育必定是精致的。教师备课时要脑中有"纲"，胸中有"标"，腹中有"书"，目中有"人"，心中有"法"，手中有"技"。

脑中有"纲"。基础教育课程改革纲要是课改的纲领性文件，新课程的功能、内容、结构、方式、评价和管理的改变，做到心中有数。

胸中有"标"。课程标准是国家对本学科所提出的统一要求，它是编写教材的依据，进行教学的依据，考试命题的依据，也是督导评估的依据。备课时必须清楚学习水平目标。

腹中有"书"。教材是教学的主要依据，是师生对话的基础，对教材要学会加、减、乘、除，"教材无非是个例子"。教师要有专业底气，对教材做到"懂、透、化"，也就是说教师要掌握教材的基本结构，做到融会贯通，使教材成为自己的知识体系，教师的思想感情和教材的思想性、科学性融合在一起。

目中有"人"。备课要考虑学生的实际，防止"尖子生吃不饱，中等生吃不好，学困生吃不了，老师费力不讨好"的被动局面。要充分考虑自己的教学对象、群体个体、智力因素和非智力因素，才可能因材施教、因材施学。

心中有"法"。这个"法"指的是方法，"授之以鱼，仅供一饭之需；授之以渔，则终身受益无穷"。尽管"教无定法，但教必有法"，在备课时，既要考虑怎么教，更要考虑怎么学。

手中有"技"。教师对现代教育技术会操作，制作的课件课前演示一遍，做到心中有数。教育是一种智慧，有时最简单的往往是最有用、最有效的。把常规工作做到极致就是特色。

2. 杜郎口中学具体制胜法宝，就是执行力强

杜郎口中学不仅彻底激活了学生表现的欲望，还将束缚学生思维和创新精神的一切桎梏砸得稀巴烂。讲台撤了，到处都是学生展演的舞台。杜郎口中学具体程序上的东西你学不到点上，该校制胜法宝，就是执行力强。要学习杜郎口中学的"魂"，不要形似而神不似。

（1）杜郎口中学课堂的精髓：在于由对话、合作、展示支撑起来的有意义的学习。

其一，要求教师有真才实学，有硬功夫。课堂有深度，有广度，有厚度，

有宽度，有高度。

其二，要懂得延伸拓展，千万不要以为教材就是唯一。教师讲课的时候要把教学内容内化，进而延伸拓展，多讲一些与课本知识接轨和有联系的内容。

其三，要懂得学以致用。学生学到的知识要与生活中的热点、焦点相联系。

（2）效益从哪儿来，从解放学生的学习权上来

学习效率。在杜郎口，人们看到的、谈的最多的一个词是“展示”，在课堂 20 ~ 30 分钟的展示环节里，学生们身动，心动，神动。

教学效率。教研组集体研讨的主要内容就是学案，学案在上课之前要抽查，以了解学情。教师的严谨备课应对的是开放的课堂，学生的现场反应常常超出老师的预先设计，不断生成新的学习目标，而要借助学生之间的互助来解决。

管理效率。每天早晨和中午课前的例会则要对之前半天的课堂进行点评，当事人明确整改措施。学校工作围绕着课堂进行。学校领导除了上课外，就是听课，评判一堂课的好坏也只有一条：让学生学得进学得会的课才是好课，让学生学得进学得会的老师才是好老师。

3. 导学案是让学生完成的一种学习任务，是学习的路线图

鲁迅说：“用自己的眼睛去读世间这部活书。”教师把编写好的导学案发给学生，让学生按照导学案上的路线图自学，自己寻找解决问题的方法和做题的步骤。在此过程中，学生思考问题，搜集信息，整合资源，查阅有关学习资料，解答疑难问题，积累学业基础，厘清做题思路，把握做题规律，克服了教师满堂灌、一言堂，学生被动听讲的缺点。

导学案也有局限性，对于学生的自主能力、质疑能力、联想能力、探索能力、辨析能力、独立思考能力、创新能力，尤其是自我突破能力，自主求索能力，对事物辨伪存真的观察能力、判断能力等，有可能形成阻碍。

苏霍姆林斯基告诉我们：学习先进经验的真谛就是求其思想，只有思想才是根系所在，其他外在的形式只能是绿叶旁枝，抓住了先进思想，才是抓住了“牛鼻子”。只学其形，而未学其神，形神兼备，方得始终。过多地关注了形式、招式、模式，而没有真正领悟和渗透其先进经验的思想内核，也没有关注孕育经验的文化土壤和文化底蕴等，更没有根据自身的实际情况对先进经验进行校本研究，进行校本改造、创新和升华，这种一味“拿来主义”的方式，

大部分是注定要失败的。

（二）常规管理应注重制度构建与操作程序设计

“中国式”陋习，是指国人在现实生活中，随意横穿马路，践踏草坪，公共场所大声喧哗、乱扔垃圾等丑陋行为。种种“中国式”陋习和人们的规则意识、从众心理、环境影响、习惯养成都有关系，人们从小偏重于宏观方面的教育，日常生活中的细节强调得太少。

1. 每天三件事：必须做的事，应该做的事，可以做的事

接受命令，请示建议，汇报工作。请示问题不要带着问题请示，要带着方案请示。汇报工作不要评论性地汇报，而要陈述性地汇报。向领导请示工作应该首先明确自己的意见；报告解决问题的方法，一般不少于两种方案。

以上一级的组织目标为方向。用科长的态度当科员，以部长的立场当科长，用老总的胸怀当部长，以老板的心态来打工。

问责不仅仅是批评，更是补救。在校园内形成了外有压力、内有动力、充满活力的工作氛围。

在计划的实施及检验时，要预先掌握关键性问题，不能因琐碎的工作，而影响了应该做的重要工作。做好 20% 的重要工作，等于创造 80% 的业绩。

执行力来自良好的时间管理——时间管理 4 象限：

第一象限 急迫又重要的事 必须做	第二象限 重要但不急迫的事 应该做
第三象限 急迫但不重要的事 可以做	第四象限 不急迫又不重要的事 何必做

2. 将教师的发展作为学校常规管理的着力点

（1）靠“四气”建立现代学校班组

正气。是积极向上、健康进取的风气。好班组须有好风气，大家才会争先恐后往前奔。治理班组，先要“扶植正气”。正气是靠恰当的方法养成的。

和气。是真诚团结、融洽和谐的人际关系。人际关系好，凝聚力才会强。

顺气。是畅所欲言、心情舒畅的气氛。工作作风要民主，有事大家商量，

切不可独断专行。同时，还要善于关心人，尊重人，理解人；要多和员工沟通思想，使大家有一种心平气顺的心境。

生气。就是生动活泼、轻松愉快的气氛。

有了上述“四气”，就一定会有“士气”，关键时刻大家会特别“争气”。

（2）班组长要辩证地处理好 5 种关系

处理好“领”与“导”的关系。“领”就是政令通、指挥灵，统一认识、统一行动；“导”就是用自己的模范行动去说话，二者相比，“导”的作用在先。优秀的班组长，应当严于律己，率先垂范。

处理好“二传手”与“主攻手”的关系。既当“二传手”也要做“主攻手”。围绕单位的大目标，制定班组建设的小目标，使员工从小目标中看到奋斗方向及自身利益，从而振奋精神，增强凝聚力。小目标要具体、明确，切实可行，务求实效。

处理好“冷加工”与“热处理”关系。“冷加工”指要有严格的制度，严格的纪律，严格的管理。班组长不仅待人处事要公道，还要敢于碰硬，发现问题不遮、不袒护。“热处理”指重视感情投入，关心员工冷暖，鼓励员工向上。诚心诚意地和员工交流思想，传递感情，要善于察言观色，及时帮助员工解决实际问题。有冷有热，冷热结合，是做好工作的重要一环。

处理好“主”与“次”的关系。工作分清主次，轻重缓急，坚持重点工作重点抓。抓住重点，有主攻方向，就能集中力量各个击破，攻克一道道难关。

处理好“独唱”与“合唱”的关系。活怎么干？事怎么做？钱怎么分？对这些敏感问题，不能一人“独唱”，而应拿到民主生活会“合唱”主旋律的基础上，再决策，这样不仅透明度高，还利于贯彻实施。

（三）制度的构架要体现“全面、全员、全程”的特点

常规管理应注重制度构建与操作程序设计。常规管理首先要构建学校管理制度。制度的构架要体现“全面、全员、全程”的特点。而每一项制度“落地”的关键，是构建对应于该制度的操作程序。两者相辅相成，相得益彰不可偏废。制度与程序的设计，要体现“精心”的态度和“精细”的过程，在此基础上，“精品”的结果便水到渠成。

1. 让制度从墙上“走”下来

第一，制度是衡量工作的一把尺子，工作的程序、标准要靠制度来规范和指导。领导是推动制度执行的贯彻者、执行者和监督者，只有他们从思想意识上认识和重视制度，并身体力行地执行，才能够有说服力地带动职工，推动制度向纵深化执行，充分发挥制度在工作中的指导、规范和制约作用。

第二，制定出制度，就必须不打折扣地贯彻执行，坚定落实到执行层面上。管理者在制度执行过程中善于、勤于动脑分析，精于用逻辑分析执行中存在的问题，及时应对和解决问题。

第三，提高制度的执行力，不能局限于做，更要注重执行的结果，关键落脚点要做好，落实执行到位。执行前，先要设定达到什么目的和效果，并且确保执行到位需要做哪些准备工作，这至关重要。

2. 架构“全面、全员、全程”和以学生为中心的新型教学质量管理机制

学校管理是学校运行的“中枢”系统，要使办学呈现优质的状态，科学、有序、有效的管理是“第一位”的。学校推行扁平化管理，重新分配资源管理的职责权限：从专业领域实施领导与管理，强化服务、指导、协调、领导和执行功能，减轻管理职能。对规模较大平行班较多的学校建立由“政、党、工、团”组成的年级管理核心，在校长室的领导下，承担年级部的教育教学管理和协调服务工作，对本年级的教育教学质量负责。

把“敬业、乐业、专业”作为自觉的追求，倡导合作进取、追求卓越的学校文化，以年级部为“横”，以教研组为“纵”。年级部是学校教育教学管理的实体，教研组是学科建设、学科管理的载体，两者形成网络，纵横交错，实现了纵向到底，横向到边，不留死角，能体现出大型新型学校的“并联式”+“交叉式”的管理模式，以此在教育教学中发挥积极高效的作用。

所谓“横”，指以年级部为单位，注重管理，但要重视相关学科的相互补充、相互融合的学科群建设，力求通过学科相互融合提高教育教学的效率；所谓“纵”，指以教研组为单位，科学、合理规划高中三年学科教学，加强有效教学研究和管理。为提高管理的效率和效益，学校建立以人为本、行为规范、运转协调、公正透明、廉洁高效的管理体制，健全学校管理程序化运行机制，按程序议事，按规则办事，实行“全面、全员、全程”的规范化、程序化、精细化管理，追求最优化效益。

常规管理切忌“管死”和“死管”，切忌见“章”不见“人”，而要充分注意常规管理的“弹性化”“人性化”。唯其如此，教育创新实践才有其孕育和生发的基础。

第二节　节点控制：让制度体现共同价值

领导者在选人用人过程中要克服任人唯亲心理。任人唯亲，指只是选择那些和自己关系密切的人。

表现 1："以我画线"。谁拥护我，吹捧我，就提拔谁；

表现 2："唯派是亲"。凡是帮助派友，都优先考虑；

表现 3："关系至上"。有"关系"的人起用，没"关系"的人靠边；

表现 4："近亲繁殖"。以血缘关系作为用人标准，组织呈现家族化的倾向。

任人唯亲的危害性：

危害 1：阻止了优秀人才的加盟，不利于单位整体素质的提高。

危害 2：使管理者大权独揽，独断专行，顾此失彼。

危害 3：导致员工不思进取，缺乏创新和忧患意识。

危害 4：导致单位内部争权夺利，缺乏凝聚力。

一、对知识型员工的管理要有的放矢

在常规管理过程中，学校应坚持抓反思、求提升，抓精细、求完美，抓执行、求速度，抓流程、求效果，使各项工作真正成为标杆中的标杆，一流中的一流，精品中的精品。

（一）教育创新实践较为可靠的做法是全面的持续的变革

当你是绿色，你就成长。教育创新实践较为可靠的做法是全面的、持续的变革。换句话说，如果学校教育有"100 个要素"，对某一个要素进行"100%"的改变，其风险往往是巨大的；但对这"100 个要素"中每一个做出"1% 的变革"，其变革的总量也可以理解为"100%"。

1. 根系的价值

大自然中，一棵树，根系不够茁壮，就会在枝叶上出现各种各样的毛病和问题，甚至最终死亡。但是，由于根系深埋在土里，很难被人看到，反而不容易得到应有的关注，所以，许多时候，当我们看到树的枝叶有问题时，往往

只是在枝叶上做文章，治标不治本。树的问题要先看其根系，根系的问题不解决，枝叶就茂盛不起来。

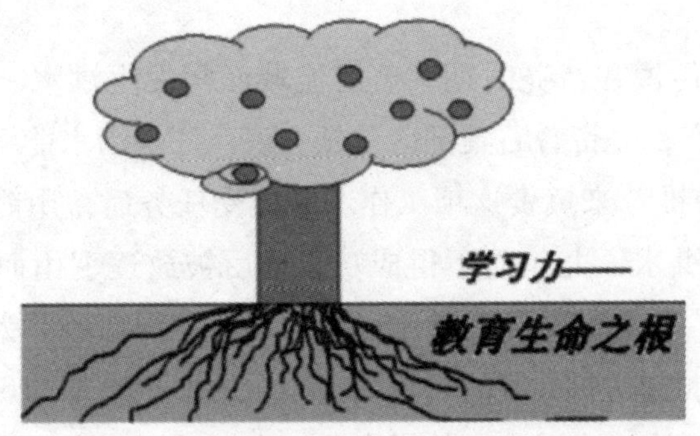

树根理论认为，学习力是竞争力，是发展之根。一个学生不可能永远待在学校，当学生走上社会后还要老师扶持、家长搀扶，那么学生是失败的，教师是平庸的……教师要精心指导学生去培植自己的根，让根扎得越来越深，越来越坚强，只有坚持不懈地去努力，才可能获得成功。

让每一个孩子拥有一项特长。有人说，一棵树的树冠有多大，它的根系也一定有多大。如此一棵树实际上就成了两棵树——一棵挺立在阳光下，一棵倒立在土壤里。优秀的师资队伍就是"倒立在土壤里"的那棵树，沉稳厚重；全面发展、个性成长的学子则是"挺立在阳光下"的那部分，活力多姿，二者相辅相成，共同奏响了一曲生命成长的壮丽乐章。努力向下扎牢根基，向上伸展枝叶，以更加有深度、有高度的教育，为更多师生带来福祉，带来希望！

故事：靠自己。

小蜗牛问妈妈：为什么我们从生下来，就要背负这个又硬又重的壳呢？

妈妈：因为我们的身体没有骨骼的支撑，只能爬，又爬不快。所以要这个壳的保护！

小蜗牛：毛虫姐姐没有骨头，也爬不快，为什么她却不用背这个又硬又重的壳呢？

妈妈：因为毛虫姐姐能变成蝴蝶，天空会保护她啊。

小蜗牛：可是蚯蚓弟弟也没骨头爬不快，也不会变成蝴蝶，他为什么不背这个又硬又重的壳呢？

妈妈：因为蚯蚓弟弟会钻土，大地会保护他啊。

小蜗牛哭了起来：我们好可怜，天空不保护，大地也不保护。

蜗牛妈妈安慰他："所以我们有壳啊！"我们不靠天，不靠地，我们靠自己。

2. 治水原理

大禹治水。传说在帝尧时期，黄河流域经常发生洪水。为了制止洪水泛滥，保护农业生产，尧帝曾召集部落首领会议，征求治水能手来平息水害。鲧（大禹的父亲）被推荐来负责这项工作。鲧接受任务后，用简单的堤埂把居住区围护起来以障洪水，九年而不得成功，最后被放逐羽山而死。舜帝继位以后，任用禹治水。禹总结父亲的治水经验，改鲧"围堵障"为"疏顺导滞"的方法，就是利用水自高向低流的自然趋势，顺地形把壅塞的川流疏通。把洪水引入疏通的河道、洼地或湖泊，然后合通四海，从而平息了水患，使百姓得以从高地迁回平川居住和从事农业生产。后来禹因此而成为夏朝的第一代君王，并被人们称为"神禹"，而传颂于后世。

3. 赢在起跑线上

让公民的养成教育落地生根，就在于：

第一，细化内容，让学生每时每事都有章可循；

第二，创新方式方法，真正触及学生的心灵，使其内化于心，付之于行；

第三，"内外兼修"，使孩子的心灵和行动一样积极向上。

赢在起跑线上。教育培养的是适合未来社会发展的人才，要重在培养学生善于发现问题的能力，让学生大胆创新，主动发展。学习从问开始，大力推行研究性学习、自主学习、讨论式学习，培养学生的求异思维和批判性思维。

（二）领导者必须学会正确授权

正确授权可以减少领导者的工作负担，使领导者不被琐事缠身，便于集中精力处理更重要、更大问题。

正确授权是对下属的一种信任。事无巨细的领导不仅对领导者本人不利，还会让下属感到不被信任，下属的创造力未能得到充分地发掘。

正确授权会调动下属的积极性。权力是一种重要的激励方式，赋予下属一定的权力是对有权利需要的下属的满足。

正确授权有利于领导人发现人才，锻炼人才，培养人才。

正确授权有利于团队建设。正确授权有利于各级领导者之间、领导者与员工之间沟通，加强协调，团结共事，有利于发挥专长，互补不足，提高组织的整体力量。

正确授权有利于避免领导者专断，降低错误决策的风险，减少错误决策。

领导者在正确授权的同时，还要做好反馈与控制。为保证下属能及时完成任务，了解下属工作进展情况，领导者必须对被授权者的工作进行不断检查，掌握工作进展信息，对偏离目标的行为要及时进行引导和纠正。

1. 有效沟通

管理学中有个著名的双 50%，即管理者 50% 以上的时间用在沟通上，但工作中 50% 以上的障碍又都是由于沟通问题产生的，可见及时沟通对保质保量完成任务的重要性。

（1）有效沟通的作用

· 使组织成员感到自己是组织的一员；

· 激励成员的动机，使成员为组织目标奋斗；

· 提供反馈意见；

· 保持和谐的劳资关系；

· 提高士气，建立团队协作精神；

· 鼓励成员积极参与决策；

· 通过产品质量和组织战斗力；

· 保证领导者倾听群众意见，并及时给予答复。

例：有效沟通过程须具备以下条件。

· 沟通双方对所沟通的信息具有一致理解，除了信息交流外，还进行思想、感情、意见等方面的交流；

· 信息反馈及时；

· 沟通渠道适宜；

· 有一定的沟通技能和沟通愿望。

两个人或更多的人之间的正确沟通，只发生在双方分享经验、感知、思想、事实或情感交流的时候。

（2）执行就是效率、速度、效益、竞争力

执行力是管理者完成任务的素养和能力，是对目标任务的认真研究和执着推进。执行力本是源于企业管理的一个概念，其实也就是“做”的能力，即选用合适的人去做正确的事，把事情做好。有无数的人拥有卓越的智慧，但只有那些懂得如何执行的人获得了成功，正所谓“三分战略，七分执行”。在市场竞争中，执行就是效率、速度、效益、竞争力。

2. 精准执行

拿破仑说得好："想得好是聪明，计划得好更聪明，做得好是最聪明又最好！"怎么样才叫作得好呢？——精准执行！

（1）精准执行的六个标准

标准 1：明确意义。无论学校还是个人，要成功就必须精准执行。要精准执行，就必须首先明确精准执行的意义。为什么要精准执行？因为执行不精准，再科学的计划也是一纸空文，再完善的制度也发挥不出作用！只有精准执行，才是真正的执行，才能圆满完成任务，才有个人和学校的成功。

标准 2：理解意图。执行要精准，理解是前提。身在职场，如果不能很好地理解领导的意图，就相当于盲人走路，不但方向感模糊，而且迟早要碰壁，所有的努力都很容易成为无用功，因此也很难得到领导的青睐，从而使你的职场前景暗淡。

标准 3：不找借口。要成功，就必须精准执行；要精准执行，就必须没有任何借口！借口是成功的绊脚石，借口会让你的人生贴上失败的标签。抛开一切借口吧！让我们踏实做事，精准执行，赢得最大的成功！

标准 4：专注细节。想让自己成为具有竞争力的员工，就要执行到细节上，把细节也精准执行。其实，精准执行就是把工作任务里所有的细节都一个个地执行正确，执行到位。

标准 5：超越期望。通过精准执行，把成绩做出来让领导看到，超越领导的期望，把惊喜送给领导，你就能在职场上站稳脚跟，收获到越来越多的惊喜。

标准 6：自主工作。精准执行，关键要靠你自己。作为职场中人，你想成就最好的自己，登上职业生涯的巅峰，就必须要有自驱力。

（2）自驱力是成功的力量，自驱力能让你精准执行，自驱力的要求：自动自发，为自己工作！

哈佛大学教授戴维·麦克利兰认为，员工在工作情境中有三种重要的动机或需求。

成就驱动力：争取成功，希望做得最好。具有强烈的成就驱动力的人，渴望将事情做得更为完美，提高工作效率，获得更大的成功，他们追求的是在争取成功的过程中克服困难、解决难题、努力奋斗的乐趣，以及成功之后的个人成就感，他们并不看重成功所带来的物质奖励。

亲和驱动力：建立友好亲密的人际关系。高亲和动机的人更倾向于与他人进行交往，至少是为他人着想，这种交往会给他带来愉快。高亲和驱动力者渴望友谊，喜欢合作而不是竞争的工作环境，希望彼此之间的沟通与理解，他们对环境中的人际关系更为敏感。

影响驱动力：影响或控制他人且不受他人控制。影响驱动力较高的人喜欢支配、影响他人，喜欢对别人"发号施令"，注重争取地位和影响力。他们喜欢具有竞争性和能体现较高地位的场合或情境，追求出色的成绩。

3. 用成果证明自己不可替代

网上有这样一个"PK"的话题：假如唐僧团队要裁员，会裁掉谁?

唐僧是团队负责人，虽然性格坚韧目的明确且心无旁骛讲原则，但是为人懦弱且拿不定主意。

孙悟空性格极端，回想他那大闹天宫的历史，恐怕作为普通人来说，没有人会让这种人待在团队里。

猪八戒看起来好吃懒做，又不肯干活，最多牵下马，好像留在团队里，没有什么用处。但猪八戒性格开朗，能够接受任何批评，在项目组中，承担了润滑油的作用。

沙和尚言语不多，任劳任怨，承担了项目中挑担这种粗笨无聊的工作。

白龙马是唐僧办公、出差用的座驾，身份地位的象征。

针对这个问题，有两个职场专家，提出了各自不同的观点：

一执行力培训专家认为应该先裁猪八戒：

理由 1：猪八戒薪水高（吃得多）产出少，价值偏低；

理由 2：猪八戒拈轻怕重，投机取巧，容易误事，缺乏责任感；

理由 3：猪八戒游手好闲，经济困难时吵闹着要回高老庄，影响团队稳定；

理由 4：猪八戒打小报告，搬弄是非，挑拨离间，影响团队协作。

另一经营专家认为应该先裁沙和尚：

理由 1：沙和尚虽然任劳任怨、埋头苦干，却业绩平平，甚至说没有成绩；

理由 2：沙和尚没有创意，缺乏创新精神，缺少主观意识，没有领导就无所适从；

理由 3：沙和尚挑的担子可以交给小白龙，这样可以节约开支。

支持执行力培训专家，希望裁掉猪八戒的网友有 4108 人；支持经营专家，希望裁掉沙和尚的网友有 1864 人；没有一个人提议裁掉孙悟空。

除了猪八戒和沙和尚外，唐僧是老大，直接得到唐太宗的任命，既给袈裟，又给金碗；又得到以观音为首的各路神仙广泛支持和帮助，没有唐僧就群龙无首，队伍就散了，所以唐僧不能裁掉。那么孙悟空为什么不能裁掉呢？因为孙悟空有很强的执行力，执行很精准，很善于拿出结果，成绩骄人，所以孙悟空不可或缺，难以替代。有能力的人肯定是有个性的人，看领导怎样去用好他，扬长避短，把特长发挥极致。

（三）管理要遏制人的劣根性

人贵有自知之明。闭门思过也好，开门纳谏也罢，吾日三省吾身也行，站在世界巅峰俯视国人，认识错误才能改正错误，正视劣根才能根除劣根。其目的是看清一个真实的自我，扬长避短，以高度的危机感、责任感，建设先进的文化，抛弃陈腐的糟粕，提升国家民族的核心竞争力。

1. 管仲病榻论相

管仲病重，齐桓公亲往探视。君臣就管仲之后择相之事，有一段对话，发人深省。

桓公："群臣之中谁可为相？"

管仲："知臣莫如君。"

桓公："易牙如何？"

管仲："易牙烹其子讨好君主，没有人性。这种人不可接近。"

桓公："竖貂如何？"

管仲："竖貂阉割自己伺候君主，不通人情。这种人不可亲近。"

桓公："卫公子开方如何？"

管仲："开方舍弃卫国的侯爵，前来投奔齐国，其父母去世，也不回去奔丧。但，人情莫亲于父母，他舍弃千乘之国，其势必有超越千乘国的贪婪。应当远离这种人，若重用必定乱国。"

桓公："鲍叔牙如何？"

管仲："鲍叔牙为人清廉纯正，是个真正的君子。但他对于善恶过于分明，一旦知道别人的过失，终生不忘，这是他的短处，不可为相。"

桓公："隰朋如何？"

管仲："隰朋对自己要求很高，能做到不耻下问。对不如自己的人哀怜同情；对于国政，不需要他管的他就不打听；对于事务，不需要他了解的，就不过问；别人有些小毛病，他能装作没看见。不得已的话，可择隰朋为相。"

2. 正视文化的劣根性，明白它给我们造成的困扰伤害，是明智之举

我们要建设先进的、与国际接轨的服务文化，战胜、遏止和根除中国的文化劣根，方能跨越式发展，实现真正的民族复兴。

缺乏规则意识和“较真”精神是许多中国人的通病。遇事“糊弄”，喜欢走捷径，不遵守规则的现象每天都在中国的各个角落上演，每个中国人都会遇到。国人的劣根有以下几种。

劣根 1：小聪明弯弯绕。经营发展需要大智慧而不是小聪明。

劣根 2：太浮躁。只想当将军不想当士兵，只想干大事不想做小事。

劣根 3：太吝啬。吝啬微笑，吝啬赞美，吝啬道歉。

劣根 4：太马虎。不认真，忽视细节。

劣根 5：太个性。不团结搞内耗，团队协作意识差。

劣根 6：太好面子。“死要面子活受罪”。

劣根 7：太爱讲借口。推卸责任转嫁危机。

劣根 8：太势利。过分看重物质享受，忽略了精神文化。

劣根 9：太嫉妒。你行吗，我偏不让你行。有一笑话，说是问一个美国人、一个日本人和一个中国人：如果你的邻居特别有钱，你会怎么办？美国人一耸肩：他富他的，和我有什么关系！日本人毕恭毕敬地说：我一定学习他的长处，争取以后变成和他一样的有钱人。中国人说：我恨不得一刀杀了他！

劣根 10：太恋旧。陶醉炫耀过去，忽视创造创新。

根除劣根，使人们从习惯的、传统的、自认为正确的惯性思维中解脱出来，这非一日之功，实行深刻的反思，从痛苦的观念中突围。

校园是培育人才、教人向善的地方，学校就像一个磁场，每一项针对学生的政策都可能对学生形成心理暗示。基于这种情况，学校出台所有针对学生的规定时，都应该充分考虑到政策对学生可能产生的影响，绝不能单纯为了自身管理的方便而误导学生，传播不健康的暗示。

二、机制和规则是管理的杠杆

制度是学校进退沉浮的一只神奇的看不见的手，没有制度的保障，再先进的观念和技术也会让变革通往地狱之路。

（一）怎样塑造团队执行力

其一，学校文化可以同化员工的思维。所谓文化，即“文治教化”或“以文化人”，其中“文”就是文明，而“化”是指“感化、变化、融化、同化”的意思，而文化，是为了学校正常运转或存在，或发展所形成的一套特定的文化体系，其作用在于让员工逐渐形成一致的价值观，甚至一致的立场，最终形成上下同欲的协同效应。

其二，思维决定行动。人们的行动是由个人的世界观、价值观、认识观等主观思想决定或影响的，如果在学校战略执行中，部门之间因为对某些观点或情理的认知不统一，常常会以自己的标准去行事，如此一来，双方越努力，则差异越大，矛盾也就越大。

其三，行动经过多次的重复也就养成了习惯。习惯的沉淀和积累也就成了一种文化。习惯成为文化的显著标志：人们从潜意识里认为习惯本身的存在就是一种公理，是必须遵守的。

1. 为了确保整合的效果，在整合的过程中建立一套高效运转的控制系统。而通常的组织控制系统包括纵向组织控制系统与横向组织控制系统。

人们常常把“组织”称为人、财、物三大要素并重的“第四大要素”。也正是在这一意义上，美国钢铁大王卡内基说：“将我所有的工厂、设备、市场和资金夺走，但是只要我公司的人在，组织在，那么四年之后仍是一个钢铁大王。”由此可见组织整合的重要性。

（1）纵向的组织控制系统有两种模式

层级化组织结构：就是以专业分工为基础，各部门和各环节按职能划分，从高层到基层形成多层级管理的直线职能制形式，层级间的信息是双向的，向上至最高层，向下至基层单位，下级对上级负责。

层级化组织结构的优点：组织结构严谨，便于控制；成员职责与分工明确，纵向关系清晰；领导权威性高，便于统一指挥。其缺点：计划和控制工作复杂，管理成本较高，信息交流速度较慢且容易失真，组织决策民主化程度不高。

（2）扁平化组织结构

这种结构破除了学校自上而下垂直的结构，通过减少管理层次，压缩职能机构，增加管理幅度，裁减冗员来建立一种紧缩的扁平化的组织形式，从而使组织变得灵活，敏捷，富有弹性和创造性。

扁平化组织结构的优点：节省管理费用；高层领导容易了解基层情况，便于提高决策的民主化；信息传递快且不易失真。其缺点：各级管理人员任务重，精力分散；对各级管理人员素养要求较高，管理容易出现失控。

2. 英国乔·佩帕德和菲利普·罗兰提出的流程再造的五阶段模式

阶段1：营造环境。树立愿景；获得有关管理阶层的支持；制订计划，开展培训；辨别核心流程；建立项目团队，并指定负责人；就愿景、目标、再造的必要性和再造计划达成共识。

阶段2：流程的分析、诊断和重新设计。组建和培训再造团队，设定流程再造结果，诊断现有流程，诊断环境条件，寻找再造标杆，重新设计流程，根据新流程考量现有人员队伍，根据新流程考量现有技术水平，对新流程设计方案进行检验。

阶段3：组织架构的重新设计。检查组织的人力资源情况；检查技术结构和能力情况；设计新的组织形式；重新定义岗位，培训员工；组织转岗；建立健全新的技术基础结构和技术应用。

阶段4：试点与转换阶段。选定试点流程；组建试点流程团队；确定参加试点流程的客户和供应商；启动试点、监控并支持试点；检验试点情况，听取意见反馈；确定转换顺序，按序组织实施。

阶段5：实现愿景。评价流程再造成效，让客户感知流程再造产生的效益，挖掘新流程的效能，持续改进。

通常来说，五阶段应该顺序推进，但是，根据企业各自的情况，五阶段可以彼此之间平行推进，或者交叉进行，使它成一个相互交融，循环推进的不断再生的过程。

（二）制度与创新同在

中国正处于工业化的初级阶段，创新组织将是一场颠覆性的组织革命。虽然人们很难在危机之中看到机遇，但在很多情况下，危机的确能帮助你重塑自己的组织。

1. 执行力的三个层面

所谓执行力，顾名思义，就是执行并实现既定目标的能力。学校执行力指把办学理念、思路、规划和部署付诸实施的能力。其实质包括学校的六种能力：分析形势、把握大局、服务大局的能力；依法治校、规范行政的能力；科学化、精细化管理的能力；求真务实、开拓创新的能力；做好师生的思想政治工作，带好队伍，激发积极性的能力；经得起各种考验的能力。

辩证地理解执行力是提高执行力的基础和前提，管理者以身作则是提高执行力的保证，抓好执行的中间环节是提高执行力的关键，加强过程和结果监督是提高执行力的保障，营造良好的执行氛围是提高执行力的最高境界。

执行力的三个层面：

表层。执行力首先来自对行为的规范。在执行力的行为层面，关键在于执行人员行为的一致性。表层的粗放效果，可通过制度、法规和权术力量来约束与引导员工行为而实现。

中间层。执行力基于对战略战术策略的理解的一致性和清晰性，它聚焦于对策略本身理解的深度，能理解得越透彻，执行动作越清晰细致。换言之，执行力在于对细节的把握程度，做得越细，效果越好，可见沟通很重要。中间层的效果需要形成合理的运营机理，以确保沟通的顺畅与及时。

核心层。执行人员能将每个孤立的策略方案与学校的长期战略目标、学校文化等联系起来，纵向平衡短期与长期发展，横向统筹局部与整体的利益关系，不仅要将每个细节动作执行到位，还要使各个动作有机联系起来，形成协同效应。执行力的核心层面，需要整个组织形成上下一致的文化氛围，有高度的凝聚力和团队精神，借以形成执行的文化力，以引导、约束和激励员工的行为。

2. 制定学校发展规划的程序

程序 1：确定参与制定学校发展规划的人员。

程序 2：通过有关的活动，动员相关人员在制定发展规划的过程中充分发挥主体性、自主性，采用“头脑风暴法”，鼓励畅所欲言。

程序 3：将多种方式收集来的对学校存在的问题、发展的意见和建议，进行必要的梳理，在制定学校发展规划的前期进行系统分析，分门别类地加以概括，并呈现给参与学校发展规划制定的每一个成员。

程序 4：明确制定学校发展规划会议的目标和活动程序，即确定会议安排、活动程序、基本要求等。

程序 5：在上述步骤的基础上，描绘学校发展蓝图，建立共同远景，确定目标、任务陈述、行动计划、评价方案等。

程序 6：撰写、讨论并报批学校发展规划。

3.“分粥”的启示

在一个七人的小团体中，每个人都是好人，他们在这个团体中共同生活，每天要分食一锅粥。因为没有好的量器，所以他们想了几个“分粥”办法。

方法 1：指定一个人来分。结果这个指定的人给自己分得多，给别人分得少。他们得一个结论，权力容易产生腐败。

方法 2：大家轮流“分粥”。每个人在分的时候，都是把自己的粥分得多，他自己的吃不了，别人却要挨饿。最后的结论就是，轮流这个办法容易导致资源浪费。

方法 3：选举一个诚实公正，大家都信得过的人来分。刚开始，这个办法还可以，到后来，大家开始拍他马屁。结果呢，谁跟这个人走得近，谁拍马屁，他就给谁分得多。

方法 4：选举一个“分粥”委员会，再选举一个监督委员会。结果效率非常低，分完了粥，“粥”就凉了，也就“没法”喝了。显然，这些办法都不是好的办法。

方法 5：制定游戏规则，形成一个机制。就是谁来分都可以，但是不管谁分，“分粥”的人必须最后一个领自己的粥，他都力图使每个碗里的粥一样多，这样一个机制就使这个七人的小团体在“分粥”的问题上有了一个公平的环境和好的结果。这就是说机制在起作用。

（三）让教师成为自己职业发展的设计者

你的专注力摆在哪里，力量就在哪里。你生命的质量由你情绪的质量决定，80%成功是心理，20%成功是策略、技能。

教师专业成长的抓手。

抓手 1：成长的“着力点”——从教学模仿开始。

抓手 2：成长的“发展点”——从读书开始。

抓手 3：成长的“增长点”——从自主学习开始。

抓手 4：成长的“契合点”——从合作学习开始。

抓手 5：成长的“充气点”——从教学反思开始。

抓手 6：成长的“支撑点”——从教育科学研究开始。理论向实践的转化是教师成长的必经之路。用“写”来呐喊自己“所见、所闻、所思、所感”，用写来思考，学习，追求，发展和提升。

1. 信念：生命的蓝图

人生命的最大价值是替别人的生命产生价值！计划既不是梦想，也不是希望，而是为了实现梦想的实际程序。明天的你比今天的你好一点，就叫成功。

（1）信念的支柱

支柱 1：梦想；

支柱 2：相信；

支柱 3：颠覆创新；

支柱 4：快；

支柱 5：持续钻研；

支柱 6：正念、利他；

支柱 7：专注；

支柱 8：冒险；

支柱 9：极致；

支柱 10：日日精进。

（2）穿透迷雾：从“感觉”到“了解”

人生是个大课堂，好多事都讲个力道。刚柔适中，分寸准确。识大体，顾大局。一般的职业规划思路：先进行自我认知探索，即你喜欢做什么，擅长做什么，能够做什么；根据之前的探索，三者聚焦，结合自己现有的资源，定位职业目标；然后通过一系列方法和途径进入自己的目标单位。

一个人不会看到比他的视野更大的范围，一个人不会觉察到比他的心智更广阔的世界，一个人也无法明确预知未来才会产生的事物——每个人都有属于自己的最合适的位置。

2. 用改变思维来改变世界

成功者能够妥善处理拒绝，成功必须经历很多曲折。要想成功，一定要找到成功人的思考方式、行为方式，到底是什么力量让他们做到一些失败者做不到的事情。太多的人想要成功，但他们不去行动，成功是一门哲学，要像研究一门功课一样去研究它。

改变自己，是最重要的一步。常人的思维常常是局限于眼睛看得到的，耳朵听得到的，鼻子闻得到的，手摸得到的，这样的思维就造成了极大的局限性。

例：改变，从改变思维方式开始。

一个中国老太太和一个美国老太太进了天堂。中国老太太垂头丧气地说："唉，过了一辈子苦日子，刚攒够钱买了一套房子，能够享享清福啦，可是却来到了天堂。"美国老太太却喜滋滋地说："我是住了一辈子的好房子，还了一辈子的债，刚还完，这不，也来到了这里。"

这个故事说的是两种不同的消费观念，这则故事说明资源运用的一个道理，中国老太太用的思维模式是"做——拥有——享受"，就是说，她先通过努力工作，拥有一笔钱，然后去享受生活。而美国老太太的思维模式是"享受——做——拥有"。这两种方式的优劣，一目了然。

3."第二曲线"思维和员工价值

一般企业的发展都要经历一个从"起始期""成长期"到"成熟期""失败期"的生命周期，这被称为"第一曲线"。为了能够实现持续发展，避免失败，需在高峰到来之前开辟一条新道路，这条道路发展的轨迹被称为"第二曲线"。

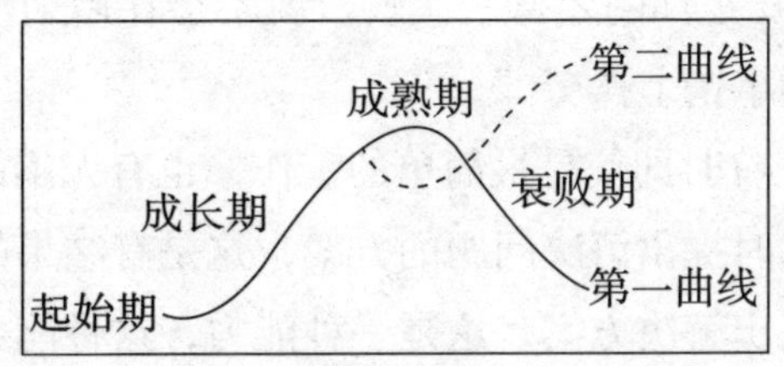

找到学校发展的"第二曲线"。即在办学成功或陷入困境之后，学校管理者为了寻求新的突破，达到一种新的办学目标而实施的一种面向未来的学校发展策略。学校首先有一个长远的发展战略计划，清楚学校现在的状况，优势在哪里，劣势在哪里；明确未来发展的目标，要办什么样的学校；知道现在先做什么再做什么，如何扬长避短。教师要获得专业生命不断发展，就不能只有一次生命辉煌的曲线，而必须在高原期或其前后选择或规划进行第二次爬坡运动，描绘出专业生命的第二曲线。寻求教师专业发展的第二曲线，即寻求发展的新的生长点，这对于教师不断超越自我，具有现实意义。

第二曲线思维方式的实施是一个艰难的过程，马克思墓碑上的铭文："哲学家们只是用不同方式解释了世界，而关键的问题在于改变世界。"

三、执行力 = 制度 + 监督 + 奖惩

制度是根本，监督是保证，奖罚是纽带。要提高执行力，借鉴“执行力 = 制度 + 监督 + 奖惩”这个公式。成功的学校，离不开科学的预测，正确的决策，严格的管理和有效的监督。制度的落实不仅需要自觉维护，更需要组织监督。

（一）执行力的关键不在于领导的命令，而在于下属对命令的落实

在歌德的《叙事谣曲》中有一则发人深思的故事。耶稣带着他的门徒彼得远行，途中发现一块破烂的马蹄铁，耶稣就让彼得捡起来，不料彼得懒得弯腰，假装没听见。耶稣没说什么，自己弯腰捡起马蹄铁，用它在铁匠那儿换来 3 文钱，并用这些钱买了十几颗樱桃。出了城，两人继续前进，经过的是茫茫荒野，耶稣猜到彼得渴得厉害，就让藏在袖子里的樱桃悄悄地掉出一颗，彼得一见，赶紧捡起来吃。耶稣边走边丢，彼得也就狼狈地弯了十七八次腰。于是耶稣笑着对他说：“要是你刚才弯一次腰，就不会在后来没完没了地弯腰。小事不干，将在更小的事情上操劳。”

在实际工作中，有时即使是最简单的工作，也有人不能够一步执行到位。能不能提出问题，同时提出解决问题的方案，这是有结果的表现，但是反过来讲，你如何才能够提出解决方案，这是一种能力，这种能力需要在实践中不断地磨炼、学习、训练自己。

1. 规则 = 规范 + 程序

执行是严谨地探讨“如何做”与“为什么”的系统流程；执行力就是说了就做，贯彻到底，执行到位；而传递执行力，就是不厌其烦地追踪速度，并做到权责分明。

（1）制度执行力建设的新路径

一是完善制度体系，“执”之有据；二是彰显制度权威，“执”之有术；三是强化问责跟踪，“执”之有效。

规则 = 规范 + 程序。管理制度中的编制目的、编制依据、适用范围、管理制度的构成等；属于规则性的因素：构成管理制度实施过程的环节，管理制度实施的具体程序，控制管理制度实现或达成期望目标的方法及程序；形成管理制度的过程，管理制度生效的时间及与其他管理制度之间的关系。

（2）规范实施管理制度需要规范性的环境或条件

第一，编制的制度是规范的，符合管理科学原理和单位行为涉及到的每一个事物的发展规律或规则；

第二，实施规范性的制度全过程是规范的，而且全员的整体职务行为或工作程序是规范的，只有这样，单位管理制度体系的整体运作才有可能是规范的，否则将导致管理制度的实施结果呈现不规范的状态。

“按程序办事”有利于约束和规范权力的行使，压缩自由裁量权，减少工作失误。“程序”也让人们知道事情该交给谁办，怎样办，何时办妥。

2. 复命精神让执行更有力道

执行力的关键不在于领导的命令，而在于下属对命令的落实。所谓“复命”精神即“亮剑”精神，复命就是对他人的承诺，并在限定时间内给出一个结果。很多学校不是没有完善的制度、强有力的决策，而是没有执行的结果。因此，事业要想做大，做强，做好，必须重新打造出一套执行模式，即“以结果为导向的执行模式”。领导的本质不在于命令，而在于协调。你与同事之间相处得好不好是一个很重要的考察点。

执行力的培养是一套系统化的运作流程，要会学习，有智慧，能成功，懂经营，会管理。“复命”是一种内在的精神、深邃的理念和重要的行为准则，是积极、主动、创造性地完成上级交办的任务。复命最关键的环节是打造以结果为导向的执行模式，强调执行高于一切，对上级领导交办的任务要积极主动地完成。只有把复命精神变成一种自觉行动，才能真正实现个人成功与组织成功的和谐统一。

例：学校课改的10条经验。

课改的成功不在于空谈理论或只图形式，做表面文章，而在于老老实实地应用理论，遵循规律，长期探索，不断打假，力求高效。经验只借鉴不可移植。

· 不向课前延伸——课堂从上课铃开始。

· 不向课后延伸——保证学生的课余自由。

· 自主学习为主，合作学习为辅——充分释放学生的学习力。

· 先走进教材，后走出教材——弄懂什么是“校本教材”。

· 学生的自学，靠教师的引导——没有导，就没有学。

· 以学好知识为载体，有机渗透素质教育——课改要贴近地面。

· 注重效果，不图形式——课改不能中看不中用。

· 常年赛课，不断打假——课改要真刀真枪。

· 校长带头，全员参战——课改是“人民战争”。

· 课改也要“承包”——让每个人都有使命感。

（二）教师管理思想经历的三个阶段

现代社会对校长的要求可以概括为9个字。“识大势”，认清社会要求；“明大事”，知道现阶段自己要做什么。只有做到这两点，才能真正做到“成大师”。

1. 教师管理思想经历的三个阶段

阶段1：管理教师。注重的是“制度+控制”，这对学校管理建章立制起了促进作用。

阶段2：开发教师。将教师视为重要的教育资源，学校组织教师参加培训，用教育科学研究方式来开发教师资源，这使教师的价值得到增值。

阶段3：以学习型组织为目标，“学习+激励”为重要内容，被纳入学校管理。

例：优秀领导者必须具备的素养。

· 稳定的情绪；

· 有自省能力；

· 精密思考问题的能力；

· 创造性地解决问题；

· 克服个人困难；

· 有统筹能力，善于管理自己的时间；

· 知己知彼，用人唯才；

· 和别人分享你的蓝图；

· 社交能力强，交往广泛；

· 能鼓励他人；

· 愿意倾听别人说话；

· 支持他人的想法；

· 挑战自己和同伴；

· 扮演良师益友的角色。

2. 教学思想是教师从优秀走向卓越的专业生长点

郭沫若说："教学的目的是培养学生自己学习，自己研究，用自己的头脑来想，用自己的眼睛来看，用自己的手来做。"

（1）教师应该追求三个境界

境界1：经师。师者，传道，授业，解惑也。

境界2：能师。所谓能师就是具有教育智慧的专家型、研究型的教师。能师要有深厚的专业功底，有独特的教学艺术和风格，有出色的教学效果，有对教育教学的研究和探索，直至著书立说。

境界3：人师。教师修养的最高境界。古人云："经师易得，人师难求。"

（2）"名师"的发展特别强调理论的先导性和引领性作用

"书犹药也，善读而医愚。""名师"在高原期一致的感觉都在于"理论的贫乏"，从而使其在专业发展上难于突破和提升，甚至因"固化"而走下坡路。名师要走向卓越，一定要在理论上有所提升，有所创新，其关键就在于提出自己的教学主张，并逐步形成自己的教学思想。

3. 用"心"衡量：电视剧《宰相刘罗锅》主题曲有这样一句唱词"天地之间有杆秤，那秤砣就是老百姓"。

心本管理，指管理的关键是抓住人的心，让员工自觉自发地参与管理，并积极主动工作，以达成管理目标。心本管理的特点是攻心为上，假如你要用一个人的"手"，必须要用他整个的"人"；假如你要用他整个的"人"，你必须影响他整个的"心"。"治人者必先治已，治已必先治心；争天下者必先争人，争人者必先争心"。

松下幸之助的著名观点：当他的员工在一百人时，他要站在员工的前面，以命令的口气，指挥部属工作；当他的员工在一千人时，他要站在员工的中间，诚恳地请员工鼎力相助；当他的员工在一万人时，他要站在员工的后面，心存感激就可以了；当他的员工在五万至十万人时，除了心存感激还不够，必须双手合十以拜佛的虔诚之心来领导他们。

（三）寻智慧：莫让安全压倒教育

牢固树立"安全第一、预防为主、综合治理"的工作方针，按照"谁主管、谁负责，谁在岗、谁负责"和"党政同责、一岗双责、齐抓共管"的原则，明确学校各处室、各工作岗位的安全工作职责，在校长的领导下，全面推行安全工作岗位责任制，将安全管理落实到每项工作、每个环节、每个人，扎实做好校园安全防范工作。

1. 政治安全：教师需要“心灵鸡汤”

用正确的舆论引导人，坚持核心价值观教育。人是管理的核心。尊重人，理解人，关心人，爱护人是学校安全文化的主体思想和核心，突出和倾注对师生员工的“爱”和“护”是其实质。人的安全意识、安全行为、安全素养决定了学校安全文化的水平和发展方向。要从师生员工的生活、生存和人性角度出发，让师生员工享受安全以及由安全带来的幸福和愉快。

安全源于物与人的和谐统一。把安全放置在文化的大视野中，实施安全文化战略，借助文化特有的影响力、渗透力和扩张力，引导师生员工安全观念的转变。教师是办学的第一资源，是办学最有潜力、最有生命力的资源，是学校软实力的根本。教育不应只是往木桶里注水的过程，而应是不断向外流淌创造之泉的过程。校园里的师生平等绝不是喊出来的，必须靠一件一件小事把平等做出来。

学校发展的出发点和归宿点，是学生的成长与发展。而学生的成长要以教师发展为依托，只有教师不断发展，提高自己，才有可能使学生更好地成长。民主建设是奏好和谐学校这一交响乐不可或缺的重要组成部分，“维护、建设、参与、教育”是“教育人”的职能，剖析基层学校工作现状，提出在“绩效工资”和全员聘任制的新形势下，加强和改进基层学校工作，创新模式，找准工作的立足点、切入点、着力点、结合点、关键点、增长点。促进各要素在平衡中共进，和谐中发展。教师需要“心灵鸡汤”。

2. 生命安全：责任重于泰山

人命关天，国运所系，安全责任重于泰山。重视生命安全、心理安全。关爱生命，从“心”开始。建立健全学校安全工作管理制度，健全学校安全管理机构，建立校园突发事件预警机制，落实校园安全责任制。拓宽视野，提高认识，将学校安全组织“建起来，用起来，活起来，强起来”。

围绕“一个中心”：保障师生生命安全为中心。人命关天，国运所系，安全责任重于泰山；

推进“两项建设”：安全“人防、物防、技防、心防”机制建设，深化等级“平安校园”建设；

开展“四大行动”：安全宣传教育行动，安全模拟实战演练行动，安全综治检查行动，安全隐患整治行动；

关注“五类学校”：城乡结合部学校，山区学校，寄宿制学校，民工子弟学校，职业学校；

实施“六大工程”：校园智能安保工程，学生交通安全保障工程，学生饮食放心工程，学生身心健康教育工程，校园周边整治工程，爱心家长志愿者护学岗工程。

3. 经济安全：建设节约型学校

廉政建设进校园。“居安思危，戒奢以俭”。创建节约型学校是一项长期性的工作，任重而道远。勤俭办学是学校发展进步的内在动力。要发展就必须以节约作为前提，使“节约”成为每个部门、每个师生员工的责任，使校内人人以节约、俭朴为标尺、办事准则，为学校的发展打下坚实的基础，同时增强全体员工的凝聚力、战斗力。一言以蔽之，要围绕学生、家长、社会敏感点来进行教育成本分析、分配，成本是活的，不是死的，“成本只为创造价值”。

教育应是一方净土，是传播知识、培育人的圣地，倍受社会关注和期待。校长腐败则贬损了社会正义，损害了其自身形象，也辜负了社会各界对教育的信任。学生是世界观、价值观形成的关键时期，校长目无法纪谋取不当利益的手段和无视社会公平、正义的状况，对青少年的正确认知必将造成恶劣的负面影响。

第三节　业绩 =（目标 + 机制）× 执行力

学校要取得好业绩，或说取得大的成功，管理模式或管理理念多种多样，不胜枚举。对中小学校来讲，目标管理、机制应用和执行管理这三者是学校管理最基本，也是最重要的要素，三者缺一不可。资质平庸的人如何才能取得非凡的成就呢？答案在一个简单的公式里：业绩 =（目标 + 机制）× 执行力。

马云说：“员工执行力不行，要么就是制度无能，要么是领导无能！”个别员工执行力差是能力的问题，学校整体执行力差就是管理的问题！解决执行力差的方法：做到“目标明确，方法可行，流程合理，激励到位，考核有效”。

一、执行力之根——掌握执行管理的要诀

组织执行力要诀："快、准、狠"。"快"指从接到任务到完成任务时间要求最短；"准"指对任务的理解准，目标明确，分析问题全面，对任务所涉及的人、事、物要把握恰当；"狠"指在提倡互赢的前提下，完成任务的成本要求最低，人、事、物的配合要达到最优，效率质量要求最高，这样的组织是最有执行力的。

（一）执行力就是把想法变成行动，把行动变成结果的能力

执行力，就个人而言，执行力就是办事能力；就团队而言，执行力就是战斗力；就企业而言，执行力就是经营能力。执行力强的人，反省能力很强，如果实践中发现战略有误，他们会以最快时间去纠正。

1. 真正的执行力至少源于五种核心力量，即战略力、文化力、制度力、技术力、行动力。

大家在看反映解放战争时期的电影时总会发现这样的镜头：遇到难攻克的山头时，共产党这边的领导总这么喊："同志们，跟我来！"国民党的指挥官就这么喊："兄弟们，给我冲！"这就是区别——这就要求管理者的率先示范，做出表率。

例：刘备、宋江带领的争霸团队、起义团队都给团队的管理以深刻启示：

刘备的争霸团队。以刘备为首的"汉室"团队，靠刘备的厚道和"匡复汉室"的目标，聚集了最好的文官武将为他效力，实现了三分天下的梦想。

宋江的起义团队。以宋江为首的梁山团队，靠宋江的仁义和"替天行道"的精神，把一帮杀人放火的"乌合之众"培育成一个纪律严明、求同存异、从弱到强、百战百胜的可和朝廷抗衡的梁山大军。

2. 想提升员工执行力就必须解决沟通漏斗问题

中层管理者是学校执行力的真正缔造者，学校执行力的强弱主要取决于中层管理者。中层干部的主要职责就是承上启下、上传下达，既要对上级负责，又要对下级负责；既要吃透上级精神，把领导的意图完整地向职工传达，又要结合实际，把落实过程中出现的问题及时全面地向领导汇报。好的主管人才要能独立思考及独立行动，只要最少的指示，就能去执行工作。

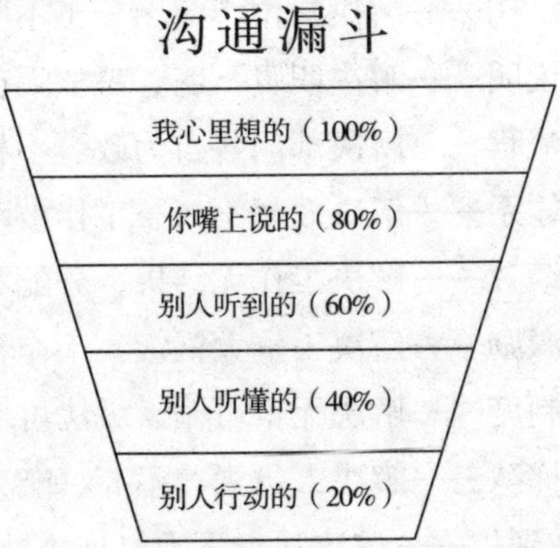

沟通漏斗

我心里想的（100%）

你嘴上说的（80%）

别人听到的（60%）

别人听懂的（40%）

别人行动的（20%）

“沟通漏斗”告诉我们：我们所设想表达的是100%，与团队成员沟通的时候却只能讲出80%，因为场所干扰、分神等原因，对方听到的最多只是60%，能听懂的部分只有40%，到执行时就只剩下20%了。

当我们的指令就像手中所握的沙子般漏出的时候，最后的执行能好吗？当然不能！可是怎样才能解决这个问题呢？这就需要我们把沟通漏斗倒过来。

（二）没有执行力，哪有竞争力

执行力不仅是一个战术层面上的问题，也是一个战略层面上的问题，它是一个系统工程，更是一门学问，它必须充分融入到一个学校的各个方面，渗透到它的战略、目标、文化等方面。

1. 管理是一种实践，其本质不在于知，而在于行

要实现“办一流学校，出一流产品，创一流效益”的办学宗旨，解决管理中存在的问题，就必须在员工中打造一流的执行力。

在这个世界里，人之所以有优秀与一般的不同，在于优秀者更有实现构想的能力，这就是一个人的执行力，而不是仅有思想。学校亦如此，一个优秀的学校在与其他学校做着同样的事情，只是比别人做得好，落实更到位，执行得更有效，这就是学校的执行力。

执行力就是竞争力。执行力就是执行的能力。什么是执行？执行至少有三个层面的解释：第一个层面是按照命令和规则做事的过程，简单讲就是能够听话照做；第二个层面是按照预定的计划行动的过程，简单讲就是做事的章法；第三个层面是将想法变成现实的过程，简单讲就是规划的实现。

执行到位的步骤。

步骤1：制定战略规划——解决发展方向迷茫、向心力不足问题。

步骤 2：设计组织结构——解决岗位不清、分工不明的问题。

步骤 3：编制岗位说明——解决职责不明、考核无据的问题。

步骤 4：梳理管理流程——解决部门各自为政、不相配合的问题。

步骤 5：制定目标体系——解决效率不高、工作被动的问题。

步骤 6：考核员工绩效——解决工作无结果、分配不公平问题。

步骤 7：设计薪酬激励——解决工资大锅饭、工作不积极问题。

步骤 8：建设文化制度——解决无章可循、无法可依的问题。

步骤 9：打造人才梯队——解决人员素养不高、能力不足的问题。

步骤 10：管控措施到位——解决执行不力、推诿扯皮的问题。

2. 任何语言都是苍白的，你唯一需要的就是执行，一个行动胜过一打计划

（1）执行力的前提是做事要养成细致入微的习惯

美国零售业巨头沃尔玛公司连续数年稳居世界500强之首，全球设有6600多家分店，一步步由小到大，由大到强，逐渐拉大了与竞争对手的距离。沃尔玛的成功之道就在于不断地在传统模式中开发出适合业务发展需要的方式，并不折不扣地加以执行。

（2）关注执行就是关注行动，关注工作质量，关注部门间的合作，关注学校与个人的成功。

执行力的经典话语——宣传贯彻的密度 + 力度 = 执行的深度 + 高度。

· 管理是盯出来的，技能是练出来的，办法是想出来的，潜力是逼出来的。

· 努力赞美别人，赞美别人 = 复制别人的优点。

· 先计划再行动，先策划再沟通。

· 差异化是竞争力的核心，相对优势是最大的优势。

· 选择重于努力，成败在于选择之间。过去的选择决定今天的生活，今天的选择决定以后的日子。

· 速度第一，完美第二；行动第一，想法第二；结果第一，过程第二。

· 思想的高度决定行动的高度，文化的高度决定企业的高度。

· 成功者常改变方法而不改变目标，失败者常改变目标而不改变方法。

· 每天三件事：必须做的事，应该做的事，可以做的事。

· 像老板一样当干部，用老板的标准要求自己，像经营企业一样经营自己的岗位。

3. 人生两件事：一是该做的；二是想做的。摆对顺序成就一生，摆错顺序一事无成。

人生，最宝贵的莫过于光阴；人生，最璀璨的莫过于事业；人生，最快乐的莫过于奋斗！要学会用你的梦想引领你的一生，要用感恩、真诚、助人圆梦的心态引领你的一生；要用执着、无惧、乐观的心态来引领你的一生。

在人的一生中只有曲线前进的快乐，没有直线上升的成功；只有珍惜今天，才会有美好的明天；只有把握住今天，才会有更加辉煌的明天！

（三）成功的教育体系改革需要教学因素和结构性质量因素的结合

为了提高教育质量，各国必须确保建立一个基准体系，以决定各自目前的学习水平和未来的学习目标。

1. 世界银行提出，优质教育必备的改革要素

要素 1：评估。基准和基于基准的评估是旨在提高教育质量的教育规划和各项改革的基石。如果不能决定该国的教育体系目前处于什么位置，那么这个国家将发现很难做出改进或实现既定目标。

要素 2：自治。授权学校将决定质量改进。授权包括给予学校所有权、资源和发言权，同时提高学校竞争力。

要素 3：问责。随着决策权的重新分配，地方当局、学校校长、教师、学生都被赋予了新的参与资源分配和学校活动的责任。

要素 4：关注教师。优秀的教师能够有效帮助学生提高学习成绩。

要素 5：关注学前儿童发展。学前儿童发展可能是一项最有效的节约成本的教育投资。高质量的学前儿童发展干预增加了教育成功机会，也提高了成人的生产力，并降低了随后的公共支出成本。

要素 6：关注文化。使用母语作为教学语言的学校学生出勤率更高，升学率也更高，复读率和辍学率较低。

2. 将全球教育目标转化为可实现的国家目标

教育是全球和平与可持续发展的关键，“教育 2030”的目标清晰地勾勒出全球教育的未来蓝图。

目标 1：到 2030 年，确保所有青少年完成免费、公平及优质的小学和中学教育，并获得有效的学习成果。

目标 2：到 2030 年，确保所有儿童接受优质的儿童早期发展、保育及学前教育，从而为初等教育做好准备。

目标 3：到 2030 年，确保所有人负担得起优质的职业技术教育和高等教育的费用。

目标 4：到 2030 年，全面增加拥有相关技能的人员数量，该技能包括为就业、获得体面工作及创业的职业技术技能。

目标 5：到 2030 年，消除教育上的性别差异，确保残疾人、原住民和弱势儿童等弱势群体享有平等接受各层次教育和职业培训的机会。

目标 6：到 2030 年，确保所有青年和绝大部分成人实现读写和计算能力。

目标 7：到 2030 年，确保所有学习者获得必要的知识和技能以促进可持续发展，确保教育为可持续的生活方式、人权、性别平等、促进和平和非暴力文化的发展、文化多样性及可持续发展做出贡献。

二、契约精神：良好的工作效果来自于上下之间的妥善协调

领导者，越能激发员工发挥剩余价值，就表示你的领导能力越强，上司的真正权力其实来自于部属。良好的工作效果来自于上下之间的妥善协调。掌握好力道，别用死力，点到为止。培养师生的契约精神是当务之急、重中之重。

（一）优化教师幸福感的路径

路径 1：激发教师教育热情，树立职业梦想，优化情绪管理，提升职业认同，使教师自我认知上形成专业身份认同感。

路径 2：提升教师教育能力，提高教师教学水平，提倡教师学习，减轻教师工作压力，增添教师教育教学满意感。

路径 3：创设学校良好的工作条件，营造学校组织文化，寻求社会各界支持，提升教师职业情境舒适感。

路径 4：鼓励教师亲近学生与家长，融洽同事与领导关系，营造教师人际交往和谐感的社会氛围。

1. 芬兰教育创新的特色

特色 1：教育改革和发展是真正显现自己的梦想和努力追逐自己的梦想。在这条道路上进行的教育改革“维系了珍贵的传统精华和良好的现代实践方案，也糅合了他国经验中的创新精神”。

特色 2：让公立学校“成为社会最平等，也是善良生活的核心基础”。增

设公立学校，强化政府和社会对于发展教育的义务与责任。确保所有芬兰儿童从小学到大学都能接受免费的教育。持续关注平等与共享责任，而不是个人选择和竞争，这才可以打造出一个优良的教育体系。

特色 3：增强教育领域内的相互合作与信任。教育改革的首要目标是增强发展教育的凝聚力。公立学校不采用任何来自外部的标准化、高风险的测验，学生评量的基础是教师自行设计的测验，施行范围只在该学校之内。学校致力于消除任何导致学生失败的结构因素，让学生少有学习恐惧与焦虑。对于学生的学习，学校和教师结合个体实际，量身定做教育规划，千方百计地鼓励学生富有创意地生活与成长。

特色 4：打造真正优质的教师队伍，鼓励教师教学自主。教师入职有较高的要求，即使是小学教师，也必须拥有硕士学位。教师可以自由且广泛地应用专业知识与判断，可以全权处理课程大纲、学生评量、校园改善及社群参与，甚至赋予教师“更多坚持己见的自由与权利”。

特色 5：重视特殊儿童的教育，保障特殊教育健康发展。

2. 教育磁场

“家文化”应该彰显这样一个道理：没有“互助”，各自为战的团队将是一盘散沙；没有“创新”，墨守成规的团队将是一群庸才的集合；没有“坚持”，意志脆弱的团队执行将大打折扣，成为败军的主儿；没有员工正确的“自我”，个性缺失的团队将是被禁锢的竹篓。

教室是学生的另一个“家”：知识与能力融汇的“学习之家”，人格磨炼的“校园之家”，它更是教师与学生共处的“教学之家”。“教育的技巧并不在于能预见到课的具体细节，而在于根据当时的具体情况，巧妙地在学生不知不觉之中做出相应的变动。”有教无类是优秀中华传统推崇的为师之道。任何工具的使用都是有说明书的，唯独教育孩子是没有相同版本的说明书。

“一个父亲胜过一百个校长。”家庭教育才是真正的人生“起跑线”，中国人因为急功近利，开发孩子的智商太早了，过度开发，最后导致的结果是后劲不足。过度开发的根源主要有两个：“一考定终身”和“公立学校独霸天下”。一考定终身的问题解决不了，就难以真正减轻孩子的学习负担。

（二）引导教师成为教育知识的发现者和建构者

知识的建构并不是任意的和随心所欲的。建构知识的过程中必须与他人磋商并达成一致，并不断地加以调整和修正，在这一过程中，不可避免地要受到当时社会文化因素的影响。

让教师成为教育知识的发现者和建构者。

批判性阅读和个人自学。在批判性阅读中，教师可以与教育专家一样“英雄所见略同”，也能够发现专家并没有解决自己需要解决的问题，还能够发现自己已经掌握的“经验”“知识”和“诀窍”。

专题讲座。请相关专家及资深名师就各课程领域的难点、重点问题，进行系统的、有针对性的讲解。

分组讨论与专题研讨。分组讨论常常伴随着教师的讲授，专题研讨是就某个重要的问题开展全员参与的学术研讨。

与名师名家对话。根据专题学习或问题研究的需要，请区域内外著名学者、名师现场交流、对话。

在线学习与网络互动。借助网络平台，观看视频录像、教育电影，通过博客发表成果，交流心得体会。

案例分析与讨论。包括“课例”“教例”“研例”等不同类型的案例。案例均源于真实的教育场景，可以是发生在教师自己身上或发生在他人身上的。

实地考察与现场观摩。对课堂开展研究，包括课堂管理、教学设计、课堂教学技能实训、课堂观察与评价等，所有这些活动均离不开现场观察、观摩。

情境模拟与实践体验。当无法抵达现场、无法亲身参与时，可借助情境模拟；有条件到现场进行实地考察，有机会亲身参与时，就可以进行体验式学习，从而获得身临其境的感受。

行动学习。强调以问题为中心，对问题采取行动；强调在真实的情境中学习；强调在社会交往互动中学习；主张个体通过行动和反思的循环进行学习。

（三）将教育研究定位于解决教育教学中的问题

深入实施项目研究，构建基于学校、基于自我、基于课堂、基于学生、基于问题的教育研究导向机制。教师培训：走“合作、自主、探究”方式。

1. 教育研究人员的“五大核心能力”

规划能力。规划即“谋划、筹划”。指对某一特定对象较长一段时期内发展方向和重点工作进行系统性、前瞻性的思考设计。

管理能力。管理即“领导、组织、协调”。指特定机构或主体对职能管辖范围内的客体及其活动进行领导、组织、协调，优化配置人力、财力、物力等资源，以实现预设的目标和效益。

研究能力。研究即“探讨、钻研”。指运用一定的理论和方法，探求研究对象的真相、性质和规律或探索解决特定问题的策略和途径的过程。

指导能力。指导即“指点、辅导”。指对特定对象进行理论、方法和具体实践等方面的指点和辅导。

评价能力。评价即“评定、鉴别”。指依据一定的标准对特定对象的性质、类别、属性进行评定和鉴别的行为。

2. 教师教育研究的“四个基点”

高品位的研究方向，虽说不一定是领域内独一无二，独树一帜的，但一定是具有前瞻性，有着很强的生命力，并且是学生经过刻苦努力能看得见，摸得着的，这样学生做起来才有信心。

基于儿童：教师对儿童发展基本规律的熟知与把握。从三方面把握规律：从教育教学过程中可观察到的现象来把握；从儿童发展的多样性来把握；从教育方面的启示与教育策略来把握。

基于教师：注重自己亲历的真实教育生活实践的反思。教师最直接的研究来源主要是自己在教育教学过程中存在的问题，自身真实的教育体验，没有对这些充分体现自我元素的关注，教师就会为了研究而研究，乃至在教育中失去自我，越来越没有自信，觉得研究是专家的事，与自己无关。

基于课程：教师对学校课程的本质以及文化的理解。要了解学校课程文化，可从三方面入手：要把“学校教师、校长、学生、家长、课程专家等”共同意识到的统一观点融合在一起，产生合力；课程文化有助于学校系统探究和改变有关课程领域的观念及课堂上呈现出来的课程途径；学校课程文化可鼓励教师把各种课程观作为多种相互重叠的系统来思考。

基于方法：有意识地练就反思性实践思维。要掌握一种适合自己的教育科学研究方法，注重培养反思性实践思维，通过反思性实践，可以让教师在专业知识、技能、思维方式、理解力、灵活性和适应性等方面得到提高。

3. 给教育科学研究领域一片“自由天空”

学术自由：说通俗点就是学术研究不要受到权利干扰和影响。科研领域是人才的“集聚地”，创新的“最前沿”。人才最需要“海阔天空”，创新最需要“自由空间”。如果科研领域到处是条条框框，事事权力制约，必是万马齐喑，又谈何大众创业、万众创新？

激励研究人员的关键点是什么？

给研究人员最想要的自由研究的权力。充分授权是研究人员激励机制的重要组成部分，研究人员具有较高的专业知识和技能特长或具有本行业丰富的从业经验。

较强的成就感。研究人员特别从事能体现自我价值的工作，他们的满意度主要来自于工作本身，热衷于完成挑战性的工作，工作业绩达到令人自豪的水平，以实现自我。

高度追求自我价值的实现。研究人员大多是高层次人才，具有较高的价值追求，期望得到他人的尊重和认可，期望自己可以伴随组织有良好的职业发展前景。他们比一般员工更注重自身价值的实现，期望充分发挥他们的主观能动性，期望自己的建议、看法、观点对决策起到举足轻重的作用。

研究人员所从事的工作是无形的脑力劳动，其劳动过程往往强调灵感和创意，工作过程没有固定的模式和标准。但因其独特的知识资源优势，一般都是在自我管理、自我监督下完成工作，传统的职位权威对他们往往不具有绝对的控制力和约束力，执着于对知识的探索和真理的追求而蔑视权贵，因此工作过程往往难以监督。

三、激发活力：给每一节车厢都装上动力装置

所谓“动车组列车”，就是所有车厢装有动力装置，车头牵引力和车厢推动力有机组合，凝成牵引和推动列车高速前进的巨大合力，不再仅仅是“火车跑得快，全凭车头带”，而是每一节车厢都动起来，从拖车变成动车。

（一）让每个人都有成长的动力

教育背景决定个人素养。一个人阅历的深浅就是其头顶的自由天空的大小，在现实生活中，是否受过教育和受教育层次的高低对一个人有着至关重要的影响。一个人，其实就是他受过教育的综合体。

1. 从“蒙智”向“睿智”修炼的“五种曲线”

蒙智曲线：这类人有学习障碍，有的没有启智。多数学历低，阅读力和思维力被遮挡，通过学习获得知识的能力明显不足。

早谢曲线：这类人一般取得高中学历，掌握基础知识，具有通过学习获

得知识的初步能力。在 18 ~ 20 岁，学习力登上高点，此后学业松懈，学习力趋降。如盛开的鲜花，过早凋谢，所以称“早谢线”。

中庸曲线：这类人多数在获得高中学历后，学习力继续向上攀登。继而在高等学府深造，并取得相关专业知识、专业技能，以及相适应的高等教育学历。至此，学习力已经登上一个新高度，但随后终止了上升趋势，缓慢掉头下行。

卓越曲线：这类人离开学府之后，并没有间断学习。在进入组织后，开启“第二次学习”，学用结合，在实践中学习，学习力继续向高位强势攀升。在职业生涯结束之际，学习力登上最高点，随后缓慢下降。

睿智曲线：这类人一生当中，学习力始终保持上升趋势，直至生命终结。这是全智人生，也是智慧人生。这类人是出类拔萃的顶尖人才。

人才其实是一个动态的概念，它不是一成不变的，不是永恒的。一个人的读书史往往就是他的成长史。一般的学习力越强的人，执行力也强。

2. 引导执行者向一致的目标努力

执行力就是“行动力”，就是每个员工在每个阶段都做到一丝不苟，从而最终不折不扣地完成任务。一位管理者的成功，5% 在战略，95% 在执行。执行力文化就是把执行力作为所有行为的最高准则和终极目标，能透过无形中的渗透力和感染力，影响全体员工的行为，引导执行者向一致的目标努力。

（1）让每个人都有成长的动力

借鉴动车组“通过自主动力车厢的组合实现优质快速运行”的理念，把车厢从负荷变为驱动，分散动力，激发活力，使每个学校的每个部门都成为“动车厢”，成为“动力因子”，实现高效快速运行。

学校教学如同是一列正在行驶的火车，小组合作探究模式让每个学生都充满活力，每个学习小组就好像是一节带着“分动力机”的“车厢”，在生本教育的和谐氛围下，组组有活力，生生有动力，为了大家共同的目标奋斗！

捆绑考核，荣辱与共。尽管小组内学生的知识和能力可能存在较大的差异，为了培养学生的互助合作意识和集体荣誉感，小组捆绑考核制将小组所有成员的平均成绩作为组内每个人的平时成绩，做到整体加分、扣分。其实，每个孩子都是要面子的，喜欢争强好胜，期待得到大家的肯定。捆绑考核就是一根丝，紧紧地绑住了每一个孩子的心，更激发了学生内心火热的动力。

（2）学校中层协调好四组角色关系，保证战略目标的执行

管理者与示范者	不能以简单的行政命令方式管理所辖的部门和年级，凡事可以尊重为先。只有善于管理，积极示范，才能使教师心悦诚服。
指挥者与战斗者	既是教育教学工作的“指挥员”，又是教学一线的“战斗员”。
竞争者与合作者	中层在各自的岗位进行工作竞争，可以激活潜能促进学校发展。摒弃狭隘的部门利益观念，建立在合作基础上，给学校发展以拉动力。
执行者与创作者	中层则是校长思想的积极“执行者”，应根据部门和年级的实际情况创造性地开展工作，在各自的职位上积极发挥“创造者”的作用。

行动，撬动梦想。一个人如果没有做大事的打算就算了，既然要做大事，就要面对困难和挫折。挫折越严重，你就越知道自己是要做大事的人，这样激励自己才能成功。

执行力理念：

执行开始前：决心第一，成败第二；

执行过程中：速度第一，完美第二；

执行结束后：结果第一，理由第二。

3. 执行力既反映了组织的整体素养，也反映出管理者的角色定位

管理者的角色不仅仅是制定策略和下达命令，更重要的是必须具备执行力。执行力的关键在于透过制度、体系、文化等规范及引导员工的行为。管理者如何培养部属的执行力，是总体执行力提升的关键。

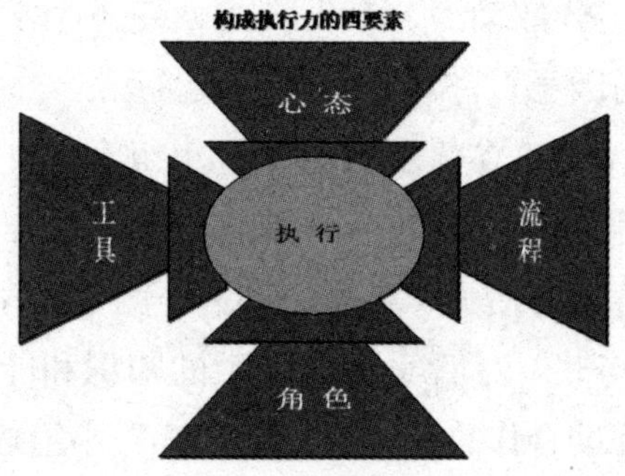

中层管理者在整个执行力系统中的角色定位：

辅导员。由于拥有相当丰富的工作实践经验和专业知识，可以在任务下达给员工后，帮助其完成，对其进行工作方法、实际操作、相关理论方面的指

导和引导，使其在工作中学习到更多的知识，提高执行力。

协调员。管理过程中可能会由于沟通的失误、信息的失真等问题造成高层领导与基层员工之间的矛盾。而由于中层管理者更能体会和理解员工，更接近员工，可以从中斡旋，调解两者的矛盾，化干戈为玉帛，使大家能够齐心协力共同实现组织的目标。

裁判员。中层管理者由于其地位的特殊，能够从其对员工日常工作的监督和观察，对工作任务的明确，对工作岗位职责的划分等方面具有相当丰富的信息获取来源和数据收集方法而具有无可比拟的优势，尽量保证考核的公平合理、客观公正，从而起到公平裁判的作用。

信息传递员。中层更像是神经中枢系统，把大脑发布的命令传达到身体的各个部位，从而使战略决策得到正确有效的执行。

创意者。中层管理者结合其自身的知识技能优势，更容易提出新的改革方案和创新举措，为单位的发展出谋划策，成为带着脑子上班的高效率的工作者。

（二）牵住“牛鼻子”，找准“突破口”

俗话说：“牵牛要牵牛鼻子。”“抓牛鼻子”是一个形象的比喻。放牛的牧童和耕田的农夫都知道，牛有野性，而牛鼻子是牛身上最脆弱最怕疼的地方。当牛野性发作时，牵住牛鼻它就不会反抗。

1. 牵住“牛鼻子”，燃起新希望

毛泽东说：“问题就是事物的矛盾。哪里没有解决的矛盾，哪里就有问题。”实践是成就事业的“磨刀石”，是增强修养的“练武场”，要深入钻研本职业务知识，做到干一行，钻一行，精一行，使自己既能掌好舵，又能划好桨。要善于找准改革“突破口”，牵住改革“牛鼻子”。改革既要勇于冲破思想观念的障碍，又要勇于突破利益固化的藩篱。坚持解放思想、实事求是，以“摸着石头过河”的决心，“杀出一条血路”。

不可锋芒毕露。一个人在工作中，如果全无锋芒，那就是提不起来，就会被人认为是没有能力。所以有锋芒其实是件好事，但如果锋芒太露，那就会刺伤别人，这样的人自然也就没有什么好人缘，没人缘可不是小问题，它甚至将会直接影响到你社交的成败。所以，与人交往时既不要全无锋芒，也不要锋芒毕露，最好是在二者之间找一个平衡点。

一个人的锋芒就像“包子”的好吃一样，也应该在关键时候，在必要的时候展露给众人看，只有在那时人们才会承认你确实是一把锋利的宝刀。

2. 用心感知他人的认知模式和行为方式

合作意识是现代人自我发展必经的高速公路，如何培养自己的合作意识和合作能力呢？答案是借助外力，合作能力不是与生俱来的，而是后天培养的。蚂蚁的“抱成团”是对命运的抗争，是力量的凝聚，是以团结协作的手段，为共渡难关，获求新生所做出的必要努力。合作才能赢。一个人只有具有合作意识，才能产生合作行为。只有与人合作，才能变腐朽为神奇，化不可能为可能。

（1）专注于每一个细节

现实生活中，如果一个人过度地专注于某一事物，那么在他的生活中就会处处围绕这个事物。走路、工作、吃饭甚至在梦中……满脑子都离不开它，这样的人看似迂腐不堪，其实他们才是最有希望接近成功的人。因为专注创造机会，专注把握机会，专注让你在细节中发现机会。

泰山不拒细壤，故能成其高；江海不择细流，故能就其深。英国一作家这样说道：“细节是构成金字塔的一块块方石，是铺就铁路时自甘居下的一条条枕木。”德国一建筑师卡尔说：“是细节成就了一幢幢高楼，忽视细节就等于忽视自己的事业与生命。”美国“挑战者号”的碎片，不正是忽视细节的最好见证吗？这是多么惨痛的教训！

（2）在办公室里，如想保持工作的稳定，有些雷区千万不要碰触，永远记住办公室“四不要”。

不翻看他人的文件。俗话说：没有规矩，不成方圆。我们的国家是一个法制社会，同样一个单位也会有相应的规章制度来规范员工的行为。既然制度是为了约束细节行为，那么不懂规矩、制度的员工，也成就不了什么事业。

不泄密。即使同事在某项工作上的表现不尽如人意，也不要在他背后说闲话，说是非最容易引起同事们的不信任。道理十分简单：当某同事在你面前说别人是非时，难道你听后不会怀疑他在其他人面前也会如此议论你？这样的人值得信任吗？上司通常极其厌恶是非。你向上司打小报告只会令他觉得虽然你是“局外人”，但未必在专心工作，心思没有放在正事上。假如上司把公司机密告诉你，谨记别泄漏一字半句给他人。

不占小便宜。占小便宜表面上看是自己多占有了一些东西，但实际上却是失去了诚信这种优良品质，得不偿失。寻找一种有生命自觉意义的生活。

不散播“耳语”，不要乱议论。耳语，就是在别人背后说的话。通常只要人多的地方，就会有闲言碎语。有时，你极有可能不小心成为“放话”的人；有时，你也可能会变成别人“攻击”的对象。聪明的人，要懂得该说的就勇敢地说，不该说的就绝对不要乱讲。当你的工作出现危机，如工作不顺利，对老板、同事有意见有看法，你更不应该在办公室随便向人袒露。做好自己分内的事情，才是最重要的。

3. 决不放弃：执行力应该是一以贯之

丘吉尔“成功秘诀”。1948 年，牛津大学举办“成功奥秘”讲座，邀请名家来讲演，其中有英国首相丘吉尔。在讲演前一个月，各种媒体就开始炒作，各界都想听一听丘吉尔的成功秘诀。

会场上座无虚席，丘吉尔走上讲台。他用手势平息了热烈的掌声之后，说：“我认为成功秘诀有三个：第一，决不放弃；第二，决不、决不放弃；第三，决不、决不、决不放弃！我的演讲结束了！”说完，丘吉尔就走下了讲台。

管理借鉴：

借鉴 1：丘吉尔以最简洁的语言、最执着的意志，揭示了最深刻的人生哲理。永不放弃有两个原则，第一个原则：决不放弃；第二原则：当你想放弃时回头看第一个原则，决不放弃！

借鉴 2：俗话说“兵熊熊一个，将熊熊一窝”。是说如果一个士兵执行力不够，那是他自己的问题；如果一个团队的执行力不够，那就是领导的问题。

借鉴 3：个人执行力取决于三个基本要素：执行者首先必须知道做什么；其次，掌握必要的技能；最后，需要借助工具。这样事情才能做得完美。

借鉴 4：执行力应该是一以贯之。就如诸葛亮给赵云的锦囊妙计一样，不到万不得已是不能将锦囊撕开的。撕开看了之后，人的心理状态就会产生一定的变化，就会对妙计的执行产生不利，执行的结果可能产生偏差。

借鉴 5：知道如何寻找资源的人是最厉害的。因为在执行过程中，资源永远是稀缺的。

（三）管理实效：聚焦在机制改变上

提高学校管理实效的创意要聚焦在机制改变上。用心管理，规范流程；聚焦细节，注重实效。凡事都要有人去管、去盯、去促、去干，聚焦、聚神、聚力抓落实。

1. 用心“经营”学校

（1）构建课堂教学中的动力系统

构建“教学动力系统”。有了这个系统，学生的学习活动会被激发出最大限度的活力，会产生源源不断的动力，从而使课堂教学一直处于一种积极亢奋的状态之中。这时候，教师真的就是一个引领者——好像动车机车的车头，而每一个学生都是动车的一个个带有发动机的车厢，一旦发动起来，其动力是巨大的。

用心经营课堂，学生作业校本化。充分体现作业的质量性，使校本化作业常态化、高效性，学科备课组应切实提高作业设计的针对性和实效性。不照搬现成的讲稿和练习册，教师“跳进题海找题目并加以改造，学生跳出题海练题目”，使学生生成“做一题，会一类”的能力。

经营学校的资源要素——人、财、物、时间、信息等要素优化配置。

经营学校的机制——保证正常运转的运行机制，激发活力的动力机制和约束行为的调控机制。

经营学校的产品——教育服务、教育市场、学校品牌开发。

（2）把握学校管理中的三个基本方面

制度管理。不以规矩，无以成方圆。学校制度的完善和有效实施，能形成良好的运行秩序，这是学校其他工作的基础。制度成为推动学校工作不断前进的巨大动力。

情感管理。管理工作的核心是管人，管人的核心是管人心。学校管理是“三分管理，七分情”。

文化管理。校长要善于用思想文化管理人、教育人，使教师真正成为“学校人”。以学校文化为土壤，孕育学习型组织。一所好的学校应该是一个好的教育场，形成润物无声的校园文化。让校园成为一个温馨家园、生态公园和成长乐园。

2. 教育家要有一种致力于学生学习与发展的专业精神

崔允漷教授说：“教育家要有一种致力于学生学习与发展的专业精神，有一种统率性、先进性的大观念，有一套自洽的教育概念或命题，有一套与上述观念相一致的课堂教学的精湛技术。”

专家与新手的区别：新手的知识是点状的、无组织的，新手也难以实现知识的关联；专家的知识是网状的、有组织的，而且专家擅长将不同领域的知识进行关联。通俗地说，新手拥有的知识似“珍珠”，而专家拥有的知识像“项链”，串起珍珠的那根线就是大观念。

教育家与教书匠的区别：教育家不仅会“做事”，还能“说事”，能说出自己所做的事其背后的故事。教育家一定是某个时代或某个区域在专业领域有相当影响的人物，把教育家的优秀经验或实践记录存贮下来，传播出去，实现教育家的影响力。

教育家是思想者、研究者、实践者，思想力是其能力之本。教育家是专业人员，其发展是一段没有终点的旅程，在于追求没有最好，只有更好。

第三章 学习力：最本质的竞争力

学习力指一个人或组织学习的动力、毅力、能力、学习效率、学习转化力的综合体现，是把知识资源转化为知识资本的能力。学习力是创造力的根本，学习力成就竞争力。学习力是动态衡量人才质量标准的真正尺度。对一个组织来讲，也是衡量这个组织的凝聚力和创造力的源泉所在。未来的领导就是领导学习，未来最本质的竞争就是克服障碍学习。

第一节 标杆学习：寻找自己工作领域的制高点

标杆学习是一种管理哲学方法论，是一种有目的、有目标的学习过程。通过学习，重新思考和设计管理模式，借鉴先进的模式和理念，再进行本土化改造，创造出适合自己的全新的最佳管理模式。其实质是模仿、学习和创新的持续改进过程。

一、学习力是动态衡量人才质量标准的真正尺度

学习力就是生存力，把握“3 个度”：

拓宽广度。现代社会信息量大，知识面广，需要学习的知识多。要克服“博而不专”或“深而不广”的倾向，既要学精本职的，又要大胆涉猎不同学科、不同领域、不同时代的知识；既要通读，也要精读；既要博览，更要深研，切实增强学习的全面性、系统性和综合性。

延伸深度。孔子说：“学而不思则罔。”一个人只重视学习而不注重思考，就有可能陷于迷惑。只学习而不思考等于没有学习。学习的目的全在于应用，

学习效果要在实践中进行检验，真正做到学以致用、以用促学。

增强厚度。学习是一种设计。克服学习力短板，一要寻找突破点。善于在摒弃自己习惯性的主观认定中寻求突破，善于在教育的表面现象与问题的结果中寻找原因，寻求突破。二要探究关联点。即从关注教育发展趋势中探寻关联点。三要谋求超越点。即在追求自我完善中谋求超越点。

（一）学习力是最本质的竞争力

学习力的要素和学习力内涵是不同的概念，要素是作为学习力依附体的人，参与到具体学习活动中所表现出来的关键因素。学习力的主体是人，是内化在人体内的东西，而不是外在的力量。它与学习活动密切相关，在学习活动中生成发展以及体现。

1. 学习力是软生产力

学习力即学习能力。学习力是软生产力，是创新和创造一切物质和精神财富的源动力。什么是学习？指通过各种手段，获取新知，并具备实践新知的行动和能力。

学习＝学＋习。人们通常以为“学习”是一件事，其实学习包括“学”和“习”两项工作。学是把不会的学会，是知新，习是将即将学会的不断重复，是温故。所以，学习包含知新和温故两项工作。

（1）学习力“三要素说”

学习力：
- 动力——目标
- 毅力——意志
- 能力——知识＋实践

学习动力体现学习目标，学习毅力反映学习者的意志，学习能力则来源于学习者掌握的知识及其在实践中的应用。一个人、一个组织是否有很强的学习力，完全取决于这个人、这个组织是否有明确的奋斗目标、坚强的意志和丰富的理论知识以及大量的实践经验。

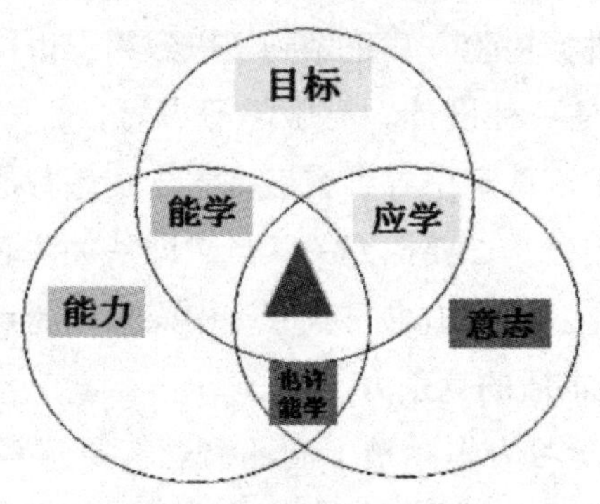

图中交叉部分即为学习力

（2）学习力“五要素说”

学习力就是能帮助一个人更快更好地学习一切的能力。学习力，从构成要素来看，包括学习动力、学习毅力、学习条件、学习效率和学习转化力等要素。

学习动力是学习主体进行学习的源动力；

学习毅力指学习主体是否有持久力，学习是否能持之以恒；

学习能力指学习主体开展学习的主客观条件的总和；

学习效率指学习的速度和效度；

学习转化力指学习成果的转化能力，这种能力主要体现在更新自我、推进创新和变革社会的效果上。

个人的学习力，不仅包含它的知识总量，即个人学习内容的宽广程度和开放程度；也包含它的知识质量，即学习者的综合素养、学习效率；还包含它的学习流量，即学习的速度及吸纳和扩充知识的能力；更重要的是看它的知识增量，即学习成果的创新程度以及学习者把知识转化为价值的程度。

（3）学习力“六要素说”

学习动力、学习能力、学习方法、学习毅力、创新活力、学习潜力，这六种要素互相关联，任何一种要素的改变，都会促进学习能力的改变和提升。

学习能力特征：

自主性，指个体生命自觉、自愿地去学习，而不是被迫去学习；

能动性，是生命主体积极富有创造性地去学习，而不是对知识、信息简单地吸收。同时还要会消化，要善于转化成生命所需要的物质和精神能量。

创造性，学习的最终目的是推陈出新、吐故纳新、融会贯通，是为了创新和创造，而不是“死读书，读死书，读书死”那种现状。创新是知识经济的本质特征，也是支撑一个人、一个城市和一个国家综合竞争力的核心。

例：个人学习力要素。

一级指标	二级指标	三级指标	指标说明
个人学习力	学习动力	学习目标	目标、目的、理想
		学习动机	内在动机、外在动机
		学习兴趣	直接兴趣、间接兴趣
	学习能力	基本学习能力	能有效掌握基本学习能力
		运用现代信息技术能力	能熟练运用计算机等现代信息技术
		分科学习能力	能掌握不同学科的学习能力
	学习方法	基本学习方法	能科学地掌握基本学习方法
		现代学习方法	自主、探究、合作、体验、网络、创新学习方法等
		分科学习方法	能掌握不同学科的学习方法
	学习毅力	自觉学习毅力	能自觉学习
		自制学习毅力	能自制学习
		坚持学习毅力	能坚持学习
	创新活力	学习创新意识	勇于探索、独立思考、开拓进取、标新立异等
		学习创新思维	新颖、独特、开拓、灵活、变通等
		学习创新方法	自主、问题、开放、案例、课题、迁移、组合、想象等学习方法
		学习创新能力	问题、联想、迁移、组合、变通、标新、独创、操作等学习能力
	学习潜力	语言能力	有效地运用口头语言和书面语言的能力
		音乐能力	感知、欣赏和创作音乐的能力
		数理逻辑能力	有效地利用数学和逻辑推理的能力
		空间能力	准确感知视觉空间世界的能力
		身体运动能力	善于运用身体来表达内心感受的能力
		人际交往能力	觉察并区别他人的情绪、意图、动机的能力
		自我认识能力	自省的能力
		自然观察能力	观察自然界的各种形态及其辨识、分类的能力

2. 学习型组织的特征

特征 1：持续不断的学习；

特征 2：亲密合作的关系；

特征 3：彼此联系的网络，增进成员间的互动关系以及与外界的和谐关系；

特征 4：集体共享的观念；

特征 5：创新发展的精神；

特征 6：系统存取的方法；

特征 7：建立能力的目的。

（1）学习型组织一旦建立就会对每个成员产生积极的激励作用，帮助每个成员培养和提高自身学习力要做到三个结合。“专”与“博”的结合；“学”与“思”的结合，在学习中思考，在思考中学习；“学”与“用”的结合，做到学习工作化、工作学习化，实现“学习知识——创新工作——推动发展”。

完善三个机制。完善考评机制，建立健全学习制度，完善督学机制，强化考核；激励奖学机制，通过激励制度激发学习、运用和创新知识的热情；促学机制，把学习考核结果作为任用的重要依据。

注重三个优化。优化人员，把政治意识强、业务精、会管理、具有现代教育技术水平的教师选入领导班子中来，带动学习力的提升；优化资源，形成有效学习的合力；优化管理，创新管理模式，注入学习活力。

力求三个创新。创新学习内容，按照“干什么、学什么，缺什么、补什么”的原则，突出新理论、新信息、新知识、新方法的培训；创新学习方法，开展问题式学习、批判式学习、研究式学习、自主式学习等创造性的学习方法，善于总结，把经验变为智慧；创新学习平台，利用网上学习、论坛等搭建交流沟通的平台，强化学习意识。

例：“五维度”组织学习力评价指标。

维度	指　标
目标和任务明确性	组织目标与任务表达的清晰程度
	成员支持接受组织目标任务的程度
	组织成员对完成组织任务了解程度
	成员自我评价实现目标机会的大小
领导的承诺与授权	高层管理者对变革与风险的态度
	高层管理者与员工在愿景上的吻合度
	管理者承认错误、接受批评的态度
	管理层对信息反馈的重视程度
	管理层在重要决策上员工的参与度
	管理者对员工的尊重程度

（续表）

维度	指　标
实验与奖励	员工将新观念带入组织的程度
	新员工对现行做事方式质疑的勇气
	管理者鼓励团队成员为改善工作流程而进行实验的态度
	创新性的观点受到表扬和奖励
	开展创新与冒险活动经费支持情况
	员工的工作设计是否有足够的弹性
知识转移	与同事谈论项目成功话题的机会
	组织中的失败是否经常被正式讨论
	组织新知识由全体成员共享的程度
	组织会议记录与档案系统是否健全
	运用转移机制从组织外部转移知识
	沟通网络的快捷程度
团队工作	管理层鼓励成员集体解决问题
	使用项目小组解决组织问题频度
	大部分团队成员来自多个职能部门

（2）人类解决世界的问题，靠的是思维和智慧

数字时代的知识革命者。未来唯一持久的优势是有能力比你的竞争对手学习得更快。虞云耀 2004 年 7 月 10 日在《理论动态》刊物上发表文章，着重介绍了近期中央有关部门对县级以上领导干部能力素养调查情况：科学判断能力弱的占 58.1%，驾驭市场经济能力弱的占 66.9%，应对复杂局面能力弱的占 35.3%，依法执政能力弱的占 43.4%，总揽全局能力弱的占 19.9%。

人类解决世界的问题，靠的是思维和智慧。清华大学时任校长顾秉林给毕业生一段耐人寻味的话：方向比努力重要，能力比知识重要，健康比成绩重要，生活比文凭重要，情商比智商重要！

（二）构建学校组织的学习力

为什么许多团体中，每个成员的智商都在 120 以上，而整体的智商却只有 62？为什么 1970 年美国 500 强企业，到 1990 年却只剩下一半左右？

1. 这个时代比任何一个时代都更可怕，一切财富、资源、成功和经验都会成为导致失败的原因。因为成功，所以失败。

（1）组织智障：组织内的“病毒”

病毒 1：局限性思考。指不以全局、整体和事物的普遍联系考虑问题，而

是片面地、局部地、孤立地考虑问题。

病毒 2：归罪于外的心理。归罪于外，是以片段的方式来看外在世界，出了问题，怨天尤人，推向客观，不进行反思。

病毒 3：缺乏整体思考的积极主动。是说采取主动积极的行动常能解决现时问题；但是在处理复杂问题，尤其是“动态复杂问题”时，常适得其反。

病毒 4：专注于个别事件。实际就是“就事论事”者，或泛指某些忙忙碌碌的事务主义者。

病毒 5：煮青蛙的故事。生物体对外界的缓慢变化是缺乏反应能力的。学校不能“小富即安”，要建立预警系统，防患于未然。要学会放慢我们认识变化的步调，并特别注意那些细微以及不寻常的变化。

病毒 6：从经验中学习的错觉。是说从经验中学习要注意时空局限，再好的经验也必须因时制宜、因地制宜。

病毒 7：管理团体的迷思。管理团体指领导班子或管理层。“迷思”指组织的领导层中出现的貌合神离、一言堂、沟通不够、反应迟钝以及以“等级权力控制型”的体制下“谁大听谁的”，而不是“谁正确听谁的”等观念。

（2）自我超越的意义在于创造

“心智模式”指根深蒂固于我们心中，并影响我们如何了解这个世界，以及如何采取行动的许多假设、成见、思维方式，甚至可以是图像或者印象。

心智模式的特点：

特点 1：根深蒂固，深植于每个人心中；

特点 2：每个人的心智模式都有缺陷，人无完人，但自己往往毫无察觉，大多数人自我感觉良好；

特点 3：心智模式有时效性。

怎样改善心智模式？要学会把镜子转向自己，而不是归罪于他人；敞开心扉，容纳、接受他人的观点。

2.“学习 + 激励”，使人更聪明地工作

传统管理模式强调“制度 + 控制”，使人更勤奋地工作。学习型组织强调“学习 + 激励”，使人更聪明地工作。

学习力最初是企业管理和企业文化领域的概念，体现在以下方面：一是对愿景的认识和支持，二是对支持学习的领导，三是建构实验性的组织文化，四是能有效地进行知识迁移，五是具有合作的团队精神。组织学习力对

组织的决策，对知识密集性创新的同化和利用，对应对变革和持续发展起着关键作用。在知识密集型组织，学习力是一个组织的核心竞争力和可持续竞争力的标志。

学习能力的组成七要素

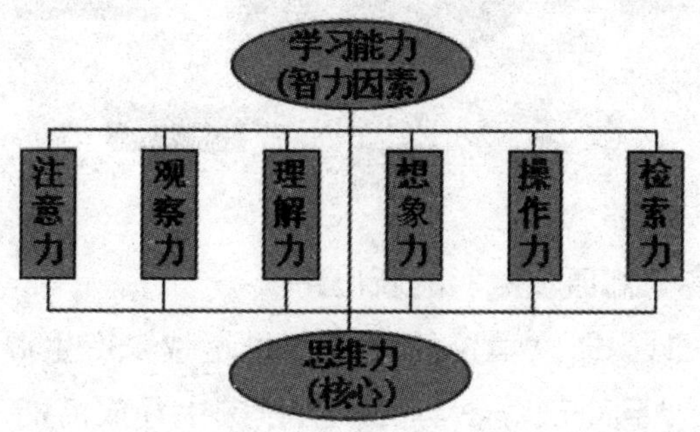

（1）从九个方面创建、激活一个传统组织

·注入一种心态：积极心态，到处都是团队协作；

·营造一种文化氛围：“我要学”的文化氛围；

·铸造一种新的精神：自我超越，不断创新；

·强调一个观念：系统思考（全局观念）；

·培养一种习惯：主动找出差距并反思；

·激发一种热情：追求速度；

·拨亮员工的心灯：活出生命的意义；

·培育一个生命力、竞争力之根：学习力；

·使员工明白一个道理：沟通万岁。

（2）学习型组织的学习

·强调学习与工作不分离。

·强调个人基础上的组织学习。创建不是目的，目的是通过建立组织学习，增强核心竞争力，以成功地实现组织的创建目标，为此必须开展以信息反馈为基础的学习，以反思为基础的学习，以共享为基础的学习。

·强调学后必须有新行为。

·强调的是心灵的变革而非方法的变革。

一个人的精神发育史，往往就是他的读书史。我们的生活质量取决于我们阅读了多少前人留下的知识，我们的知识决定了我们的生活质量。

学习型组织知识结构

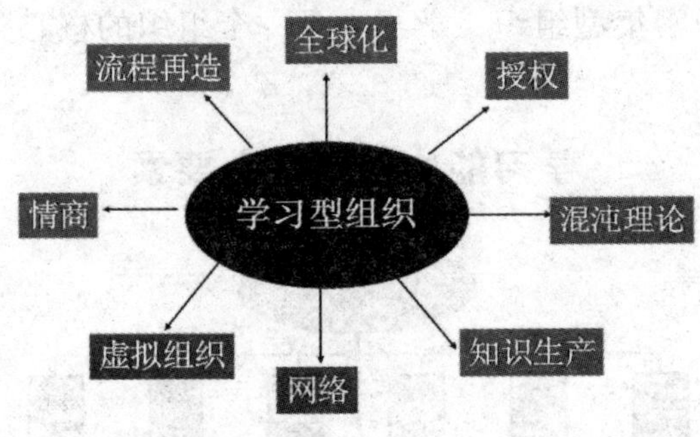

（三）素质教育“高原现象”的新出路

探求教育的本源，通过学校的不断自我超越来产生源源不断的教育力，从而使孩子在天性受到全面尊重与呵护的氛围中释放潜能，增长学习力，获得幸福。

1. 提升学习力——为学生一生奠基

学习力是用来解决学习问题的——吃出学习力，睡出学习力，玩出学习力，练出学习力。说到底，是让孩子们有好的身体、好的精神状态、好的学习方法、好的学习课程。

吃出学习力——打好学习基础。指导学生科学地吃，是培养学习力的第一步。建设学校生态的第一套标准——吃什么，怎么吃。吃得好，吃得巧，促进大脑发育好。既提高学生注意力，还能提高记忆力等。让学生“吃”出聪明的大脑。

睡出学习力——调整学习状态。将“家”的理念引人、渗透、贯穿于学校管理和工作之中，“守住宁静的心家，经营温馨的小家，融进和谐的大家，奉献伟大的国家”，营造“家文化”，让学生体会到“家”的温暖。精神可使身体强健。有了安全感，才能把心理压力抛在门外，让孩子们睡得安心。午休是保护人体生物节律的一种方式，午休可以提高学习、工作效率。

玩出学习力——会玩的人聪明，聪明的人会玩。玩是需要设计的。玩进课堂的三境界：玩“便”课堂，玩“遍”课堂，玩“变”课堂。玩“遍”课堂就是根据课堂教学内容的特征，有目的地设计“玩点”，一改玩在课堂上的从属地位，这成为课堂教学展开的不可或缺的结构因素。

练出学习力——积累学习本领。学习力的关键环节，就是练。其训练课程分四个层次：基本机能训练、基本学力训练、思维可视化训练、学科专项训练。

2. 解放学习力——追求高效课堂

借助思维导图去学习。左脑偏理性思考，右脑的思考是全盘性的。美国图论学者哈里有一句名言："千言万语不及一张图。"引导学生借助思维导图去学习，激发他们左右脑的协调，增强理解和记忆能力，提升学习力。

高效课堂的高效是效果、效率和效益的结合。效果指教学结果和预期教学目标的吻合度，反映课堂的"扎实"；效率指取得的效果与投入时间、资源的关系，追求投入的消耗最低化和取得效果最优化，反映课堂的"充实"；效益是教学过程及结果的整体收益，反映课堂的"价值"，实现学生的发展价值。

高效课堂是学生主动学习、积极思考的课堂，是师生互动、生生互动的课堂，通过自主、合作、探究，学生对所学内容主动实现意义建构。高效课堂的核心是学习力，解放学生的学习力，让学生真正成为课堂的主人、学习的主人。教学的灵魂是学生的学而非教师的教，高效课堂的灵魂是"相信学生，解放学生，利用学生，发展学生"，所以它是真正的人本主义的回归，体现了对学生主体地位的尊重。

教育的真谛是培养学生的学习力，使其自主学习，创新学习，终身学习。高效课堂的本质是让学生愿意学习、学会学习的同时形成自学能力和自我发展能力，为走向社会奠定一生幸福的基础。构建高效课堂的关键在于培养和提升学生的学习力。

3. 知行合一：在实践中学习，在学习中实践

重视"学思维"活动课程开发。"纸上得来终觉浅，绝知此事要躬行"，社会实践是青年学生成长成才的必由之路。因此，学生参与社会实践并在实践中进行正确的社会观察，不仅能弥补课堂教学模式在认识方式上的不足，还能通过社会生活的历练，帮助学生树立正确的价值观，形成坚定的理想信念。

"会玩耍，会动手，会交往，会思考，会学习"。根据不同年级学生思维发展的特点，通过丰富有趣的活动，训练学生的观察力、想象力、逻辑推理能力、突破定势的思维能力等，促进学生思维的深刻性、灵活性、敏捷性、批判性和独创性等思维的发展。让学生在"学思维"课程中，体会思维的乐趣，训练思维的素养，并将收获成功地迁移到其他学科的学习中，减负增效，提高其综合素养。

二、教师学习：从“教的专家”走向“学的专家”

钟启泉教授说：“学习环境的设计要求教师角色的转型——从‘教的专家’转向‘学的专家’。”

从历史上说，教师的形象经历了“工匠型教师——方法型教师——有学识的专业教师——学习专家的教师”的转变。作为“学的专家”的教师首先必须优化自身的学习环境，学会建构主义的学习环境设计。就教师而言，学习环境设计具有双重的价值——不仅在于为学习者建构一个促进其知识建构、情境认知、概念转变和深度理解的学习支持体系，同时也有助于为研究者提供观察、反思学习者学习活动的条件系统。在学习科学的视域下，教师的教学实践不是基于“技术合理性”的实践，而是基于“设计合理性”的一种设计过程的实践。就是说，教师需要认识到，学习环境的设计取决于四个焦点——学习者、教师及其他专家、学习内容、设施与技术——之间的力学与交互作用。

教师需要从“课堂学习环境”的角度来进行教学的总体设计——聚焦学习者的学习活动，使得整个教学过程成为学习者主动参与、教师支持的形态。为此，教师需要基于课程标准，探讨一系列的问题，诸如提供哪些教学内容，提示怎样的学习课题，利用哪些教学媒体支持这种活动，以及学习者自身的评价问题等。

（一）名师的学习通常具有三个特征：自主性、能动性和终身性

美国教育深受苏格拉底“产婆术”教育思想的影响，强调教育是一个“接生”的过程，教师就是“接生婆”，人们之所以接受教育是为了寻找“原我”以不断完善自身。他们认为，知识非他人所能传授，主要是学生在思考和实践的过程中逐渐自我领悟的。所以，在美国课堂里，无论是大学、中学还是小学——教师很少给学生讲解知识点，而是不断提出各种各样的问题，引导学生自己得出结论。教师通常只在最后提纲挈领地把知识点做一总结。美国学校教育是一个观察、发现、思考、辩论、体验和领悟的过程，学生在此过程中，逐步掌握了发现问题、提出问题、思考问题、寻找资料、得出结论的技巧和知识。

当代中国提高教育有效性的关键在于如何把价值观教育自然而然地融入

教育的全部过程之中。由于“不能输在起跑线上”的比拼心理，对儿童的早期智力开发正在进入历史上最狂热焦躁的阶段。越来越多的孩子从教育中不能享受到快乐，不快乐的时间一再提前。教育提供给人们的，除了一张张毕业证书外，越来越难以使人感受到精神的愉悦和心灵的平和。

1. 知识型员工的特点

自主性。知识型员工倾向于拥有自主的工作环境，强调工作中的自我引导及宽松的组织气氛。

创造性。知识型员工从事的不是简单重复性工作，而是在易变和不完全确定的系统中充分发挥个人的知识、智慧和灵感，应对各种可能发生的情况，推动着技术的进步。

劳动过程难以监控性。知识型员工的工作主要是思维性活动，劳动过程往往是无形的，而且可能发生在每时每刻和任何场所。加之工作并没有确定的流程和步骤，这对劳动过程的监控既没意义，也不可能。

劳动成果难以衡量性。知识型员工往往组成工作团队，通过跨越组织界限以便获得综合信息，劳动成果多是团队智慧和努力的结晶，成果认定、分割难以进行。

较强的成就动机。知识型员工更在意自身价值的实现，并强烈期望得到社会的认可。他们并不满足于被动地完成一般性事务，而是尽力追求完美的结果。因此，他们更热衷于具有挑战性的工作，把攻克难关看作是一种乐趣，一种体现自我价值的方式。

蔑视权威。知识型工作者由于具有某种特殊技能，往往可以对其上司、同僚和下属产生影响。自己在某一方面的特长和知识本身的不完善性使得知识型员工并不崇尚任何权威，如果有的话，那就是他自己。

流动意愿强。知识经济对传统的雇佣关系提出了新的挑战，长期保持雇佣关系的可能性降低了。

2. 教师学习力的基本结构

反思力。反思力主要是教师自我审视与批判能力，改造价值诉求与矫正教育态度的能力，提升教育信仰的能力，它主要是一种内向思维和内部改造。

接纳力。接纳力主要是教师对新知识、新理论、新理念、新事物的理解力、认知力与内化力，以及相应的开放力、对话力与包容力，它把目光由内向外地开放关注，又由外向内地建构更新，它是一种双向互动的能力。

探究力。探究力是基于问题提出、假设与解决的研究路径，预设和规划自己教育设计和过程的策略性与行为性能力，它主要包括情景创设力、问题提出与假设力、过程引领与监督、问题解决与检验等综合能力，因为问题的不断涌现，探究力就要持续地生成。

生成力。生成是综合素养的不断变迁，教师的生成力主要包括持续建构自我的能力，适时修正更新和调整改造内在结构的能力，逐步走向综合素养与精神境界的能力等。

3. 激励学生自主学习

对学习的方向、时间、环境、程序、限度、方法、情绪、势态等进行调控，促进全面和谐发展。

方向调控。为自己设定能够实现的、具体的和近期的学习目标，经常对自己进行激励。

时间调控。善于根据学习任务分配学习时间，制订学习进度表，扬长避短，劳逸结合。

环境调控。选择适宜的学习场所以及充分利用有助于学习的各种设施，能够意识到他人可以帮助自己学习。

程序调控。合理设计学习方案，对学习步骤做出最佳考虑。

限度调控。根据实际情况对进展的速度、内容的难度和努力的强度进行调控，既付出努力，又要使这种努力确实能取得成果。

方法调控。系统地运用元认知、动机和行为的策略进行学习。

情绪调控。控制自己的情绪，能自我激励，能认知他人的情绪，优化人际关系等。

态势调控。表现与目标一致，就继续原有的学习过程而无须改变；表现与目标存在差距，就对学习动机与策略进行反省，并对学习过程进行调整。调控是一个动态的过程，需要在学习过程中不断总结、进步。

（二）激活教师成长动力的密码是创新

为师之道——每个孩子都是潜力股，教师就是给有特长的学生提供多元选择。激活教师成长动力的密码是什么？——创新。

1. 设计一张校本课程“施工结构图”

校本课程体系是课程改革在学校具体化、系统化的整体设计。如果说基础教育是一张宏伟的景观图，那么，课程改革就是一张诠释素质教育的概念效果图，而每所学校的校本课程体系的构建，就是一张学校实施素质教育的施工结构图。只有设计了施工结构图，一幢幢独具特色的“高楼大厦”才能拔地而起。

例：“六力”并举，打造快乐学校。

聚力文化。文化就是一种凝聚力，不仅仅是指环境，更应该是一种文化的精神，在引领着其他“五力”。

给力课程。课程要把普遍参与和发展不同个性的因材施教有机结合起来，创造生动、活泼、灵活多样的教学与活动形式。为学生提供发展个性的空间。

张力课堂。张力课堂随时都有可能有意外的发现，合理运用好课堂的生成性资源，老师在教学中通过转问、追问、探问的智慧理答和描述性的评价方式，能凸显课堂教学中的思维张力，把学生的学习提高到和谐、多元发展的境界。

魅力教师。魅力≠美丽，它是一个综合性系统，由学识魅力、个性魅力、形象魅力等组成。提高课堂教学的思想性和文化性，把学科知识内化为学生的思维素养，转化为学生的学科能力。

活力学生。活力是良好学习的表现，在学生发展方面：活力能充分张扬学生的个性，激发学生的成长，促进学生全面发展。在教学方面：活力能增强教学气氛，调动虚席行为，促进教学发展，提高教学质量。

助力评价。充满生命的张力课堂就需要助力评价，要在课堂上给予人文关怀，让评价有温度，有厚度，有深度，鼓励多元参与，让评价有宽度。

教育教学是一个永远也画不上句号的话题，如何在有限的时间内拓展出最大的信息空间，这具有较强的生成性、可发展性，使自己的课堂充满无穷的“张力”，是我们终身思考的话题。

2. 领导力：在制度与关系中平衡

领导力一般具有6种能力：学习力、决策力、组织力、教导力、执行力和感召力。领导与领导力的核心包括四个方面：第一，领导行为是一个过程；第二，领导包含着相互影响；第三，领导在组织中发生；第四，领导与组织绩效目标密切相关。

（1）领导就是引导团队成员去实现目标的过程

领导不是职务地位，不是少数人具有的特权专利，而是一种积极互动的目的，明确的动力。通俗地讲，领导就是引导团队成员去实现目标的过程，包括：

引导：涉及到领导者的领导技巧，包括授权和管理下属等；

团队成员：在团队中员工的人际关系、沟通、冲突管理以及团队建设；

目标：涉及到学校战略目标的制定和决策；

实现过程：涉及到战略实施中的执行，以目标为导向的组织变革、创新。

领导就是给组织带来愿景，并带来实现愿景的能力。德鲁克说："领导力将人的远景提升到一个新的高度，将人的绩效提到一个更高的水平，将人的特性发展到超出一般的限度。"

（2）在制度和领导力提升的关系之间存在的是一个双向的动态过程

没有控制，领导者就无法管理，组织就不起作用，组织的日常工作不通过有效控制，就无法在正常轨道上运转，再好的计划和决策也会落空。可见，控制的实施对领导来说是一项重要工作，是领导力提升与领导力开发的着力点。

3. 校长要做"价值的领导者"

价值领导力：确定学校的价值理念，宣传学校的价值理想，凝聚师生员工的价值共识，牢牢把握学校价值方向的能力。

（1）超越制度的领导力

价值领导力，简单地说，是运用价值领导艺术以解决管理实践中出现的问题，调控管理行为，实现组织目标的能力。也即从更高层次或新的角度对组织成员主观需要、偏好与理想的引导、规范、整合和更新能力。价值领导力是一种核心领导力。

校长就学校而言，是管理者、教育者、领导者。因为，学校是一个组织，校长首先应是管理者；学校又是一个特殊的社会组织，校长还应是教育者。综合上述两点进一步思考，校长必须是领导者，而且是一个价值的领导者。

（2）毛泽东说："办好学校要有好的校长与教师队伍。"

教育家要具备哲学思辨能力，应坚守真理，恪守教育基本规律，不会因外在的诱惑、压力、干扰而迷失方向。孔子的理想是教化天下。蔡元培的理想是建立思想自由、兼容并包的大学。教育理想是教育家的内在动机，是推动教育者走向教育家的不竭动力，是内心的一种持久呼唤，召唤着教育者不断前行。

陶行知认为人生的价值在于开拓和创造，他以"人生为一大事来，做一大事去”自励和勉人。提出“第一流的教育家”的特征：“敢探”未发明的真理，不怕辛苦，不怕失败，一心要把那奥妙的“新理”，一个个地发现出来；“敢入”未开化的边疆，要晓得国家有一块未开化的土地，有一个未受教育的人民，都是我们未尽到责任。要做这样的一个边疆教育的先锋，这就是说要具有创造精神和开辟精神。

（三）将知识性教育转变为理念性教育

知识教育是一种以知识为本的教育，其理论基础是狭隘的知识论的教育观和科学观。新的教育观倡导一种真正以人为本的教育，即文化教育。从知识教育向文化教育的转变，将不仅有助于从根本上走出知识教育及其应试教育的困境，而且还为素质教育和创新教育开辟了充满希望的未来。

1. 倡导和期待：理念只可追寻不可获得

教育理念则是人们追求的教育理想，它是建立在教育规律的基础之上的。教育理念并不就是教育现实，实现教育理念是一个长期奋斗的过程。

（1）全球十大教育发展新理念

理念 1：欧盟视教育为未来发展核心。新战略将教育和培训视为欧盟未来发展的核心，视为实现“智慧增长”和“包容性增长”，帮助欧洲各国摆脱危机的关键。

理念 2：从“全民教育”转向“全民学习”。

理念 3：家庭背景影响教育成功。2011 年经合组织发布的 PISA2009 结果报告，得出的一个重要结论：学生的家庭社会经济背景正强烈影响其教育成功。

理念 4：阅读素养成为成功的核心技能。

理念 5：资源分配方式决定教育结果。即当达到一定的教育支出门槛后，相同富裕程度的国家利用不同的政策杠杆，通过不同的资源分配策略能够带来完全不同的教育结果。研究发现，教师质量比教师数量更重要。

理念 6：协同创新是高等教育新增长点。在当今“地球村”时代，高等教育发展的必然趋势之一就是国际化、区域化和全球化。

理念 7：高等教育是科研引擎和经济增长的推动器。

理念 8：技能是 21 世纪的“全球货币”。

理念 9：为不同人群订制不同职业教育规划。

理念 10：学校领导将成为“学习领袖”。作为学习领袖，学校领导扩大的职能主要聚焦于对学校教师及其教学的管理。作为学习领袖，学校领导应该在与其他学校、社区、组织的合作中发挥重要作用，具备超越学校范围的领导力。

（2）质疑：大胆怀疑，小心求证

学习的创造力指学习的改造、运用与创造的问题。学习并不是机械地接受，不是简单的模仿，不是“死读书，读死书”，也不只是积极的消化吸收和融会贯通，纠正和改造旧有知识；而是需要举一反三，灵活运用，甚至，根据已学知识，结合自己的经验与想象，进行新的创造。这才是学习力的最有价值的内容，是学习力的最高境界。认识世界的目的是为了改造世界。学习的创造力解决创新学习的问题。

对于知识的理解，按现代认知心理学的观点，知识包括陈述性知识和程序性知识。陈述性知识是关于“是什么”“为什么”的知识，包括概念、事实、规则等记忆性知识。程序性知识是一套办事的操作步骤，是关于“怎么办”的知识。经验是在日常生活和学习活动中经历、体验某一事件后获得的心得、知识、技巧、方法等，可应用于后续学习。反思是对自己的思维过程、思维结果进行再认识的检验过程，是认知的提炼和深化。反思不仅仅是对学习一般性的回顾或重复，还要深究学习活动中所涉及的知识、方法、思路、策略等，除此之外，还包括对学习态度、学科兴趣、目标、意志等的思考。

批判思维是对已有的事物或别人提出的观点进行思考和判断，从而发现其正确与否的思维过程。包括对事物的洞察、分析、评价等过程。创新指以新颖独创的方法解决问题，改进或创造新的事物，是人类主观能动性的高级表现形式。它要求有开阔的发散思维、逆向思维、联想思维等创新性思维。

2. 多角度思考：寻找成长的引擎

快速记忆，遵循“人类左右脑机能分担论”，把人的左脑的逻辑思维与右脑的形象思维相结合，把人的注意力、想象力、记忆力、创造力和自信心，转化为强大的学习动力，结合记忆规律：用各种方法把枯燥乏味的记忆材料转化为生动易记的物像，并通过有趣的奇特联想串联起来，来强化记忆效果，以物像为根本，以联想为关键，以奇特为秘诀，用有趣的记忆过程达到准确的记忆目的，再结合科学的复习方法，达到记忆快速、牢固的目的，从而高效记忆，高效学习。

例 1：转换思维解决问题。

数学家高斯，小时候就是一个爱动脑筋的聪明孩子。上小学的时候，老师出了一道算术题：1+2+3+4+……+99+100，未过多长时间，高斯举起手来，说答案，5050。老师惊讶不已，问高斯是如何算出来的。高斯说，把 1 和 100 相加，得 101；2 和 99 相加，得 101；最后 50 和 51 相加，也得 101；这样以此类推一共有 50 个 101，结果是 5050。

例 2：学习的过程，应是一种永不满足的求学状态。

有人问爱因斯坦："你可谓是物理学界空前绝后的人了，何必还要孜孜不倦地学习呢？"爱因斯坦找来一支铅笔、一张纸，在纸上画了一个大圆和一个小圆，对那位年轻人说："在目前情况下，在物理学这个领域里可能是我比你懂得略多一些。正如你所知的是这个小圆，我所知的是这个大圆，然而整个物理学知识是无边无际的。对于小圆，它的周长小，即与未知领域的接触面小，他感受到自己未知的少；而大圆与外界接触的这一周长大，所以更感到自己未知的东西多，会更加努力地去探索。"

任何一门学问都是无穷无尽的海洋，无边无际的天空！你永远都不能证明未来是什么，只能让他们相信未来是什么。

三、基于"信心、兴趣、习惯"设计教育教学管理

点燃思维火花，催生创新种子——教育"三力"创新：教育建构力（改善教育实践和建构新的教育实践的创造力）、教育理解力、教育批判力。

（一）学习在智力开发中的价值

让学生了解教师的教学计划，将教师的教学计划转变为学生的学习计划，让知识树在学生心里扎根。

1. 思考是人类最伟大的学习方法

疑问是思维的导火索。学源于思，思源于疑。小疑则小进，大疑则大进。思是学习的重要方法，疑是启迪思维的钥匙。学必有疑，有疑必有所思。人最宝贵的资源是大脑，人要学会使用自己的大脑，不但用它来学习，读书，工作，做好日常琐事，还要使用它来控制自己的心情、身体和精神。人人都有大脑，会用它的人才是聪明的；会用大脑的人，不但能够做成他想做的事情，也更清楚地知道他该往何处去，这样可以成为一个从容的、掌握自己命运的人。

学会思考，做有智慧的人。科学家爱因斯坦就是一个勤于思考的人，他用了整整 10 年的时间去思考问题，最终建立了狭义相对论。他说："学习知识需要思考、思考、再思考，我就是靠这个学习方法才成为科学家的。"他还说，学会独立思考和独立判断比获得知识更重要。思考是一种习惯，常思考大脑就像一台机器，会越用越灵活，而不用它就会生锈，时间长了就再也转不动了。

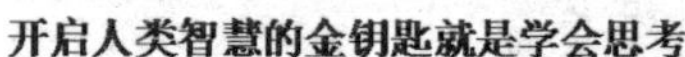

伟人不只在事业上惊天动地，他时常不声不响地深思熟虑。独立思考能力是科学研究和创造发明的一项必备才能。历史上任何一个重要的科学上的创造和发明，都是和创造发明者独立深入地看问题的方法分不开的。你可以从别人那里汲取某些思想，但必须用你自己的方式加以思考，铸成你思想的砂型。

2. 公平而差异是基础教育的必然选择

实现教育公平，并不是平均主义，人人都一样，用一个模型来塑造人才。公平教育不应该抽象，应该具体化，有三层含义。

第一，起点公平，有教无类。无论家庭背景、资质背景、地域背景、学校背景有什么不同，这个孩子应该同样享受优质资源的权利。

第二，过程公平，因材施教。应该让每个孩子都能够得到适合的教育。

第三，结果公平，人尽其才，各得其所。每个孩子的潜能应该都能够被充分地挖掘出来，成为有用之才。

（1）教育公平永远是一个无限逼近公平的过程

恩格斯指出："关于永恒的公平现象，不仅因时因地而变，甚至也因人而异。一个人有一个理解。"判定一种教育制度或教育措施是否公平或公正，依据四个维度：

维度 1：政治的维度，其核心价值和基础是民主；

维度 2：经济的维度，其核心价值与基础是市场机制；

维度 3：文化的维度，其核心价值和基础是多元化；

维度 4：教育的维度，其核心价值与基础是“成人”。

教育是社会生活的“晴雨表”。教育过程的公平指不同的学生要享受适合自己的教育，由于学生的个性差异，他们需求的教育是不一样的，每个学校都有满足学生不同需要的责任，也就是说应该实行差异教育，真正地落实因材施教。教育结果的公平是一种实质性的公平，其衡量标准可定位在“让受教育者人人学有所得，学有所用”。

（2）学生的差异是合作学习的资源

差异教育核心内涵是“立足于学生差异，采取适应性的教学措施，以促进每个学生在原有基础上充分发展的目的”。对差异教育来说，公平就是给每位学生提供他们需要的东西。

教育差异也可以是人才培养特色的不同。如对一所生源质量不高、学生成绩较差的学校可以确立“考试成绩合格就是优秀”的评价标准，激活“全面合格才是优秀”的发展趋向，让它培养的大多数学生理直气壮地报考职业技术学校；而对一所生源质量优异、学生成绩较好的学校，在“全面合格才是优秀”的底线评价标准基础上，可以让它培养的大多数学生报考普通高中。

因材施教才是最大的教育公平。因为人的天赋有差异，环境有差异，学生努力的程度有差异。要提供学生多种选择，要承认差异，允许差异，培养差异，因材施教，因人施教，重视拔尖人才的培养，不能因讲求公平而把人才削平。

（二）“导演—教练”型教学模式

教学是研究性的。马克思说：“人的思维是否具有客观的真理性，这并不是一个理论的问题，而是一个实践的问题。”

1. 优秀的教师不是演员，是应该使学生成为优秀的导演

“导演—教练”型教学：就是让学生走上讲台当“演员”，做“小先生”，老师走下讲台当“导演”，做“教练”；其核心是“一多一少”。即课堂上学生多活动，老师少讲；变“听我讲”为“让你讲”，使学生变“被动”为“主动”；以活动为中心进行教学设计，想方设法激发学生的兴趣，根据学生认知水平，可适当降低教学难度，多设台阶，让学生积极主动地学习。

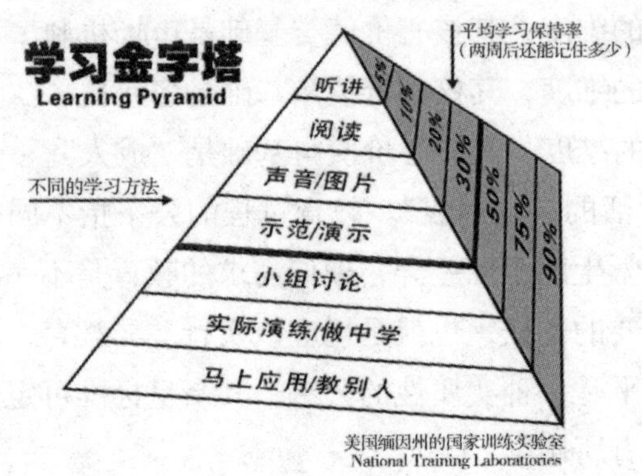

“导演—教练”型教学，要以“激发学习兴趣，树立学习信心，培养良好学习习惯”为切入点，将“学习点”拆成学生思考的问题，激活思维的关键在于问题的提出。课堂要紧紧围绕教学目标，把教学目标分解成若干枝干问题，然后逐条引导学生去深思熟虑，分析解决，逐步使学生向教学目标迈进。灵活运用凯洛夫教学五环节：组织教学，复习旧课，讲授新课，巩固新知识，布置作业；结合杜威的教学五步骤：课堂操作程序分为情境、问题、假设、解决、验证。

完善“教、学、导”系列。用心“经营”课堂。以学生为中心，以尊重为基础，以问题为纽带，以发展为主旨。把说课纳入教师“教”的系列，注意教学过程的提前设计，超前把握；把学法指导纳入学生“学”的系列，培养学生生动、活泼、主动地学习；把课堂当舞台，学生既是演员又是观众。教师围绕目标“导”好向，使其达到预定的轨道。在教学中教师注意引导点拨，以作业“撬动”学生学习方式的变革。

2. 知识 + 表现 = 成功

在信息化的社会中，教师不再是教育的主要演员，学生也不再是观众，学校的管理者也不再是导演。学生将由观众变为舞台上的演员，教师由演员变为导演，学校的管理者成了剧务，没有了固定的剧本。每个人都可以演出自己的节目。这就是这个时代的建构主义教育。课程改革主要从三个层面展开：一是课程重构，二是学科重组，三是课堂重建。创建一个模式要有理论阐释，相关的实证性研究。课堂最本质的特点是老师和学生当下的即时性的对话和交流。

合作探究。一个苹果分给别人自己就没有了，一个思想分给别人就成了两个；两个人的思想相互碰撞，可能产生出第三个、第四个思想，更重要的是，通过交流会激发思维更深刻，更清晰，同时学习可以获得社会性沟通与合作的优秀素养。

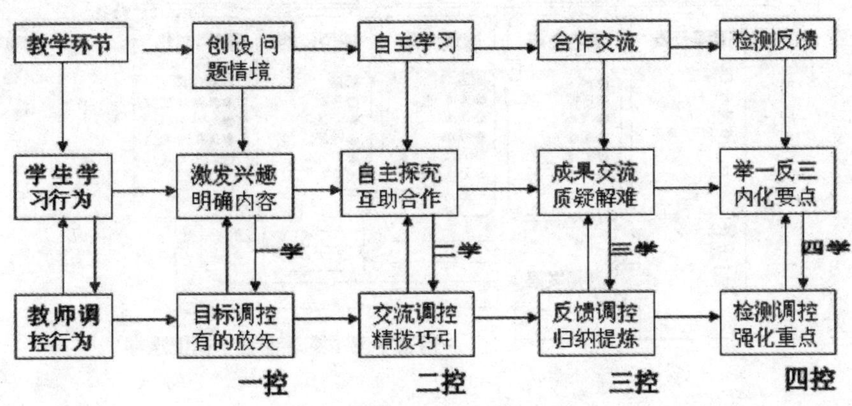

自我展示。理解一个知识和自己讲出来让别人理解这个知识是完全不同的境界。从心理学上说，一个是消极知识，即理解了的知识；一个是积极知识，即能够运用的知识。自我展示就是使消极的知识向积极的知识转化，并且能够增强表达能力和自信。

课堂聚焦学生行为，凸显学生在课堂中的主要地位。重要的是各要素的组合，而不是程序化的模式。不同学生、不同学习内容、不同教学时间，有不同的组合。它是有弹性、有张力的，既有模型，也有一定的自由；既自由，又有一定的规律，不是漫无边际的自由，也不是刻板的有序。

3. 学生听课要做到“有信心，能专心，会用心”

微课“嵌入”，是一种教学资源的使用方式，也是一种课堂结构的创新，其目的是根据教学需要进行必要的植入，它是教学的必要辅助和环节，教学目标和教学设计的差异性决定了“嵌入”的渠道、内容和深度。操作层面与课堂教学无缝对接，嵌入课堂教学的某个环节，在对话教学、话题探究、启发感悟的过程中发挥“课微不小”“效微不薄”的作用。

（1）让学生的想法在校园里生长

对于学生厌学，应“在学不言学”，从心理沟通入手，用情感缓释的技术，给学生一个宽松空间，以此来打通学生的“经脉”，之后再徐徐“用药”，最终让其在健康的心理状态下，自我修复学习动力系统。学生想学了，好成绩的获得就很自然，它是有效管理的副产品。管理找到了沟通的“支点”，巧用了杠杆技术，就会轻松地解决问题。

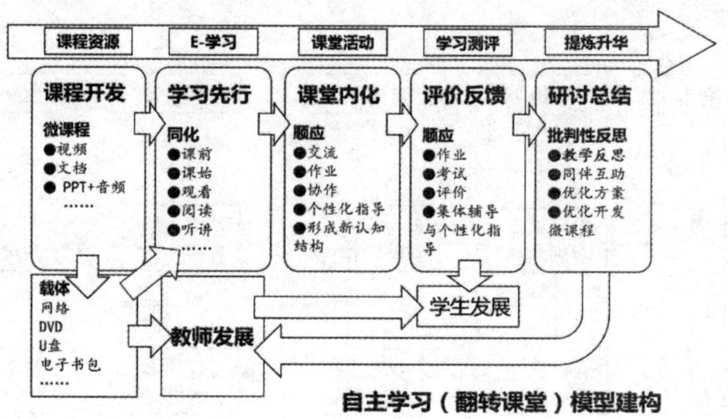

自主学习（翻转课堂）模型建构

“互联网 + 教育”有可能会解决教育均衡和个体化学习等问题。但教育改革最终都要回到课堂上验证。互联网精神：开放、平等、协作、分享、创新等。把课堂定位为演讲会、擂台赛、比武场，通过课堂培养学生的质疑、创新和良好习惯，让学生在课堂上做到主动、灵动，从而实现学生个体的自我学习、自我发展。

（2）和苏霍姆林斯基商榷：警惕过度活跃的课堂

苏霍姆林斯基在《提高教学质量的几个问题》中说：“对少年的脑力劳动进行的观察使我们得出一条结论：如果滥用那些有趣的、形象的、鲜明的、花花绿绿的东西，就会导致学生过于兴奋，教室总有人小声讲话和做小动作。教师为了‘压倒’学生的嗡嗡声，就提高嗓门讲课。而这样一来又引起了更大的兴奋。这种兴奋可能使学生一连几节课安不下心来。于是，也就根本谈不上进行正常的脑力劳动了。毫无疑问，使用愚蠢的手段去激发学生的兴趣，在这样精细的事情上表现出教育的无知，这些正是使少年变成‘难教的群民’的原因之一。”

（三）基于“核心素养”的教学

“核心素养”指学生应具备的适应终身发展和社会发展所需要的必备素养和关键能力。基于“核心素养”的教学。体验标准、教学、评价的一致性，评价设计先于教学设计。

1. 评价任务设计先于教学过程设计

基于课程标准的教学不是要求所有教师教学标准化，不是一种具体的教学方法，也不是教学内容和课程标准的简单对应。基于课程标准的教学应该是目标源于课程标准，评价任务设计先于教学过程设计，全程指向学生学会什么的质量，体现标准、教学、评价的一致性，教师关注从课堂到课程，从教什么到学会什么。

（1）评课三维度：效果·目标·过程

教学模式的构建框架包括三个层面：一是宏观层面，包括教学理念、教学环境和学习需求三个要素；二是中观层面，包括教学、学习和课堂三个要素；三是微观层面，包括教师、学生和教材三个要素。

教学设计，要考虑三个问题：第一，要考虑怎样呈现评价任务，以确保学生明确学习任务；第二，要考虑怎样组织学生的学习活动，以确保学生完成学习任务；第三，要考虑怎样组织学生的交流，怎样对学习信息进行反馈与指导。

（2）变“教师的讲堂”为“学生的学堂”

改变课堂的逻辑结构，变教师的讲堂为学生的学堂。从以教师认为的学科体系为线索进行评价，变成由教师帮助，以学生的认知为线索，让学生自己进行建构。课程是从清晰的目标出发，规划、实施与评价学生学习的专业活动。教者，可以是教师，也可以是学生，还可以是文本、实验，开发的教学资源。

评价就是教学中的GPS。教学评价任务的设计不仅先于教学过程设计，而且还镶嵌在教学实施的过程中，即教一步评一步，使得“教学与评价二合一”一次完成。指向教学目标的评价就像GPS一样，不断定位教学到哪里，是否沿着预设的方向前行，全程指向学生学会什么，以此保证课程标准的要求有效达成，体现“标准、教学、评价”的一致性。

2. 做好教育质量保证体系研究

企业界的流行语：“如果不能衡量就不能管理，如果不能描述就不能衡量。”这对于知识管理来说同样如此。

（1）实行“管、办、评”分离，是构建有效的教学质量保障体系

重视对质量改进环节的考察。注重内涵建设，核心是质量，目的是保障质量，通过促进学校坚持内涵式发展，引导学校建立自律机制，加强质量保障

体系建设。

教学质量监控机构，必须对从各个渠道汇集来的教学质量信息，进行调查了解、分析判断，分清轻重缓急，做出正确的处理。教学质量信息的收集、传输、处理和反馈，构成了一个快捷、便利的信息闭合通路，这使教学质量监控工作有条不紊，稳步前进。提高教学质量的根本要求是理清思路，明确办学定位；加强教学基本建设，改善办学条件；强化管理体制，深化教学改革；提高办学水平，保障教学质量。

（2）基础教育“底线均衡”的这一底线就是培养合格的公民素养

基础教育是“底线合格”的教育而不是“培育英才”的教育，是打好人生成长基础的教育而不是社会分层流动的教育，是素质教育而不是考试选拔教育。基础教育的最高目标是培养具有最基本生活能力的人，是为成为未来的合格劳动者做准备。

承认教育的现实功利性，追求教育功利的超越。一座城市、一个地区甚至一个国家的教育体系都围绕“高考升学”这个目标来运转，这是教育的悲哀，也是民族的灾难。

（3）“教育公平”为何难找到“最大公约数”？

将教育从考试中解放出来，为育人拓展空间，即强化培育功能，弱化筛选功能。完善考试评价和录取制度。“高考的评价体系如果还是以分为准，或者以分为上，必然造成死读书。”评价制度方面，要在坚持综合评价的基础上，科学设计考试内容，改变局限于记忆性解题的现状，更多考查学生独立思考、创造性思维的能力以及分析问题、解决问题的能力。考评的内容和形式可以灵活一些，对学生进行多元综合评价，打破单一的考分评价体系，真实反映考生的实际水平，而不是按部就班，削足适履。

第二节　教育的“宽度、厚度、深度”

教育发展总体上有三个纬度：第一个是“宽度”，把服务规模、服务范围逐步做大；第二个是“厚度”，把服务水平、服务质量做强；第三个是“深度”，把机构品牌、机构诚信做久。

教育设计。设计，既是一个名词，也是一个动词；既可以作为一门学科，又可以作为一种职业。设计其实质是一种创造性行为，它把相互独立的知识架构组合起来，因而可以获得更多的成果。设计既是一种外在的生产过程，也是一种内在的创造过程。

一、文化靠故事来传播，靠制度去延续

讲好故事，中国传统的忠孝仁义靠民间故事宣扬传承，西方的基督教传统也寓于一个个圣经故事中。这启示我们用浅显的、通俗的方式传播学校文化。

学校文化常常凝结成一种“文化场”，聚焦为一种稳定的心理现象，对“场”中的每一个成员施加一定的“力”和“能量”，生成无形的、潜在的影响力和制约力。学校精神文化靠故事传播，靠制度延续，靠机制引领。

（一）改革聚焦学习：构建以“学”为基点的组织新模式

教育设计的一个重要方向是发展创造性技能。创意本身就具有风险，教育设计鼓励用无限的想象来构思，并尝试用不同的方法来解决问题。创造力的培养和提升在于创造性的思考训练。教育体系通常不喜欢创造力，因为他不易以结构化的方式教学，结果又难以预测，每个问题都有标准答案，这是现在教育的一大特点。

1. 校长是“首席学习者”

校长是一校之魂，但“魂”要附“体”——要附教育教学之“体”。如果“魂”不附“体”，那就失去了价值。这个“体”是什么，就是学校的教育教学！校长在学习共同体里应成为参与者、合作者、领航者。校长不应当是“官”，也不是社会活动家，应该是一个学者，一个教育家，是学习型组织的建设者，是师生精神家园的引航人。

校长如何当好学校发展的引擎，应变的根本之道是学习。校长和教师的学习含义：

强调终身学习，即学校成员应养成终身学习的习惯，这样才能形成良好的学习气氛，促使其成员在工作中不断学习；

强调全员学习，即学校管理者、教师、员工、学生、家长都能全身心投入学习，尤其是学校管理决策层，他们是决定学校发展方向和命运的重要阶

层，因而更需要学习；

强调全过程学习，即学习必须贯彻于学校组织系统运行的整个过程中；

强调团队学习，即不但重视个人学习和个人潜力的开发，更强调组织成员的合作学习和群体潜力的开发。

2. 管理就是设计一种环境

要做好设计，就得跳出设计学设计。不要从零开始，要学会站在别人的肩膀上。学会思考问题，研究如何解决问题，这是设计者的基本工作素养。设计就是颠覆，前人制定的规矩为什么不能变呢？

管理就是设计一种环境：使人在这种环境里能充分展示生命的意义，并最终高效地实现组织的目标。应用研究、开发研究的设计、构想，对结果的分析、评估都需要理论的指导。

（1）学习型组织的要素

要素 1：拥有终身学习的理念和机制；

要素 2：建立多元回馈和开放的学习系统；

要素 3：形成学习共享与互动的组织氛围；

要素 4：具有实现共同愿景的不断增长的学习力；

要素 5：工作学习化使成员感受到生命的意义；

要素 6：学习工作化使组织不断创新发展。

（2）实现自我超越

抓住 3 个“点”：起点——学习型组织的精神基础；基点——个人的超越；活力点——自我超越的人。

坚持 3 个“要”：一要开展境界教育，二要从“工具性”的工作观转变为创造性的工作观，三要勇于向极限挑战。

注意 3 个“不”：对团队成员不是想方设法控制他，而是想方设法启发他；对影响变革的力量，不是想方设法压制他，而是想方设法转变他；对员工和自己的要求，不是“反应”而是创造。

一个人、一个组织发展的最大障碍既不是上司，也不是所处的环境，而是人自己头脑里的极限。“一个中国人是一条龙，三个中国人是条虫”，这句话反映了中国人是多么不爱合作！

3. 问题是经验形成的逻辑起点

马克思说：“理论一经掌握群众，就会变成物质的力量。”“理论只要能说服人，就能掌握群众；而理论只要彻底，就能说服人。所谓彻底，就是抓住事物的本质。”

校长是首席学习者！学习者在认知、解释、理解世界的过程中建构自己的知识，学习者在人际互动中通过社会性的协商进行知识的社会建构。“问题”是“经验”形成的逻辑起点，即实践的依据和出发点，然后才有解决问题的思路和措施、过程和结果。建构主义理论将注意力的焦点放在认知问题上，提出知识是发展的，是内在建构的，是以社会和文化的方式为中介的。

优化组合。在学校管理的教师群体中，采取合理搭配，在年级组、班级课任教师的组合中引进信誉高、争强好胜的人才“鲇鱼”，促使形成良好的“鲇鱼”效应，增强活力，提高绩效。采取同年级同教学班新老教师搭配，强弱合理调配等组合方式，既对老教师产生促进作用，又为新教师成长提供学习机会，调动了积极性，形成了群体合力，激发了群体活力，为教师工作绩效的提高和成功提供了机会，创造了条件。

重视学习共同体建设，实施“师生、家校共赢”计划。书卷气是知识人最好的气质，书香气是一个校园最好的氛围。健康的体魄是锻炼出来的，真实的本领是钻研出来的，美好的心灵是修养出来的，成功的人生是拼搏出来的。

（二）爱的教育：不朽的“教育圣经”

“爱”是教育的灵魂：爱父母，爱老师，爱同学，爱邻居，爱一切普通的善良者，爱那些素不相识却渴望温暖的不幸者，爱所有为他人为民族献出生命的英灵，爱“葬着自己祖先”、给自己以尊严的祖国！

1. 办学理念就是学校生存理由、生存动力、生存期望的有机构成

办学理念具有以下特性。

导向性。办学理念是学校发展的目标和方向，是行动的指南，其功能在于引领教师朝既定的教育目标努力拼搏，使学生成人成才，使办学符合党的教育方针并具有特色。

精神性。办学理念有特定的精神内涵，反映学校成员对教育和学校工作的理性认识，要能被教育实践工作者理解和接受。

渗透性。办学理念应能渗透到各种教育教学活动的过程中，它不但可以指导教育教学实践，还可以转化为教育实践的途径和方式。

前瞻性。学校应站在一定的高度上，纵观社会发展的趋势，从而预见与社会发展相适应的教育发展趋势。学校办学理念必须与时代同步。

激励性。办学理念对师生产生鼓舞和推动作用，它能强化师生的责任感、义务感和自豪感，对教师的教、学生的学和学校管理诸方面产生巨大的激励和调控作用。

2. 制度总有不能的地方，文化是对制度的超越

教育是一门科学，更是一门艺术。教育故事，研究真切的教育问题，创生新颖的教育思想，激活精彩的教育行动。教育，润物无声，是一种智慧，一种境界，一种追求。教育的这种智慧，这种境界，这种追求，虽然无声无形，但却有踪迹可循。在教育实践中，那一个个平凡却并不平淡的片段，或呈现出教师解决问题的教育智慧，或记录着教师走出困惑的教学经历，或展现出教师奉献爱心的热忱。

“案例”的实质是一个故事，是一个包含着一定原理，引发人们思考的真实故事。故事在文化的积淀和生成中有着巨大的承载和熏染功能，一个好的案例，胜过一打枯燥干瘪的理论，它对指导学校文化建设有着十分重要的意义和作用。《电视剧本——校魂》对如何实施素质教育这个万众关注的重大社会热点，进行更广泛、更深刻的艺术概括，塑造出一批忠诚党的教育事业、开拓进取的教育者形象，以其深刻的主题，敏锐的视角延伸及强烈的社会责任感，引发社会各界群众的注意，发人深省，催人奋进！

有效的教育必须建立在信任的基石上，这信任绝不只是学校对家长的信任，教师对学生的信任，更应该是家庭对学校的、家长对教师的、父母对孩子的信任，信任是教育的基石。

3. 灵感是开创新的知识领域的钥匙

爱因斯坦说：“我相信直觉和灵感。”灵感这种富有创造性的心理状态具有引发的随机性、显现的瞬时性、认识的突破性和情感的波动性等基本特点。

（1）思维的灵活性

灵感思维，指在事物的接触及思考中，因受到某种启发而产生的灵活性创新思维方式。由于这种创新思维方式具有转瞬即逝的偶发性，所以，要善于抓住这种稍纵即逝的灵感思维，对此进行深入思考和研究，以促使新生事物的应运而生或疑难问题的解决。

创造性思维思路开阔，善于从全方位思考，思路若遇难题受阻，不拘泥于一种模式，能灵活变换某种因素，从新角度去思考，调整思路，从一个思路到另一个思路，从一个意境到另一个意境，善于巧妙地转变思维方向，随机应

变，产生适宜的办法。创造性思维善于寻优，选择最佳方案，机动灵活，富有成效地解决问题，可以灵活运用多种思维方式。

（2）幽默起源于人们对于人生的洞悉和感悟

幽默是思想、学识、智慧和灵感在语言运用上的结晶。在第二次世界大战期间，英国首相丘吉尔到美国寻求援助。一天，他正在洗澡，罗斯福总统突然出现在他面前，丘吉尔感到身为大英帝国的首相，以此等尊容面对美国总统，十分难堪。但丘吉尔不愧为语言大师，马上便幽默地自我解嘲道："总统先生您瞧，我这个大英帝国的首相，可是什么都没对美国总统隐藏啊！"一句诙谐的双关语，使得丘吉尔不仅得以摆脱困境，言外之意，也表明了英美之间亲密的关系，以及自己此行求援的坦诚态度。

知识是社会发展的第一生产力。那么，知识来源于何处？又是谁给了我们知识？当我们需要知识时，又向谁求教？直觉能力强的人一般都具有敏锐的洞察力，能够从细微处发现问题。爱因斯坦天才般的洞察力"能够一眼看穿那疑难重重、错综复杂的迷宫……给那黑暗笼罩的领域突然带来了清澈的光明"。"伟大的发现，都不是按逻辑的法则发现的，而都是由猜测得来。换句话说，大都是凭创造性的直觉得来的"。

（三）让教师的"脑袋"富裕起来

课堂教学改革就是要超越知识教育，从知识教育走向智慧教育，从培养"知识人"转变为培养"智慧者"，用教育哲学指导教育改革，就是要引领教师和学生爱智慧，追求智慧。

1. 学习力：教师专业成长的持续动能

教师学习力指教师获取信息、改造自我、创新教学工作并改变自身生存状态的能力，提升教师学习力需要借助学习动力、学习毅力、学习能力三者的全力推进。学习动力是教师确立目标后"想学"的意愿，学习毅力是教师执行目标"愿学"的执意，学习能力是最终实现目标"能学"的保障。

教师自我发展需求是学习动力的源泉。自信心包含了自我效能感与学习能力，即教师觉得自己能够胜任某项任务并且有能力完成，它是教师学习动力的调节器。良好的情感体验能够刺激教师学习动力的增强，反之则会弱化教师学习动力。唤醒教师学习动力可以通过引入竞争机制、奖惩机制，开展教师学习反思交流，构建教师学术梯队等形式助跑。

良好学习习惯与坚定意志是教师学习力提升的助推器。学习本身是一条没有终点的射线，而教师专业成长只是其中的一段马拉松长跑。维持坚忍的学习毅力的首要因素是制订扎实、可行的学习计划，其次则是有效管理时间，最后是培养自我控制力。

学习能力是由学习动力、学习毅力直接驱动而产生的教师接受新知识、新信息并用所接受的知识和信息分析问题、认识问题、解决问题的能力。教师的学习能力既是良好教学效果的保障，又是教师自身专业成长的主要载体。教师如果想要保持自身专业成长的持续性，还须广泛涉猎其他学科知识或与本学科相关联的非专业知识，并做到融会贯通，学以致用。

2. 读书是教师专业成长的必由之路

教育的生命力在于教师的成长！教师专业发展“三专”模式：专业阅读、专业写作、专业发展共同体。教师应修炼自我的教育价值，不要只关注教育之“技”。教师在读书与研究中，难免要面临个别人的不解与误解，应该泰然处之，而不是被他人同化。从“力道”的角度，使教学注入理论的力量。

教师智慧是教育的一种过程，一种境界。读书是教师专业成长的必由之路！书籍是哺育心灵的母乳，是铸造灵魂的工具，是启迪智慧的钥匙。教育理论书籍是教师专业成长的催化剂。腹有诗书气自华。达到“为生存而读书，为工作而读书，为价值而读书，为民族而读书”的内心境界。

3. 寻找解决问题的“着眼点、着手点、切入点、起点”

（1）教育需要“专注 + 超越”

专注思维：专注、专心、专业。所谓思维过程就是在表象、概念的基础上进行分析、综合、判断、推理等理性认识活动的过程。一个人就是在追求日常工作的完美中成熟和进步的。专心是最基本的要求，在专心的基础上，投入更多的时间、精力，就能做到专注。只有专心、专注了，你才能拥有一技之长，进而使之精进为自己的专业；在专业的基础上再挖掘下去，你就可以成为专家；成为专家后，如果你能乐在工作，享受到快乐健康的均衡人生，那你就是真正的赢家。

（2）目标 + 行动 = 成功

懂得利用自己的优势，扬长避短。所谓创造型学习，就是在学习中运用并发展自己创造才能的学习方式。创造型学习能使自己主动地汲取科学文化知识并获得学习知识的有效工具，能很快地培养学生的多种能力，特别是创造思维能力，能使他们形成或初步形成良好的创造思维素养，从而为今后创造性的学习和创造性的工作奠定坚实基础。

自信心是人的行为的一种内部动力。使人对参与活动的结果充满坚定的信念，能使人情绪乐观，奋发向上，使人意志坚定，勇往直前。如果学生的自信心坚定，那么就会使学生在学习过程中，克服困难，战胜挫折，收到良好效果。

二、书读到一定程度，那考的不是学问而是智商

（一）考试的目的是大家一起求进步

学校考试的真正目的是帮助学生通过考试的检查，使每一位同学发现自己学习的目的、态度、知识、能力、方法等方面存在的问题，为学生下一阶段有针对性地改进学习提供重要的依据。考试也是一次人生考验，更是一种机遇，能提升自身发展的空间。

1. 依法治教或是撬动未来教育重新出发的另一个支点

（1）学习克服“本领恐慌”

所谓“本领恐慌”，实际上就是本领危机。“成年人慢慢被时代淘汰的最大原因不是年龄的增长，而是学习热情的减退”。

依法治教或是撬动未来教育重新出发的另一个支点。根据第六次人口普查数据，我国制造业从业人员平均受教育年限为9.8年，比2006年美国制造业从业人员13.0年的人均受教育年限少了3年；我国制造业从业人员主要以初高中毕业生为主，具有大专及以上文化程度的仅有9.8%，相比之下美国达到32.0%。要从“中国制造”走向“中国智造”，需要把加大教育结构调整力度，加快提升教育质量和创新，作为教育第二次改革的重要目标。

我国15岁及以上人口平均受教育年限达到9.5年，但与美国的13.3年、日本的11.6年、德国的12.2年、俄罗斯的11.7年的水平相比仍有较大差距。

（2）将学习作为一种责任，就要常有本领恐慌之感

常怀本领恐慌之感，可以自加压力，变压力为动力，克服学习的障碍，培养学习的兴趣，体验学习的快乐，使学习成为工作和生活中不可或缺的部分。

常怀本领恐慌之感，可以使干部自觉成为勤奋好学、学以致用的模范，

不断用新知识、新思维来丰富自己，提升自己。只有如此，方能在开展工作中言之成理、论之有据、思之有成；方能汲理论之精华，集众家之所长，听民声之所呼，定科学之决策，干出一番造福百姓的业绩；方能适应瞬息万变之形势。

对于国家、民族来说，学习能力的高低，决定着国家、民族未来的生命力、竞争力。一个好学校，应该是超越时空限制的精神家园，是每一个生命现实和历史的交汇处。在这里，知识、方法自然可以用分数来衡量，同样兴趣和健康依然受到尊重。

2. 学知识是为了长智慧

教育的根本目的是实现人的全面自由发展，让人更像人，而不是像工具，或者是机器上的一个部件。马云说："我本人觉得大学生第一个创业就是把书读好。智商是可以读书读出来的，情商则是倒霉倒出来的。所以，30 岁之前智商和情商有些基础以后，再选择去创业。"

例 1：一家出 11 个博士个个都名校！

干毅毕业于英国皇家军官学校和剑桥大学，被周恩来称为"文武全才"的科学家，是科学界的泰斗人物。他将自己深厚的学养和乐观的精神传递给子女。

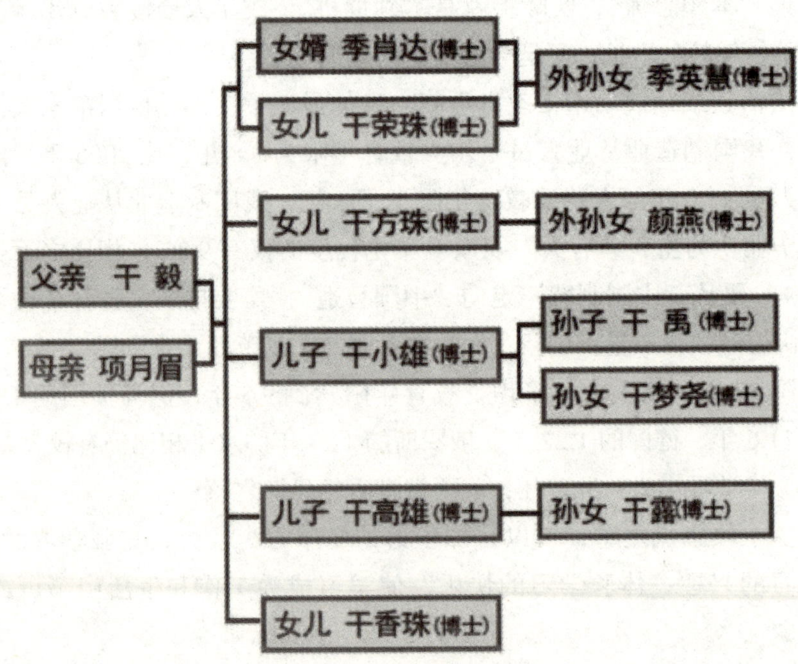

例 2：知识的价码。

有一位工程师从一家公司退休后，该公司有一套机器设备发生故障，没有人能够诊断出故障所在，公司只好请回这位工程师。他仅用一个小时就诊断出来，并用粉笔在机器故障处画了一个“×”。他所做的仅此而已。机器很快被修好并使用，而该公司同时却收到了来自这位工程师的一张十万元的账单：粉笔——1 元；知道在哪里画“×”——99999 元。

有句古语，叫“山定泉，树定根，人定心”。“人有知学，则有力矣”。这是汉朝哲人王充的论断。培根强调：“知识就是力量。”成功不是赢在起点，而是赢在“勤奋学习”！

在悟道中永恒。《旧约》与《新约》中都写着“少年人要见异象，老年人要做异梦”。异象是比异梦更清晰的一种启示。这说明年轻人比老年人更接近上帝。成功能趁早则趁早，不能趁早就赶晚！“趁”和“赶”都是只争朝夕，因为异象只呈现给奋斗不辍的少年，异梦只恩赐给青春永驻的老人。

（二）教会学生出考题评考卷

教是为了不教。教师不能跪在考试前。要跳出“考考考，老师的法宝；分分分，学生的命根”思想的束缚。学生是知识的主动建构者。建构主义学习观认为，学生是信息加工的主体，是知识意义的主动建构者，而意义建构则成为整个学习过程的最终目标和学习环境的核心内容。所以，学生的学习质量不是取决于他们记忆教师讲授内容的能力，而是取决于他们根据自身经验去建构知识意义的能力。

1. 学习代表过程，学习力代表未来

计算机专家、清华大学教授谭浩强说：现在衡量人才的标准已经由知识的积累改变为知识的检索和知识的创造。人应该在最短的时间内，用最有效的方法获得原来不知道的知识，这是新时代有学习能力的象征。

（1）蚂蚁为何因转圈而死

蚂蚁是群体性动物，蚂蚁的行为都是靠信息素指挥的，没有个体的意志。当一群蚂蚁或个体与群体走散，就会恐慌，就可能不停地原地打转，最后会精疲力竭而死。

“循环磨”

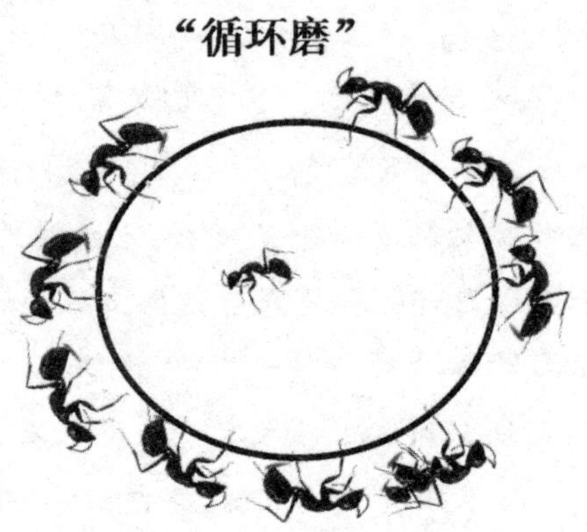

思考：这些转圈至死的蚂蚁是勤劳的，但它们只是本能地爬行着，不能根据环境的变化而调整自己的行动，结果便是集体灭亡。蚂蚁的悲剧说明，不思变化，一切囿于成规是没有出路的。

（2）罗森塔尔实验

1968年，美国心理学家来到一所小学，对1～6年级18个班的学生进行了一次预测儿童发展可能性的“发展测验”，然后把一份学生名单通知有关老师，并说这名单上的学生被鉴定为“即将开放的花朵”，具有产生“学业突飞猛进”的潜力，而且再三嘱咐老师对此“保密”。名单中的学生有些在教师的意料之中，有些却是水平较差的学生。心理学家对教师解释说：“请注意，我讲的是他们的发展，而不是现在的情况。”

其实，这份学生名单是随意拟定的。但8个月以后再进行测验时，奇迹出现了。凡是被列入此名单的学生不但成绩提高快，而且性格开朗，求知欲望强烈，与老师的感情也特别深厚。

机制分析：罗森塔尔通过自己“权威性的谎言”暗示了教师，调动了教师对这批学生的期待和偏爱情感，而后这些教师通过他们的笑貌、眼神、语调、态度、行动等将自己暗含期待的感情微妙地传递给这些学生，使学生受到了鼓舞，激发了更大的学习热情，这说明教师的期待具有巨大的神奇作用。

“给我一打健康的婴儿，并在我自己设定的特殊环境中养育他们，那么我愿意担保，可以随便挑选其中一个婴儿，把他训练成我所选定的任何一种专家——医生、律师、艺术家、小偷，而不管他们的才能、嗜好、倾向、能力、天资和他祖先的种族。”

2. 有用还是无用

“那些看似脱离话题的知识，往往才是最重要的东西。”大家知道，教育科研中的问卷调查非常重要，但问卷真要设计的好，最关键的不是这些技术问题，而是首先要理解什么是教育研究及其方法。对后者的理解水平，才是真正决定问卷设计质量高低的关键因素，或者是前提因素。但我们要真正理解这点，即后者是学习前者的必需，那是需要较长时间的。

当我们跟教练说，想提高打架的能力，而教练却安排练无聊的单杠了，有多少人能够判断，教练这样做是有用还是无用？

例：把求知的欢乐还给学生——日本教育家教育其子的故事。

小铃木上小学时，升学竞争很激烈，所有家长关心的是孩子的学习成绩。但铃木对他的成绩要求却不高，每门功课只要考 60 分就行了。小铃木表示不解，铃木便解释道：“60 分就代表及格了，及格了就表示合格。既然你已经合格了，你就没有必要把全部的精力耗费在争名夺利上。考了第二名非要争第一名，考了九十多分非要争一百分。要知道求知是人世间最大的欢乐，如果你成天想到的只是考试分数，那求知不就变成一种无尽的苦难吗？”铃木一语道破了求学的最高目的——培养孩子的求知欲。儿子陡然觉得轻松了许多。但转念一想，不对，忍不住问道：“爸爸，这样学习太轻松了，空闲时间做什么？”“你永远记住我的话，其他时间用来博览群书，把求知的欢乐还给自己。”

（三）精确的分数不一定是正确的评价

评价是为了确定学生达到教学目标的程度。收集、分析和解释信息的系统过程。评价什么就会拥有什么。评价那些我们真正想要的东西；当选择评价那些我们真正想要的东西时，可以忽略其他事情的评价。

1. 评价 = 测量 + 非测量 + 价值判断

格朗兰德认为：评价是所有成功教学的基础。一个完整的评价计划将包括测量与非测量两种方法，用公式：评价 = 测量（定量描述）+ 非测量（定性描述）+ 价值判断。

（1）评价的核心是价值判断

考试跟评价的关系很清楚，考试是一种事实判断，但是评价是在事实判断基础上的价值判断。

宏观思维：宁可模糊地正确，也不要精确地错误。避开微观的琐碎细节，掌握宏观规律，以及看到最根本的“问题通道”，这是极少数人才具备的天赋。

学生综合素质评价的功能：

第一，能促进学生发展，这是第一位的，也是最主要的功能；

第二，能促进教师发展；

第三，为学生升学和进入社会提供参考。前两个更多是促进发展的功能，第三个是一种高利害功能，从评价来说难度是比较大的；

第四，为教育质量监控提供依据。

（2）2008 年，默里在《真正的教育：把美国的学校带回现实的四个简单真理》一书中提出的“真理”：

真理 1：每个人的天赋和潜力不同。因此，统一内容的教育和考试不可能因人而异地有效分配教育资源；

真理 2：半数以上的民众不具备学术能力，因而平均分配资源是无效率的甚至是浪费，而这些普通大众既不快乐又无法为社会创造更多价值；

真理 3：太多年轻人进入普通四年制大学，泛滥的本科学位文凭可以由专业证书替代，现代劳动力市场更看重具体技能和专业训练，而不是眼高手低的半吊子；

真理 4：美国的未来取决于对精英的培育，美国领导力的核心是精英，不是大众，现行教育缺乏对精英教育的投资。

2. 知道最好的一切，且将其发挥至极致，才是成功的生活

学会科学地学习，首先要掌握知识的生长规律，明白知识与能力是如何在学生头脑中形成的；懂得哪些信息的输入是有帮助的，哪些信息又是无益的；哪些学习过程需要学生自己探索领悟，哪些需要老师点拨引领；哪些指导和评价是有效的，哪些又是无效甚至有害的。学校和老师们是否有能力为知识的生长营造科学适宜的环境，设计科学有效的结构，这越来越成为全球教育工作者突破教育困境，面向未来办学的重要支撑点。

（1）教学环境的设计与改造

教学中，通过教师引导学生开展各种思维活动（分析、抽象、概括、综合、联想、迁移、创新）在克服认知学习障碍和困难中提升学习能力。获取信息的原则不求量，而在于质；不在于求其快速，而在乎精确程度；不考虑免费提供，而必须衡量是否实用。

教育者要设计出精准的教育教学活动以促进学生对知识的理解，并使其

能够在现实中灵活运用。学校施行“以知识为中心”的前提条件是，教师对学科知识及非学科知识要有深刻的理解，既要有宏观的“知识战略地图”，又要有微观的“知识建设图”，并且知道它们之间的差异与联系。

不同类型学习对组织发展的贡献率

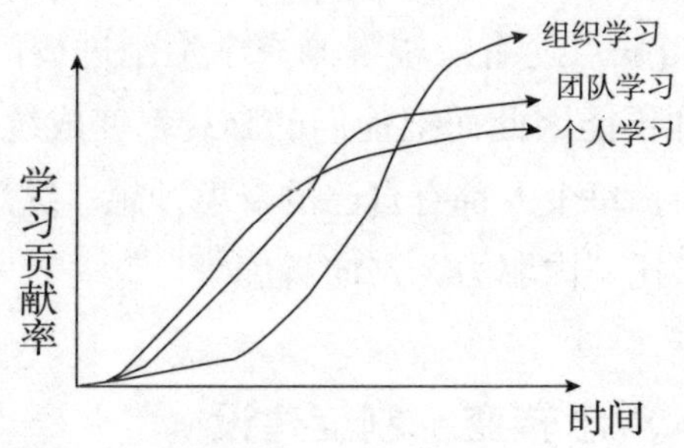

（2）才＝知识＋能力＋经验＋智慧

组织学习就是知识、技能、经验、感受、领悟等以特定的机制在组织内不断分享、传递和积累的过程。通过这一过程，组织智商得以提升，组织竞争力得以提升。组织能力不仅体现在上述知识和技能的总结、保留和传递上，还体现在个人能力整合水平上。

3. 站在人的角度思考问题，“分”的问题就好解决

学生的成长，才能称为教师的业绩。精确的分数不一定是正确的评价，评价的目的是促进被评价者的进步。真正的特色学校应该让每一个学生都富有个性，都能在校园里找到属于自己的独特的成长之路。

（1）让教育回归本原

在学校管理中，坚持将班级、学生的常规工作明确一个基本标准，大家能够达到基本标准就可以了，不用分分计较。这样，大家能在一个理性、宽容的氛围里，将着眼点放在真正的教育上，用更多的精力和时间去关注孩子们的心灵，去呵护他们的成长。教育变得心平气和，老师们也不再焦躁。他们开始在常规检查的得分和失分背后去分析问题，解决问题，使教育回归了本原。

对学生的评价要从传统观中逐渐转变，才能更正确地评价学生。评价是杠杆，关注什么，杠杆就会往哪边倾斜。只有用正确的方法评价学生，才能让学生健康成长。

（2）诺贝尔奖的获得者都是依托“内驱力”

对每位学生都抱有积极的期望。人的心理都是当自己做某件事，得到表扬、肯定的时候，会激发自己的潜能，争取把每一件事都做到最好。曾经的世界首富——比尔·盖茨中途辍学，谁会料到他成为世界首富？所以，每位学生都有自己的发展方向，要对他们抱有积极的期望，期望每位学生都会变成优秀的人才。

别把学生的特点当缺点。有一幅漫画，学生刚进校门时，每个人的脑袋都是奇形怪状的。老师不能因此而把他们的脑袋都变成统一的正方体或圆形。他们每个人都是独特的，每个人都有自己的奇思妙想。纵观诺贝尔奖获得者的成长历程，他们都是依托“内驱力”走向辉煌。

三、教育改革＝观念转变＋制度建设

教师转变教育观念，就是用学生发展的思维代替以考试成绩为标准的思维，用相信学生能力的思维代替教师权威的思维，真正做到以学生为主体。

（一）教育是国家“软实力”的“血液”

面对国家要增强软实力的巨大需求，教育需要有“铁肩担道义”的气概。没有教育的软实力，就没有思想文化的软实力，就没有国家民族的软实力。

1. 教育必须根据信息时代的要求重构

智慧教育是高度信息化支持发展的教育新形态，是适当而有效地利用互联网、云计算、大数据、虚拟仿真、智能化等现代信息技术实现智慧化教学、智慧化学习、智慧化评价、智慧化管理、智慧化服务以及增进学生高级思维能力和创新创造能力培养的教育，是信息时代教育现代化的核心与标志。

培养创新创造能力强的学生，以适应创新时代的需要，适应国家由制造大国转向创新型大国的需要，适应教育由不完全适应社会到适应社会的转型，这是智慧教育的本质所在与本质要求。

教育本身应该是富有智慧的，但信息时代发展太快，教育的发展远不如时代发展快，这使得当前的教育显得不够智慧，其要害问题是工业时代的教育远不适应信息时代的发展。

教育是增强一个国家软实力的血液，它循环于国家的整个躯体。要让国家的软实力真正有实力，首先要让教育软实力强大起来。相对于硬实力而言的软实力，是民族文化实力的体现。一个民族思想文化软实力的增强，是无法像引进技术、引进武器那样，只能依靠自己的教育与创造。但我们现在的教育内涵的价值选择，却是培养能够应付考试，擅长“上网玩游戏”的人才！

2. 软实力唤醒中国人血液中的文化基因

一个国家、一个民族的强盛，总是以文化兴盛为支撑的。中华优秀文化是我们民族永不褪色的名片，永不贬值的“硬通货”。

（1）文化植根于一个民族或一个时代的一定的经济发展阶段中

2011 年联合国秘书长潘基文在他的连任宣言中说：“天之道，利而不害；圣人之道，为而不争。”这其实是站在宇宙自然和社会人文的坐标上，用东方哲学来应对当前世界面临的普遍困境。

一个民族的生命基因，熔铸着文化的力量；一个民族前进的每一行足印，都闪耀着文化的光芒；一个民族的兴衰存亡，说到底是文化的兴衰存亡。泰戈尔说：“文化的根脉正像活的种子一样，天上降下滋润的雨水，它就会抽芽、成长，伸展它造福的树枝，开花、结果。”

（2）帕斯卡尔说：“思想形成人的伟大，我们的全部尊严就在于思想。”

信仰对政治集团也很重要，一个政治集团失去了信仰，表面的强大不能掩盖内在的虚弱。有 2000 万党员的苏共，一夜之间垮台。罗马尼亚 6 个公民中有 1 个党员，齐奥赛斯库逃跑的时候，没有人伸出援助之手。原因？没有信仰。

苏格拉底对古希腊文明是有贡献的。但由于他的理念与执政官发生冲突，所以要判他死刑。面对城邦的 500 名法官，苏格拉底以精妙绝伦的演讲征服了大家，他们同意释放他，但有一个要求：从此不再传播他的理念。苏格拉底说：“这办不到，只要我灵魂深处那个微弱的良知召唤着我，我就会拉着面前经过的每一个人，把我知道的一切都告诉他，绝不顾虑后果！”

3. 用学习的力量雕刻人生

学习力是一种综合力，其中学习动力是基础，学习能力是核心，学习毅力是关键，学习效力是目的，他们相辅相成，系统集成，缺一不可。莫言说：“当你的才华还撑不起你的野心的时候，你就应该静下心来学习，当你的能力还驾驭不了你的目标时，你就应该沉下心来历练。”

（1）每个人都是在不断地塑造自己，过程很疼，但你最终能收获一个更好的自己。

衡量一个人成功的标准，不是看他登到顶峰的高度，而是看他跌倒低谷的反弹力。管理的目标是激发人们的心灵、欲望及想象力和创造力。创新型人才特质：强烈的好奇心，敏锐的洞察力，丰富的想象力，坚定的意志力。

（2）比尔·盖茨箴言

你是中学毕业，通常不会成为 CEO，直到你把 CEO 职位拿到手为止。此时，人们才不会介意你只是中学毕业。

当你陷入人为困境时，不要抱怨，你只能默默地吸取教训。悄悄地振作起来，重新奋起。

在学校里，你考第几已不是那么重要，但进入社会却不然。不管你到哪里，都要分等排名。要鼓起勇气竞争才对。

永远不要在背后批评人，尤其不能批评你的老板无知、刻薄和无能。因为这样的心态，会使你走上坎坷艰难的成长之路。

（二）开发右脑：提升学习力

比尔·盖茨给人类的电脑装上软件就成为世界首富，全世界的人不一定都有电脑，但每个人都有一个大脑，如果能给全人类的大脑装上软件程序的话，那将是不可思议的一件事……

1. 给你的大脑装上“搜索引擎”

学习的创造力。学习的创造力指学习的改造、运用与创造的问题。学习并不是机械地接受，不是简单的模仿，不是“死读书，读死书”，也不只是积极的消化吸收和融会贯通，纠正和改造旧有知识；而是需要举一反三，灵活运用，甚至，根据已学知识，结合自己的经验与想象，进行新的创造。这才是学习力的最有价值的内容，是学习力的最高境界。

教育科研是教育改革与发展的“第一生产力”，学习力的提升靠科研引路。开发右脑就是开发创造力。人的大脑分为左右两个半球，我们习惯称它为左脑和右脑。左脑主要负责人类的理性、语言、文字、分析等，右脑主要负责音乐、形象、经验、直观等认识，因而右脑“感觉”更强，掌管形象思维，我们常说的“创造性思维”也更多是右脑的产物。右脑是想象力的大本营，其作用是左脑所不可取代的。右脑是人类精神生活的深层基础，比如做梦、灵感、潜意识等与创造力相关的“无意识”心理过程，主要是由右脑导向的。右脑的记忆力是左脑的100万倍。

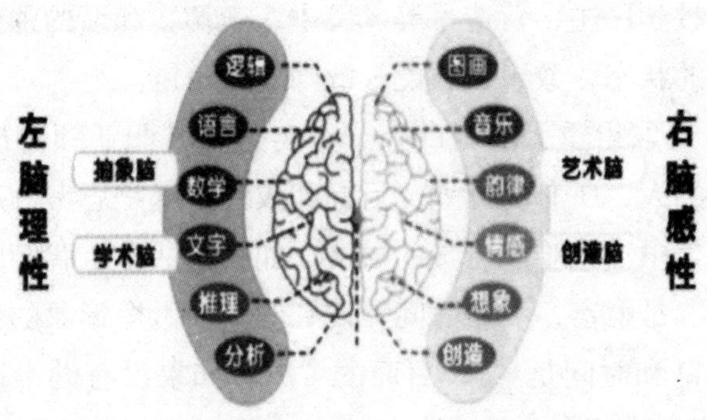

“右脑开发”。让占大脑功能95%的右脑得到训练，使左右脑协调运作，由一个脑袋变成两个脑袋，让我们的学习和生活更轻松；给大脑植入记忆芯片，让我们把脑力发挥到极致!

“给全人类的大脑装上世界上最先进的程序”，旨在帮助大家学会驾驭大脑的“搜索引擎”，提高思考与学习的效率。和全世界最聪明的人一起思考，学会“用智慧经营事业，用思维成就人生”！

2. 享受学习与成长的过程

孔子说：“知之者不如好之者，好之者不如乐之者。”活到老学到老，学习是一个苦乐交织的过程。老子所言：“知人者智，知己者明。”古代人对好人的三个分类：大隐，不屈而为人民服务的人；中隐，屈于一定权贵但出发点是为人民服务；小隐，一般的隐士，不问世事，只求自身自由。

易中天说，在子女教育中，父母最重要的是营造一个宽松、自由、民主的氛围，让下一代自由成长。设法让孩子“学会”学习。

改进阅读。学知识就是“大脑工厂”收集信息——储存信息——加工信息的过程，而收集信息的过程主要是阅读，70%以上的知识是通过视觉收集到的。

改进记忆。启动右脑，右脑的记忆能力是左脑的数万倍。但要将知识归类并连接建立“搜索引擎”，便于快速检索。

改进思维。“思维导图”这样高效的学习工具，能快速将零散的知识梳理清晰，形成系统的知识网络。

改进习惯。激发兴趣，使其“想学”“会学”和“真学”。“不好的教师传授知识，好的教师是教学生发现真理”，在教学过程中，重视学生思维素养的培养训练，努力改变单一的思考模式，训练培养学生思维的求异性。不要太拘泥于书本，鼓励学生提出自己的新思想、新观点、新问题，让学生成为学习的主人。充分发挥教学民主，营造平等、民主、亲切、和谐的师生关系，使学生思维处于最活跃的状态，敢想、敢说、敢问、敢争辩。

古今中外，凡取得重大成就的人，必定是在其职业领域摸爬滚打中留下了大量思考足迹的人，所有的计划、目标和成就，都是思考的产物，思路决定出路，思维是人生中一笔难能可贵的财富。如在生活中，我们的主要需求有三种：一是健康，二是财富，三是时间。说到健康，做个形象的比喻，假如把健康当作“1”，财富和时间是“1”后面的“0”。如果没有健康这个“1”，后面有再多的“0”都没有意义。因此，健康对一个人来说很重要。我们不但要做一个健康的人，还要做一个有梦想的人，用宝贵的时间去换取更多的财富，实现更多的梦想。

3. 提升学习力是一个系统工程

“事有所成，必是学有所成”。在长时间的复杂思考中，意志力往往会表现出最有力量的一面。在这种思考中，思想必须要深入到某一个问题的深处，努力洞悉其最微小的细节，并对高度复杂的发展趋势探究到底。同时还要以极大的精力关注种种的真相、事实以及它们之间的相互关系等，并且要不知厌倦、坚持不懈地对它们进行比较、联合、分割、提炼。

思维是人类最本质的一种资源，是一种复杂的心理现象。所谓思维能力，就是运用一定的思维程序，理清问题，抓住问题的本质，通过对问题的分析之后，想出解决事情的策略和方法。思维控制了一个人的思想和行动，也决定了一个人的视野、事业和成就。不同的思维会产生不同的观念和态度，不同的观念和态度产生不同的行动，不同的行动产生不同的结果。

（三）教育问题久治不愈的根本在于教育管理思维的故步自封

互联网创造出一个个传奇神话，各种颠覆，改变的不仅仅是传统产业链，更是颠覆了人们的世界观和行为方式。

1. 问题是创新的源头

创新就是对旧有思维的破除。应该怎么激发创新潜能？如果一个人做三件事情只失败了一件，可能很多人就只盯着他那件失败的事。社会要形成鼓励创新、宽容失败的氛围，就得看大家的关注点在哪里。应当关注他人做得成功的事情，就像踢足球比赛一样，3:2 赢就行了，不一定要 3:0 赢。“宽容失败，允许试错”是推动改革创新的“源头活水”。

（1）知识经济时代管理新特点

管理目标	以快变、创新求效益；财富速增，服务超值。
管理系统	以智力资源为主体，组成以信息流为依据，对服务对象负责的网络系统，横向为主。
管理思想	以“学习+激励”使人更“聪明地工作”。不断自我超越。
管理组织	以共同愿景为基础，以团队学习为特征的扁平化、有弹性的学习型组织。
管理内容	以增强学习力为核心，使员工体验到工作的生命意义，提高群体智商、创造力为主要内容。
管理策略	以市场与学习驱动，“以快变求胜”的柔性策略。
管理职能	以“信息论”和“网络化”为基础，是以综合和“理”为主。
管理关系	人是机器和知识的生产者，管理者与被管理者是一种双向的互动关系。
管理手段	主要用计算机技术放大人的智能。
管理对象	除财、物外，管理对象的主体是大量创造性的智力型劳动者。

（2）知识经济的“知识”，是一个已经拓展的概念

知识经济通俗地说就是以知识为基础的经济，人类只需要 20% 的劳动力就足可以生产出人类所需要的工业和农业等物质产品的时候，人类便进入了知识经济时代。知识经济的“知识”，是一个已经拓展的概念。它包括：

· 是什么的知识，指关于事实方面的知识；

· 为什么的知识，指原理和规律方面的知识；

· 怎么做的知识，指操作的能力，包括技术、技能、技巧和诀窍等；

· 是谁的知识，指对社会关系的认识，以便可能接触有关专家并有效地利用他们的知识。

创新是知识经济发展的动力，教育、文化和研究开发是知识经济的先导产业，教育和研究开发是知识经济时代最主要的部门，知识和高素养的人力资源是最为重要的资源。

2. 经验有时候会变成桎梏

故事。一头驴子背盐渡河，在河边滑了一跤，跌在水里，那盐溶化了。驴子站起来时，感到身体轻松了许多。驴子非常高兴，获得了经验。后来有一回，它背了棉花，以为再跌倒，可以同上次一样，于是走到河边的时候，便故意跌倒在水中。可是棉花吸收了水，驴子非但不能再站起来，而且一直向下沉，直到淹死。

（1）莫让教者的思路变成孩子的桎梏

教师不要因为担心孩子摔倒，就时刻紧攥着孩子的手不放，要充分信任孩子，相信孩子的创造力。特别是不要轻易否定孩子们“异端”的想法，也许这些异端的想法中正闪耀着孩子们许多创造思维的火花。

人们的学习过程，实质是各种思维定式的建立过程。所谓熟能生巧的“巧”，实质是在大脑皮层中形成的某种固定联系。经验只有结合客观实际，与实践相结合，才有可能促进人类发展。

（2）“庖丁”因为熟悉牛的机理，自然懂得何处下刀

生活也一样，如果能透解、领悟生活的道理，摸准其中的规律，就能和“庖丁”一样，做到目中有牛又无牛，就能化繁为简，真正获得轻松。做事不仅要掌握规律，还要保持着一种谨慎的态度，收敛锋芒，并且在懂得利用规律的同时，更要去反复实践，像庖丁“所解数千牛矣”一样，不停地重复，终究会悟出事物的真理所在。

教育是文化的传承，如何能够让学生在继承的基础上向更高层次发展，这才是教育的职责。教育的根本是让后人能够面向未来。面向未来既要继承传统，又要在一定程度上否定过去，没有否定，也就不会有发展。人类的每一次进步都是否定过去的结果，是创新的结果。

3. 寻找人们的思维盲点

在交互式的教学中，思维的“盲点”，并非是课堂教学的障碍与难堪，反而是课堂教学的一颗“火星”，点亮师生思维的火花。

（1）怀疑一切

两院院士王选曾经很有感慨地说到：世上有些事情非常可悲和可笑，当他 26 岁在最前沿，处于第一个创造高峰时没有人承认，真正是权威的时候不被承认，反而说他在玩弄骗人的数学游戏，当他已经脱离第一线，55 岁创造高峰已经过去了，不干什么事情了，却说他是权威，1992 年开始连续三年每

年增加一个院士头衔。他一再告诫青年：千万别把院士看成当前的学术权威。

（2）消除思维中的盲点，唯有创新

在很多情况下，创新思维并不一定提出多么高明的主意，而且他提出的解决方法，是很多人都知道和了解的，但问题在于谁都没有意识到这些方法。换句话讲，谁都没有对原来的思维提出过质疑。原来，在这个“变乃唯一不变的真理”的时代，捅破窗户纸的那个人，就是突破思维盲点而创新的人。

自行车原理。自行车只有在行走中才能保持平衡，停下来就会摔倒。所以坐在那里思考担忧是无用的，行动起来才能找到状态和方向。

学会消除思维盲点，控制思维质量。思维质量越高，越容易接近事物本来面目。高质量思维总是要求有勇气、诚实和坚定的意志。

第三节　构建“智慧型”教育体系

中小学“智慧校园”建设的主要内容是建设智能化的校园环境、智慧教室、智慧型教学支持系统，利用电子书包、校园一卡通智能感知系统、校园智能监控系统和智慧校园管理系统，为学校的智能化教学、教研、教育管理等提供支持，实现班班通、家校通等功能。探索依托新技术，构建智能化学习、智慧化管理和智慧化服务的教育生态体系应用新模式。

一、教育和智慧是国家活力永不衰竭的资源

依托“智慧校园”建构创新型、智能型的智慧教育体系，是社会发展和教育现代化发展的内在要求。而学校是教育信息化的主阵地，建设“智慧校园”，以教育信息化带动教育现代化，有效破解制约教育发展的难题，在校园环境、学校管理、教师队伍、教学系统、教学模式、教育科研等方面促进教育创新，开展教改实验，提高教育教学质量，促进教育均衡发展。

（一）让思想与信息“无边界”

无边界提倡员工之间、部门之间、地域之间广泛地相互学习，汲取新思想，你从越多的人中获取智慧，那么你得到的智慧就越多，水准提升得

越高。

1.“无边界学习”致力于模糊师生边界、学科边界、调整课程资源、游戏与学习等关系。就是以学习者为中心，让学生“处处可学习，时时能学习，人人皆为师，个个都成功”。

（1）无边界学习旨打破时空限制，让学习活动不受制于时间与场景、真实与虚拟的限定。如教学时间不是固定不变，教学场地不受限制，可以是课堂内的，也可以延伸到课外，可以是真实的场景，也可以是虚拟的场景。在不同的时间都有机会参加学习活动。

（2）重视学习者的需求。强调以学生为中心，尊重学生的要求。注重学习活动能符合学生的意愿，尊重他们的选择。教师在过去经验的基础上确定有价值的课程内容，并向学生介绍所要学习的内容，解释学习这些内容的原因，然后与学生共同设计学习计划、活动。

（3）利用多种学习资源，有效建构学习平台。如果说学生掌握知识，培养学习能力，体验学习乐趣是学习目标，那么学习资源就是实现这个目标的依托和形式。资源来自各个方面，包括其他学科资源、生活资源，甚至是学习中的偶发事件等，只要是有利于学生学习的，易于接受的都可以作为课程资源。

（4）无边界学习重视学生在学习活动中的参与度，模糊师生关系。教师不再是知识传授的权威，学生不再是知识的接受者，师生是学习共同体，学习活动平等的参与者。

例：英国开放大学在《2014年度创新教育报告》中探讨的教学、学习和评估的新形式。

开放式社会学习。凭借社交网络引入大规模开放在线课程（MOOCs）的学习方式，目的是集合成千上万的人在网上进行高效的学习和讨论。

学习设计。学习设计包括预期的学习效果、达到效果的途径、对效果进行评估的方式。

翻转课堂。即重新调整课堂内外的时间，将学习的决定权从教师转移给学生。教师可以成为网络学习的管理者，而不只是资源和知识的传授者。

学会学习。自主学习包括学习如何成为一个有效的学习者，并有管理学习过程的信心。基于事件的学习，包括创造难忘的回忆。通过讲故事学习。讲故事可以调动情感和个人体验。

“拼装”式学习。通过材料之间的修补来学习的实践过程叫拼装。它通过不断转换，把现有的资料变成新的、有意义的资源。

动态评估。用动态评估的方法，让教师的评估和干预相联系。引入阈值的概念。阈值的概念是尝试用新方法思考问题或世界。

2. 如何实现无边界学习？即怎样打破组织内部各部门之间的疆界，让知识在整个组织迅速传递和流动？

（1）新加坡："思考型学校，学习型政府"

"思考型学校，学习型政府"，这一愿景目的在于通过连续的教育培训系统，培养有批判精神和创造力的民众。思考型学校就是学习型组织，不断挑战假设，通过参与、创造和创新寻求更好的做事方式。思考型学校将成为思考型学生和思考型成人的摇篮，这种学习精神将伴随学生终身。学习型国家指一个国家的文化和社会环境鼓励人民终身学习。

新加坡一直致力于将自己的国家建设成学习型国家，将自己的政府建设成学习型政府。"思考型学校，学习型政府"着眼于四个方面：一是批判和创造性思维技能；二是信息技术在教育中的应用；三是公民教育；四是卓越的管理。新加坡的教育价值取向从"能力导向"转向"价值导向"，旨在培养有良好价值观和竞争能力的新一代国民。

（2）欧盟——学习型社会

欧盟在 1998 年就已经提倡将欧盟各国都建设成为学习型的社会，明文要求一个合格的欧盟公民至少要懂三国语言。

霍勒斯·曼说过："教育的改善力是永不枯竭的……它除了具有分配原有的财富的能力之外，还具有创造新财富的特殊能力。"

（二）在解决问题中提高学习力

杨振宁教授说："不善于提出问题的人，缺乏创新思维。"教学中，教师应提供"有问题"的环境，留给学生多一些思维的时间和空间。

1. 哈佛大学将帮助学生把具备使自己终身受益的学习力当成最终目标

（1）哈佛大学有一个著名的理论

人的差别在于业余时间，而一个人的命运决定于晚上 8 ~ 10 点之间。每晚抽出 2 小时的时间用来阅读、进修、思考或参加有意义的演讲、讨论，你会发现，你的人生正在发生改变，坚持数年之后，成功会向你招手。美国素有"先有哈佛，后有美利坚"之说，这不仅因哈佛建校更早，更是因为哈佛特别强调个人创造力，这正是美国的核心精神。学习力是创造力的根本。

学习型组织的第一个真谛着重强调的就是一种学习力。学习力的几大构成要素不是孤立存在的，而是相互叠加、互相促进、有机联系的整体，是人们自我学习、自我变革、自我超越、自我发展的螺旋式上升的过程。学习力，也是最活跃的创造力。

（2）学习型组织强调四大理念

理念 1：感恩。感恩，让生活充满阳光，让世界充满温馨。美国前总统罗斯福家失盗，被偷去了许多东西，一位朋友闻讯后，忙写信安慰他，劝他不必太在意。罗斯福当即给朋友写了一封回信："亲爱的朋友，谢谢你来信安慰我，我现在很平安。感谢上帝：因为第一，贼偷去的是我的东西，而没有伤害我的生命；第二，贼只偷去我部分东西，而不是全部；第三，最值得庆幸的是，做贼的是他，而不是我。"

理念 2：善念。什么是善念？善念，就是善良的念头。孟子说："君子莫大乎与人为善。"

理念 3：包容。"包容"是一种精神，是一个群体根植于精神和灵魂里面寻求发展的大气和追求。

理念 4：快乐。百事可乐制胜的一个重要原因就是"快乐管理"。

2. 影响力来自以下三个方面

歌德说："人生不只是靠他生来就拥有的一切，而是靠他从学习中所得到的一切来造就自己。"古人云："上医医国。"鲁迅为了民族的兴亡，他放弃了仙台求医之途而回国，用写作来医治人们腐朽的思想。

影响力的第一源泉是领导的思想特质。思想家指那些具有自己独特的思维模式和哲学理念，对复杂问题有独到判断，并具有完备价值体系的人。

专家。在专业领域里的扎实基础和精湛技能，能使领导者成为一名受人敬仰的专家。专家在特定领域具有权威的话语权，对特定问题有着超出常人的理解和认识，并且具备把这种认识运用到实践中的能力。这样的专家也往往具有相当的影响力。

坚韧不拔的毅力。在人与人交流过程中的同理心和换位思维能力，对持有不同性格和思想的人的宽容，在处理危机时的勇敢等。

例：曹操一个小吏，他没有袁绍那样庞大的家族，也没有孙权那份现成的基业。他甚至不如刘备，还有一张可以炫耀的"名片"。他之所以能够成功，就是有宽容大度的胸襟，在用人上，他不像袁绍那样"非海内知名，不得相见”；也不像诸葛亮那样“必廉士德才兼备而后用”。他“唯才是举”，在他的《求贤令》中如是说：“现在天下未定，正是急需人才的时候，因此只能讲能干不能干，不能讲究太多。”正是曹操这种气度和胸襟，才吸引了众多原本是敌方阵营里的人，心悦诚服地投奔了他。这促使他成就了一代霸业。

（三）为每个学生提供适合的教育就是好的教育

“九层之台，起于垒土”，基础教育是整个教育事业的基石，是学生走向未来的根基。

1. 实现一把钥匙开一把锁的教育

教师专业标准提出：“教师要为每一个学生的发展提供适合的教育。”“教育的追求不能取一个、舍一个，不能扬一个、抑一个”“合适的才是最好的。”

适合的教育是个性化的教育，多样化的教育，可选择的教育，学校、教师只有开办“课程超市”，配制“自助餐”，尊重学生的选择权，才会为每一个学生的发展提供适合的教育。适合学生学习的教育才是最好的教育。

例：《台湾特殊教育法》规定：学校应该为每一个有身心障碍的学生制订个别化教育计划。适合的教育，是根据学生发展的生理、心理、智能的特点，为受教育者提供恰当的学习内容、学习进程、学习方式、学习方法，促进其和谐健康快乐地成长。

2. 直木造梁，弯木造犁，让所有的学生各得其所，各展其长。

克鲁格曾是普林斯顿大学著名的经济学家，他与戴尔在20世纪90年代就提出了一个著名的论断：“名校不是成功的保证书。”适合最重要，不一定要“攀”名校的门。

故事1：老虎当校长。

五十知天命的老虎当腻了“百兽之王”后，突然想当校长了，于是办了一所学校，自封校长，要鸭子学长跑，兔子练游泳，老鹰学爬树……闹了一番笑话后，学校关门，最后老虎感叹“校长不是人当的”。——应该让“鸭子学游泳，兔子练长跑，老鹰振翅高飞”，把个性发挥到极致。

故事2：井蛙归井。

井里的青蛙向往大海，请求大鳖带它去看海。大鳖平生第一回当向导，非常高兴，便欣然同意。一鳖一蛙离开了井，慢慢前行，来到海边。青蛙见到一望无际的大海，惊叹不已。它“呱呱”大叫，急不可待地扎进大海的怀抱，却被一个浪头打回沙滩，措手不及喝了几口咸水，还被摔得晕头转向。

大鳖见状，就叫青蛙趴在自己的背上，带着它游海。一蛙一鳖漂浮在海面上，乐趣无穷，青蛙也逐渐适应了海水，能自己游一会儿了。就这样，它俩玩得很开心。过了一阵子，青蛙有些渴了，但喝不了又苦又咸的海水。它也有些饿了，却怎么也找不到一只它可以吃的虫子。青蛙想了想，对大鳖说："大海的确很好，但以我的身体条件，不能适应海里的生活。最要命的是，这里没有我能吃的食物。看来，我还是要回到我的井里去，那里才是我的乐土。"

让每个孩子在适合其个性发展的学校里面成长，也许就是最适合的。成绩平平的学生不一定要攀名校，因为"鹤立鸡群"与"沉底"都不利于孩子的成长发展。"适合孩子的教育才是最好的教育"，因此"适合孩子的学校才是最好的学校"。

3.“只要学不死，就往死里学”，这条2012年在微博上流传甚广的高考“励志”口号让人感到悲哀。

高考冲刺标语盛行校园。"只要学不死，就往死里学""要成功，先发疯，下定决心向前冲！""进清华，与主席总理称兄道弟""入北大，同大家巨匠论道谈经"。问题在于，是什么原因，让这种庸俗的高考亚文化流行？这恐怕还是要归因到高考制度，"一考定终身"让功利目的压倒了价值追求。

借力使力。撬起教育质量的支点在哪里？在课堂。课堂变革在于走出讲授，走进合作或者差异发展，以释放学生的潜能。

二、教育竞争力是提升国家综合竞争力的重要杠杆

城市教育竞争力是撬起城市综合竞争力的一个重要杠杆。城市教育竞争力对于城市综合竞争力具有"领跑"功能，是城市综合竞争力的"晴雨表""温度计""风向标"和"试金石"。要提高教育竞争力，必须加大教育投入，优化教育资源；革新体制机制，提高教育质量；重建教学常规，增强责任意识；回归教育本源，推进学习革命。

（一）制度变革：建立学校组织运行的新规则

英国著名学者李约瑟曾提出过这样一个问题：尽管中国古代对人类科技发展做出了很多重要贡献，但为什么科学和工业革命没有在近代的中国发生？对于这个被人们称为"李约瑟之谜"的疑问，他本人生前给出了自己的答案：由于中国在过去2000多年存在着一种"封建官僚制度"，正是这种权力高度集

中并且缺乏竞争的制度阻碍了科技的创新及其成果的应用。事实上，世界发展的历史屡屡证明，一种有效的制度体系和健全的国家机制是经济社会发展的重要基础和关键。

1. 学校变革：对“为什么变革”“变革的导向是什么”“变革什么”和“怎么变革”要理性探索和审慎推进。

（1）矩阵式组织结构就是由纵横两种管理系列组合而成的方形结构。矩阵式组织结构的特点：

· 它是为了完成某种特定的任务，由有关职能部门组成一个小组，以利于利用各方力量，协调各方面活动，保证任务的完成；

· 项目小组的成员接受双重领导，既服从于小组负责人的领导，又要受所属职能部门的领导；

· 矩阵组织的形式是固定的，但每个小组是临时的，完成任务后立即撤销。

优点：把组织中的横向联系和纵向联系结合起来，加强各职能部门之间的配合；把不同部门的专业人员集中在一起，有利于知识互补，开发新产品；这种组织结构具有很大的灵活性，应变迅速。

不足之处：由于实行双重领导，容易由于意见分歧造成工作上的矛盾；专项组织与职能组织的权力平衡，各项工作在时间、成本、效益等方面的平衡很难实现；加之专项小组多是临时性的，小组成员容易产生临时观念，这使职工角色模糊，产生不稳定感和迷茫感。

（2）在学校设计和构建组织架构时，需注意如下方面。

第一，学校组织架构的设计一定要符合学校自身的特点和需要，且尽可能保持其稳定性。当然，新设计的学校组织架构需要一定时间的试行。

第二，学校组织架构设计的同时，撰写岗位说明书，明确其职责、任职条件和要求等。

第三，完善各项管理制度并将这些制度相应地归属于各个职能部门，从而使各部门能有效地履行其职责。

学校管理的发展可以划分为三个阶段：

阶段 1：学校的管理主要依靠校长的人格魅力，从这种意义上，一个好校长就意味着一所好学校。

阶段 2：学校的管理主要依靠一套完善的管理制度和机制，校长不在，学校依然能够保证正常运行。这就是从人治走向法治。

阶段 3：学校的管理主要依靠校园文化，其中最重要的是学校教职员工的价值追求。

2. 学校运行机制可从两个维度去理解：一是机制内涵有“制衡”的意思，二是每一种机制运行上，都有特定的组织机构参与，担当一定的责任，并需特定的制度来对组织、机构及其中的主体进行约束和规范。

（1）一个组织的形成和发展，一般要完成三个步骤：第一为硬件，第二为制度，第三为文化。加拿大富兰教授在其《教育变革新意义》中有过这样的论述：“首先要认识到，如果要完成一场深刻的、更加持久的变革，最为重要的就是重塑学校文化。否则变革就会肤浅和不持久。”

例：某大规模中学进行了以学生为中心的事务式学校组织机构设置：撤销原来的教务处、政教处和总务处，设立三大部，每个部下面设三个中心。分别是课程部：研发中心、协调中心和管理中心；学生部：管理中心、服务中心和活动中心；资源部：人事中心、后勤中心和设备中心。

美国一著名学者认为，在学校中存在四种教师文化。一是个人主义文化。在这种文化中教师之间相互隔离，教师的主要精力用于处理自己课堂里的事务。二是分化的文化。教师工作处于相互分立，有时为争取权力和资源而相互竞争的群组之中。三是合作的文化。基于教师之间的开放、互信和支持。四是硬造的合作。教师被要求围绕行政人员的意图与兴趣进行合作。研究证明好教师最需要有志同道合的同事共同努力、互相激励和有空间进行教学合作。

（2）校长主要做好以下四件事

“看好势”：把握教育发展的基本态势，从发达国家、发达城市中寻找参照系，关注主流教育的走向，紧盯国内名校走向，结合本校实际，确定学校发展战略。

“选对人”：同步进行学校发展的战略研究与教师发展现状分析，选好学校的中层、班主任等管理人员，使他们在各自的岗位上做出最大的成效。

“做好事”：做好每一个判断和决策，宏观上把握好学校每一阶段的发展目标，让教师都能看到自己的近期目标和长期发展目标以及个人在这个发展过程中所承担的角色。

“分好钱”：要很好地平衡教师的利益，树立“财散人聚，财聚人散”理念，把成绩和利益略多的归功于教师，使教师忠诚于学校，对学校有归属感。

（二）课程设计：给课堂一个创新支点

创新在某种意义上就是超越和突破，阿基米德说："只要你给我一个支点，我可以撬起地球。"同样，在教学中如果给学生提供一个"支点"，他们也能撑起一片蓝天！

1. 弥补思维盲点，填补知识空白，在学习"攀登"中转变理念

（1）美国中学教育赶超我国的三件法宝：选课制、学分制、走班制。

选课制：指每个学生根据自己的兴趣、爱好与知识基础，依据学校课程方案的要求，在课程指导协助下，自由选择所学的课程。选课制真正实现了"生本教育""因材施教""分层教学"等教育理念，保障了教育的人性化、个性化、科学化，为最大限度保障教育的质量、效益提供了有力保障。

学分制：指学生学习的每一门学科或者课程都有一定的分值。任何一个学生只要修满规定的学分，就认定达到了教育目标和课程的要求，完成了学习任务，准予毕业或升入高一级学校。课程的分值，由课程的难度、内容以及所投入的时间、精力决定。这些学分是等值的。不同课程之间只有学分多少，可没有贵贱之分。学分有一个最低的控制线。学生只有拿到相应的学分总数，才能拿到高中毕业文凭，这就保证了高中教育的最低质量。由于选课制打破了自然的班级限制，让每个学生拥有自己不同的课程与目标，也就不再存在分数排名带给学生的优等生差生问题。每个学生只需要和自己比，朝着自己的目标前进就可以了。

走班制：指学生依据自己课表上的科目和时间，走到预定教室，跟随自己选择的教师和选择同一学科的同学们一起学习。目前欧美很多国家的中学教育是以走班制为主要组织形式的。这已被证明是一种可以保护学生学习自主权，寻找"适合自己的教育"，实现因材施教的重要举措。

（2）合理的课程应该是自助餐

放眼全球，少有像中国学校一天之中上那么多文化课，学生在课外还要进培训学校进行补习。课程设置是由考试决定的。高度标准化的课本，高度标准化的教学过程，高度标准化的作业，学生啃来啃去的是课本上的东西，就好像吃饭，我国学生吃的是盒饭，有人吃撑了，有人吃不饱，导致很多人得了胃病。合理的课程应该是自助餐，你喜欢吃啥自己取，一定让你吃饱，吃得有营养！即使不是自助餐，我国传统的圆桌餐也不错，至少学生有选择的自由和权利。

2. 以课程超越课堂

将微课上升到“智慧教育”层面的设计。微课的设计与呈现，要至少保证时间、空间和结构三个维度的开放。

（1）中国微课大赛视频制作要求

选题简明：主要针对知识点、例题/习题、实验活动等环节进行讲授等。尽量“微而精”，围绕某个具体的点，而不是抽象、宽泛的面。

设计合理：围绕教学或学习中常见的、典型的、有代表性的问题或内容进行针对性设计，要能够有效解决教与学过程中的重点、难点、疑点、考点等问题。

教学内容：科学正确，逻辑清晰，作品规范。

微课视频时长：一般不超过10分钟，语言规范，形式新颖。要求趣味性强，教学过程深入浅出，形象生动，精彩有趣，启发引导性强，有利于提升学生学习的积极性、主动性等。

认识“微课”与“翻转课堂”的概念，制作“微课”视频就相对容易抓住要点，针对“知识点、例题/习题、实验活动等环节进行讲授”等要求。

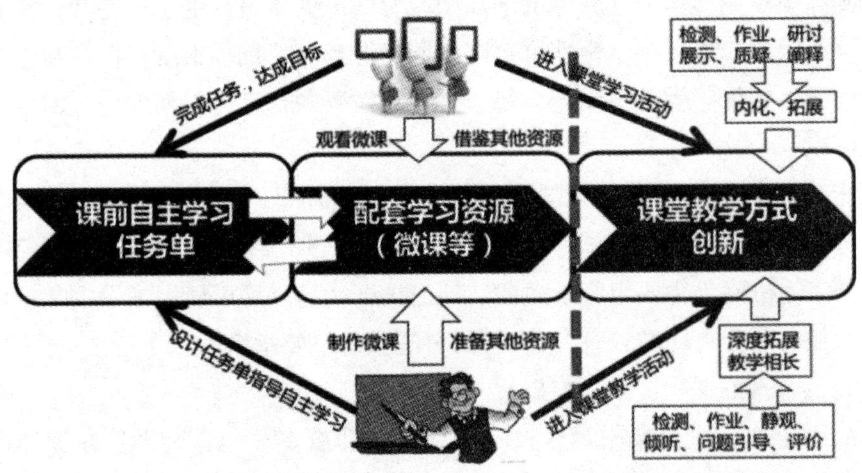

（2）“勤于学，善于思，敏于行”：在研讨“悟道”中解疑释惑，在自我“悟道”中逐渐消化。

学校的课程创新，指改革教学课程内容、课堂组织形式、施教方法，引导学生自我思考和自我创新能力。第一类：拓展型课程。在传统拓展型课程的基础上，挖掘师生的潜能，形成较为鲜明的课程特色，充分满足学生的个性发展。第二类：课程中的教学方法的创新。创新传统课程的教学方法，注重情境教学法、多元思维教学法、互动式教学、启发性教学方法。

微课程教学法的任务：以三大模块、导学一体为基本教学模式，创新教学方式，激发教师智慧，发展学生自主学习、协作学习与探究性学习的能力，培养具有创新精神和实践能力的创新人才。

（三）学校品牌的塑造：从特色到品牌

学校发展标准化体现了国家或地方政府对教育发展的统一要求，而后学校应该有自己的发展特色，这是学校发展的求异表现。学校在特色发展的过程中会逐步提高社会声誉，赢得家长和社会大众的认可，形成自己的品牌，这是学校成熟的标志。

1. 优质学校发展一般要经历“规范校”“特色校”“示范校”三阶段

“规范校”是学校通过制度文化建设，在教学管理、师生管理方面实施强制性措施而实现的规范有序发展。建立健全制度有助于学校工作从无序走向有序，从有序走向规范，从规范走向稳定，而稳定的教育教学秩序是规范校的基本特点。

“特色校”指学校在规范的基础上，通过创新学校精神文化，从而在教育教学、队伍建设等方面形成别具一格的气质。从规范校向特色校转变需要具备三个条件：有一套体现学校特色的办学思想、理念；有一支实现学校特色的人员队伍；有一位远见卓识的校长。

“示范校”由特色校经过长时间创建而来。示范校的形成，关键是内涵质量的提升和效益的转化，将自身特色和办学优势铸成学校品牌，构建特色明显的学校文化体系，从而成为全面推进素质教育的典范。示范校的功能不只是育人，还要发挥示范作用，要把自身的特色经验与先进理念向外辐射，带动一批学校的发展。

2. 品牌化的内涵是质量

学校形成品牌，首先是教育教学质量的保证；品牌化的外显是特色。品牌的特点是与众不同，是个性化；品牌化的形成靠宣传。“有口皆碑”就是口口相传的意思，大家都在说这所学校好，就给人留下了深刻印象，就形成了品牌。

没有永恒的品牌，只有不断的创新。品牌学校的特征。

独特性。独特性的实质就是创造性。品牌学校的特征是在继承、吸收和内化学校文化传统的基础上，遵循办学规律，从学校实际出发，顺应社会发展的过程中逐步形成的。一所学校的独特性具体表现为独特的办学理念、办学策略、办学内容、管理思路，最终表现为一种“人无我有、人有我优、人优我特”的独特风格。

区域性。品牌学校首先是区域内的品牌学校，其次才是在更大范围内显示品牌魅力。是特定区域教育改革创新的先行者，一定意义上能够反映特定区域的教育文化特征和教育发展水平。

成长性。成长性是品牌魅力永驻的前提。品牌学校的特性应“固化”在学校的教育教学活动中，但“固化”并非“僵化”，而是一个持续发展、不断成长、日益成熟的过程。

超越性。品牌学校创建要固本创新，要不断提升文化品味，在传承中创新，在改革中发展，在质量效益上自我超越。

引领性。引领性体现了品牌学校的存在价值。指办学思想、办学目标、办学行为、办学实力等能在一定范围内产生重大积极影响，在社会和公众中有创造力较高的知名度。

打造品牌学校的五个“需要”：需要准确的自身定位，需要稳定的培养模式，需要良好的校园文化，需要广泛的社会参与，需要一流的师资队伍。校长和教师是实现学校教育目标的核心和关键。品牌学校离不开品牌校长和品牌教师，质量是品牌的本质。

三、教育的兴奋点：哪里闪光就打造哪里

什么是“闪光”？应该是集束出现，辉耀大地，亮丽久远。不为高考，赢得高考，跳出“考试引导教学，教学服务考试”的怪圈，畅通实施素质教育与提高升学率并行不悖的道路。就学生而言，高考能测试出学生是否精通一个指定的整体知识体系，以及他们是否具备刻苦学习并坚持到底的素养。

（一）有效的教学一定要建立在学生真实的认知起点上

教学活动必须建立在学生的认知发展水平和已有的知识经验基础之上。但课堂教学中，时常出现对学生学习起点把握不准，学生学习积极性不高，教学效果低下的现象。

1. 教育“六字诀”关键在落地

北京市教育部门提出了包括学前“玩”、小学“慢”、初中“宽”、高中“活”、职教“高”、大学“新”的“六字诀”教育改革原则，从入学方式、学习方式、考试内容、招生制度、资源配置等多方面对当下教育生态进行有益改革尝试，从而满足受教育者个性化的教育需求。

传统教学模式中面向全体学生的方针不能变，但个别教学环节和考核方式需要更新。目前，集体授课方式依然是行之有效的教学模式，教学的深度和广度必须适合绝大多数学生的接受能力，“玩、慢、宽、活”依旧需要在基本知识传授的基础上才能实现，否则教育的意义将被异化。对学生接受能力的估计也不宜过低，以降低教学要求的代价实现学生的百花齐放实际是虚假繁荣。

换句话说，不能把“玩、慢、宽、活”单纯理解为“不留作业不考试”，教育者既要实现在基本教学过程中逐步发现个体的优势差异，开发其潜在才能，也不能把教育个性仅仅理解为未来不同的成长道路，不同层次、不同规格也应该在培养教育的考虑之中，这也是最终实现职教“高”和大学“新”的必然需求。

2. 智慧在“引领”：智慧性设计微课，设计智慧型微课

智慧教育的本质和核心是培养时代所要求的创新创造人才，要将微课的定位上升到促进创新人才培养的高度进行内容设计。要具有激发、引导学生创新创造的元素，部署创新创造的任务，让学生通过线上线下相结合的学习进行创新创造。当今的微课设计必须置于国际化、信息化、现代化的大背景下，紧紧围绕“四个先进”，让微课的作用不“微”。

内容先进：立于世界之林的先进。

方法先进：要以现代认知科学、脑科学、学习科学、生理学、教育科学为依据，精心而科学地设计方法。

结构先进：结构是积件式的，便于学习者建构自己的知识和能力大厦而自主选用。

平台先进：建构“中国微课中心”，给人们通过微课系统学习提供导学，为学生的建构学习提供“脚手架”。

（二）以学生可以接受的方式处分学生

学生行为的“多动”甚至“怪异”，并不意味着学生道德的“出格”甚至“败坏”，有时却是该学生蕴含的潜能未被激发的缘故。因此，人们常说，管理

是一种包容和妥协的艺术。

1. 以学生可以接受的方式处分学生——绿色惩罚

所谓“绿色惩罚”，就是立足学生的身心健康，注入人文关怀的“教育惩罚”。“罚”是为了“矫治”，而不是为了“打击”。如学生犯错罚“作诗”或写“说明书”，“请你为班级做点事”，“民主（班规）惩戒”自己选，学生犯错扣个人和集体的“分”等。

输不起的孩子赢不了。体育如何影响一代人？伦敦奥组委的一位官员回答：“体育教会孩子们如何去赢。”《奥林匹克宪章》赋予奥林匹克精神的内容是“相互理解、友谊长久、团结一致和公平竞争”“重要的不在于你是谁，而在于你和谁在一起”；既追求“个别冒尖”，又追求“群体崛起”。聚焦学生核心素养的课堂是个什么样？学即是教，少即是多，慢即是快，只有把时间、空间充分让给学生，才能发掘学生的巨大潜能。

例：顾明远教授谈教育领域里的悖论。

悖论1：近年来促进教育公平，提高教育质量有较大进展。但有条件的家庭仍把孩子送到国外学习，特别是高级知识分子家庭，每年以两位数的比例增长，且出国孩子年龄越来越小。

悖论2：某些地方干部一方面高喊素质教育，另一方面给学校、教师施加压力，把升学率作为自己的政绩。

悖论3：一方面规定要减轻学生的课业负担，小学低年级不留作业，另一方面教师又布置了许多家庭活动，甚至需要学生和家长共同完成，许多家长觉得苦不堪言。一方面学校减少了学生的家庭作业，另一方面家长又送孩子上各种补习班，学生负担日益加重。

悖论4：一方面规定减少学生的考试，另一方面又布置各种测评，虽说是抽样的，但学校班班准备，反而增加了学生负担。

悖论5：大家都说要培养创新人才，从小要打好基础，但我们的人才培养模式又处处限制学生思维。

悖论6：天天说要把爱心献给学生，要热爱每个学生，却常常把学生分成三六九等。要知道这样只能鼓励一部分学生，却伤害了大部分学生。学生正在成长中，发展不是线性的，有时是会犯错的，人的一生就是在犯错中不断成长。我们天天在讲宽容，但对孩子的犯错却不宽容。学生是需要激励的，是需要榜样的，但不能把学生定格在谁是好学生，谁是差学生上。

悖论 7：大家都认为“教育大计，教师为本”，要尊师重教，但教师群体却得不到社会应有的信任和尊重。

悖论 8：家长既希望孩子过上幸福的生活，又在压抑孩子，让孩子埋在作业堆里，“两耳不闻窗外事，一心只做练习题”，这使孩子养成孤僻、以自我为中心的性格，还美其名曰“为了将来的幸福，只好牺牲童年的幸福”。

2. 在差异中追求教育共享

人是有差异的，要尊重个人的差异，让不同的孩子都能有所发展。特别是在学生有判断能力之后，要尽可能地尊重其意愿和个性。学校的根本使命是发现和发展孩子的天赋才华，而不是将学校办成赛马场，满堂灌和进行大量的习题训练是最不负责任的教育。

汤姆林森对“差异化”的定义：“在差异化的课堂中，教师主动计划并寻找各种达成内容、过程和结果的方法，以预备和回应学生在准备水平、学习兴趣和学习需要方面的差异。”差异化具有两层含义：一是学生由于准备水平、学习兴趣和学习需要等方面的差异；二是教师的教学活动在内容、过程和结果方面体现出的差异。

他域之事，学会欣赏“求同存异”，“差异”就会变成发展的动力和合作的基石。学校呈现“智者尽其谋，勇者竭其力，仁者播其惠，信者效其忠”的和谐格局。

3. 研究差异，提升专业思考力和专业发展水平

医生的专业性较高是社会公认的，究其根本，是因为医生每天面对的病和人都是不同的，当各种各样的病和不同的人结合在一起，就带来了无穷尽的差异，即使是同一个人患同样的病其原因和治疗方法也不尽相同，医生永远不知道下一个看病的人会有什么样的特殊病症。同理，教师所面对的学生也存在着差异，没有两个完全一样的孩子，他们的智力水平、思维水平、心理特点、家庭环境等都不相同，正是学生差异的存在成就了教师的专业化，决定着教师也必须像医生那样活到老，学到老。

在每一天的教育教学实践中尊重学生的差异，呵护学生的差异，研究学生的差异，提升专业思考力和专业发展水平。从这个层面上来讲，我们还会埋怨班级里的学生差异太大，不好组织教学，给我们的教学带来困难吗？当然不会，不仅不会埋怨反而应该感谢正是这种差异决定了教师的专业化。

例：美国学业、社会与情感学习联合会确立社会情感学习的核心能力及

其子技能目标体系，并适时对实施过程进行监控与评估。

实践表明，社会情感学习有助于改善学生的学业成绩和问题行为，提高学生的学习兴趣，培养其人际交往能力。

（三）让学生做真正的“发现者”

“发现教学法”是美国著名的教育家布鲁纳提出的。指教师在学生学习概念和原理时，不是将学习的内容直接提供给学生，而是向学生提供一种问题情境，只是给学生一些事例和问题，让学生积极思考，独立探究，自行发现并掌握相应的原理和结论的一种方法。

1. 发现式教学法的特征

特征 1：教师引导学生以科学家们从事科研的方法进行学习、观察与实践。对于科学知识不能只满足于学会，更重要的是将获得的知识应用于实际。

特征 2：为学习提供需要解决的，并且是学生能够解决的问题，以启发学生的思考，激发学生探索的欲望。

特征 3：引导学生提高归纳推理的能力。归纳推理才是从未知中发现真理的方法，使学生从许多事例中，探寻知识，了解意义，概括出共性，发现其中新的规律。

特征 4：重视寻找论据。在解决问题的过程中，不仅让学生获得结论，更要着重寻找导致结论的理由或论据。

（1）让学生做真正的“发现者”

已知是新知的基础，新知又是已知的深化与发展。古人云：“供人以鱼，只解一餐；授人以渔，终身受用。”“发现式”教学法，即通过教师设疑、点拨，启发学生深入思考、勇于探究，使学生有所发现、有所创新，以达到最佳的教学效果。

教育家第斯多惠提出：“科学知识是不应该传授给学生的，而应当引导学生去发现它们，独立地掌握它们。”“一个差的教师奉送真理，一个好的教师则教人发现真理。”

（2）发现式教学法的运用对学生创造力的发展具有以下意义

首先，在学习过程中通过发现获得知识，这样的知识建立在理解的基础上，记得牢固，运用起来更灵活。

其次，学生主动地寻求知识，能激发其学习兴趣，促其探求未知的热忱。

最后，学生自己的探求一旦成功，会让其体验到巨大的欢乐，这种积极的情感会成为其创造性学习的动力，使学生创造动机得以强化。

2. 学生用自己的头脑亲自获得知识的一切形式

认知建构主义学派认为，学习是一个认知过程，这个过程不是盲目地尝试与试误，而是突然的“顿悟”。发现不限于寻求人类尚未知晓的事物，确切地说，它包括用自己的头脑亲自获得知识的一切方法。

布鲁纳指出，“用自己的头脑亲自获得知识的一切形式”都可以称为发现学习。但学校中的发现学习不局限于对未知世界的发现，更重要的是引导学生凭借自己的力量对人类文化知识的“再发现”。其实质就是把“现象重新组织或转换，使人能超越现象进行再组合，从而获得新的领悟，包括寻找正确结构和意义”。

实践表明，“发现”启迪了学生的思维，“发现”缔造了知识的生成，“发现”体现了学法的创新，“发现”促进了有效的教学。开展发现式教学，是培养学生创新精神和实践能力的一种行之有效的方法。

3. 教育改革要找准公平与效率的平衡点

一个社会如何选择、分配、传递和评价它公认的教育知识，这既反映了社会权利的分配，又反映了社会控制的原则。

（1）追求公平与效率的统一是我国教育的本质规定和内在要求

“教育公平”已成为人们致力于和谐社会建设、教育改革与发展的共识性理念。把促进公平同提高效率结合起来，在不同的历史阶段达到动态平衡，实现在教育发展的基础上由广大人民共享改革发展成果的目的。教育公平与教育发展两者是相辅相成的，要处理好公平与效率的关系，在发展中求公平，在公平的基础上求发展。

教育公平是人类的一种理想教育，是社会公平在教育领域的体现。社会公平是教育公平的基础，教育公平又反作用于社会公平，实现教育公平是教育协调发展的重要手段，教育公平是和谐社会的基石。

（2）促进教育公平要寻找“最大公约数”

笼统提教育起点公平、过程公平、结果公平，有可能“吊高胃口”却不好落实，不太利于形成政府、学校、社会之间共识的“最大公约数”，促进教育公平也需因地制宜。

寻求“最大公约数”，既是一个寻找“主要矛盾”的过程，又是一个“抓主要矛盾”的过程；既是一个民意沸腾、民智活跃的过程，又是一个尊重民意、吸纳民智的过程；既是一个公众聚焦高考制度改革的过程，又是一个“功夫还在高考制度外”的过程。公民的知情权、参与权、表达权与监督权务必贯穿于高考改革全过程，也只有“开门改革”，实现官智与民智的“1+1>2”，才能产生最大共识，寻求到“最大公约数”。

第四章　创新力："引爆"创新潜能

创新是竞争力的源泉。创新力是创新主体在创新活动中表现出来和发展起来的各种能力。创新力是人类能力中层次最高的一种能力，是一种对现状的突破力，一种不走寻常路的魄力，一种勇于超越的能力。创新力有观念创新、技术创新、组织创新。创新力诸要素：创新者、创新资料、科技、知识、信息、投入、教育、管理等。这些要素形成一个大的系统，这个系统又由三个层次构成。创新者、创新资料为第一层次的创新力要素，科技、知识、信息、投入为第二层次的创新力要素，教育、管理为第三层次的创新力要素。

第一节　构建创新文化：让每个人身边有条"鲇鱼"

创造力可以简单地理解为将已有的思想、方法和事物以新的、更有效的方式组合在一起，产生新的思想、方法或事物的能力。在发挥创造力的过程中，人们可以运用批判性思维、思考力、灵活性、想象力、观察力等能力。

一、"想象—创造—学习"：创造力教育的核心

创新力——知识社会的灵魂。英国对"创新"一词的定义——"新思想的成功应用"。创新这个词起源于拉丁语，它原意有三层含义：更新；创造新的东西；改变。创新力是个人、组织发展的动力所在，而团队创新力的提高来源于组成团队的每一个个体的创新力。

创新人才三要素：

创新意识——想不想创新；

创新精神——敢不敢创新；

创新能力——会不会创新。

（一）课程文化指向："信仰"与"价值"

参与·对话·分享的共同愿景。什么是知识素养？知识素养就是那些能够克制你言行的东西。谁都希望听到那些跟自己欲望一致的言论，但有知识素养的人应该能够让你比其他人更能克制自己。

1. 文化的实质在于思维方式这一关键属性

创造力和创新力是截然不同的两个概念，虽然他们都分享一个"创"字头。创造力是以个人为主体丈量的。每个人头脑中有很多知识。如果一个人产生对自己来说新的知识，新的设计，新的观点，都可以成为创造。创新力是以世界为主体丈量的。"新"只有一个标准。彼得·德鲁克指出："创新的行动就是赋予资源以创造财富的新能力。"

（1）创新力即生命力

创新：引入新概念、新东西和革新。创新教育是以培养人的创新精神和创新能力为基本价值取向的教育，着重研究和解决基础教育如何培养中小学生的创新意识、创新精神和创新能力的问题。

创新思维有五个明显特征，即积极的求异性、敏锐的观察力、创造性的想象、独特的知识结构及活跃的灵感。而求异思维和灵感是创新最本质的特点。

重视问题的教育研究和实践。问题是创新教育的出发点和归宿。学生对问题产生困惑并产生探究的欲望，这是创新的前提。波普尔说过"正是问题激发我们去学习，去发展知识，去实践，去观察"，并提出了科学进化的公式"问题→假说→否认→问题"，这说明问题是科学认识活动的起点和终点。

科学发展与创新的过程：发现问题→提出假设→论证假设→得出结论。教育的实质是对人的素养的塑造。人类的本质在于他的创造性和创新性。

（2）创新力就是竞争力

创新力是一个人思维方式的改变和综合能力的体现！强大的执行力就是创新的开始！

巴尔扎克说："打开一切科学的钥匙都毫无异议的是问号。"简单地说，问题意识就是凡事问个为什么。从科学的角度看问题意识就是不安于现状、积极进取、善于识破问题的一种心态或精神准备。所以科学家们公认，提出问题假设，是一切科学研究的起点。

学校教育创新指学校教育主体，通过新的创意、新的构想、新的思维方式和行为方式、新的教育技术和手段，对原有的不合理的理论观点、思想方法、技术手段的突破和超越，是在学校变革与发展中更有效地实现教育目的的一种创新性活动。也就是说，通过创新性活动，构建有变革创新能力的学校教育，从而突破种种阻碍学校改革与发展的限制，使学校实现根本性的变化。

学校教育创新的本质：是一种以"发展"为核心的现代教育理念，是一种勇于变革的实践活动，是一种先进的学校文化，是一种回应时代挑战的持续发展的生命力。创新是一个过程，实质在于变革、超越和发展。

2. 开展协同创新要与创新人才培养的观念、内容、模式结合起来，实现"三个转变"

一是在培养观念上，要从"学科为本"转变为"育人为本"。二是在培养内容上，要从"知识传授"转变为"提升素养"。三是在培养模式上，要从"以教为主"转变为"以学为主"。

（1）什么是建构式创新

建构式创新就是跨界、混搭、乱炖、穿越、链接、拿来主义。创新是一种变革行为，创新有主体，创新力有载体。创新的基础是经验和知识积累，同时也需要相应的社会氛围。

中国的学校把知识拆成学科，把学科拆成知识点，把知识点拆成习题，但是学生为什么要做这些题他不知道，我们是想把这些习题还原成自己的知识，懂得综合运用，这样才真的对学生有意义。

（2）耶鲁大学的创新原则

原则 1：创新必须有目的地、系统地分析全部现存的资源和知识及一些相关的信息。

原则 2：进行市场的需求分析。

原则 3：集中解决一个突出的问题，限制在某一个领域中。

原则 4：强调其实用性。

原则 5：坚持不懈地改进。

（3）耶鲁大学提高创新力的途径

途径 1：对创造性的环境进行全面和深入的探讨。

途径 2：开发脑力资源最佳状态。

途径 3：采取措施促使创新思想产生。

途径 4：为创新思想的酝酿成熟留出足够的时间。

途径 5：当创新思想一出现时，就要及时地抓住它们，并进行跟踪。

3. 课程文化指向："信仰"与"价值"

课程文化应正确对待知识、技能和智慧，立志塑造人，完善其自由的心灵，全面实现课程文化的育人价值；课程文化重在"以人为本"；课程文化的最终价值是关注生命教育，体验生命的深度和理想的高度。

（1）将优化教育结构体系作为提高教育质量的重点

建设现代职业教育体系。推进产教融合、校企合作，推进终身职业技能培训制度，培养数以亿计的高素质劳动者和技术技能人才。

优化学科专业布局和人才培养机制。适应国家和区域经济社会发展需要，扩大应用型、复合型、技能型人才培养规模。

深化创新创业教育改革，造就大众创业、创新的生力军；加强基础研究，注重原始创新；繁荣哲学社会科学，为科学民主决策提供高质量的智力支持。

（2）整体建构育人模式

提炼办学理念。办学理念要充分体现学校的核心教育价值观；有明确的理论支撑；考虑学校的地域、特色、层次、培养对象等，有鲜明的个性；有超越时空性和稳定性，长期不变；集中校长、教师等学校成员的意愿与智慧；要有稳定的语言结构形式。

确立发展主题。发展主题必须是学校在一定阶段提出的思想主张，是学校发展的主体和核心，蕴含了学校的教育主张，决定学校发展的基本方向。

构建体系框架。将学校管理要素分为三个维度：管理职能，包括愿景、规划、组织、人事、指挥、评价、创新等；工作领域，包括德育、课程设置、课堂教学、教师发展、学校制度、学校文化、国际化、家校关系等；人，涉及学生、教师和家长。将以上要素按照一定的逻辑重新组合，整体建构成一个新的具有生命活力的学校教育体系。

创新实施载体。载体可以是课程体系的建构，也可以是学校文化的规划；可以是具体的活动项目，也可以是整个制度框架的设计，还可以是实施系统和运作模式的重构。

创建学校特色。彰显学校独有的教育个性，包括办学理念、学风、教风、人文氛围、教育培养手段、学生素养能力等要素，并且通过代代相传的积淀，形成稳定且鲜明的育人特征。

（二）教育改革要找准公平与效率的平衡点

促进教育公平要寻找"最大公约数"。笼统提教育起点公平、过程公平、结果公平，有可能"吊高胃口"却不好落实，不利于形成政府、学校、社会之间共识"最大公约数"，促进教育公平也需因地制宜。

1. 未来中国教育可能发生一些重要的蜕变

最好的教育应该是最关注幸福感的教育。未来中国教育可能面临的 8 个蜕变：治理模式、价值取向、关注热点、投资重点、管理方式、参与主体、发展规模和课堂教学。

联合国教科文组织发布的"2030 教育行动框架"坚持三条基本原则：教育是与生俱来的权利，教育是公益事业，教育权与性别平等不可割裂。总目标是"确保到 2030 年人人享有公平、包容的优质教育和终身学习机会"，教育是实现可持续发展目标的基石。

七大目标勾勒出全球教育的未来蓝图：

——青少年完成免费、公平及优质的中小学教育，并获得有效的学习成果。

——儿童接受优质的早期发展、保育及学前教育，为初等教育做好准备。

——所有人负担得起优质的职业技术教育和高等教育。

——全面增加拥有相关技能的人员数量。

——消除教育上的性别差异，确保残疾人等弱势群体享有平等接受各层次教育和职业培训的机会。

——所有青年和绝大部分成年人实现读写和计算能力。

——所有学习者获得必要的知识和技能以促进可持续发展。

学习与研究是教师专业成长的永恒动力。学校所有课程、所有领域都是有规律可循的，都有需要探讨与研究的问题。努力改变"苦教""苦学""向时间和汗水要质量"的状态。许许多多的教师，都在工作状态下寻找自己的"痛"点，并依靠自己或同伴互助的力量，解决自己的"痛"点。

2. 创新教育在以下四个方面下功夫

保护好奇心。好奇心是打开未知世界之门的钥匙，提出问题比解决问题更重要。应该让学生养成提问的习惯，养成打破砂锅问到底的精神。

尊重差异性。好的教育应该让每个生命成为最好的自己，应该给每个人最大的发展空间，帮助每个人发现自己的特长和优势。

树立自信心。自信是迈向成功的重要一步，鼓励学生向未知的世界挑战，向自己的潜能挑战，让学生享受成功的喜悦，享受战胜困难与战胜自我的感觉。

培养意志力。科学研究与创造的过程是漫长而复杂的，培养学生坚韧的意志，顽强地应对困难，永不言败，永不放弃。

一个人的生命欠缺了应有的长度、宽度与高度，那么他所能发挥的创造力就极为有限。

让大众创业、万众创新成为社会发展的基石。将创新创业的意识渗透到每一个社会阶层，让每个公民都积极思考“我”之于国家富强的意义，才能让大众创业、万众创新形成潮流，最终实现社会的全面发展和繁荣。

（三）高创造力社会的基本特征

有人说，中国的企业“不创新是等死，创新则是找死”。创新的内涵：全面创新、系统创新、全民创新。

全面创新意味着推动理论创新、制度创新、科技创新、文化创新等各方面的创新。

系统创新意味着通过构建有利于创新的社会系统机制来激发创新。创新常常不只是单个主体的偶然行为，它更是社会系统的有效产出，而基于平等、合作、互动、共享之上的社会系统有利于激发创新。

全民创新意味着通过激发亿万民众的创造力来培育创新转型的动力源泉。陶行知在《创造宣言》中提出“处处是创造之地，天天是创造之时，人人是创造之人”。

1. 真理往往掌握在少数人手里

站在山巅的人们，都是曾披荆斩棘、历尽艰辛的人。专注于自己的内心，首先要专注于自我。对自己进行剖析，看看自己的强项在哪里，并让它更强；看看自己的弱点在哪里，并让它变得更加微弱。让自己的内心专注起来，把自己的力量集中到一个点上。

例 1：教育是否扼杀了创造力？

每个孩子身上都蕴含着巨大的才能，可它们却被成人无情地磨灭、埋藏了。

故事。有个六岁的小姑娘在上绘画课，她坐在教室后排认真地画着。可她的老师就觉得奇怪了：这个小姑娘以前上课从来没这么认真过啊！老师很好奇，于是走过去问小姑娘："你在画什么？""我在画上帝。"小姑娘答道。老师不解："可是从来没有人知道上帝长什么样啊！"小姑娘答道："等我画好他们就知道了。"

毕加索说："每一个孩子都是天生的艺术家。"问题在于他们长大之后能否继续保持着艺术家的本性。但现实是，随着年龄的增长，创造力反而与日俱减，甚至说创造力被教育扼杀了。

例 2：智力有独特性。

我（Gillian Lynne）是一名舞蹈指导，指导过音乐剧《猫》和《剧院魅影》。当年我在学校的表现几乎快令人绝望了。那时，学校写信给我父母说，"我们认为 Gillian 有学习多动症"。后来妈妈带着我去看医生。诊断到最后，我被领到椅子上坐下。让我把双手压在屁股下，耐住性子坐了二十分钟。最后，医生对我说："Gillian，你妈妈和我讲了你的所有事情，现在我要和她私下谈谈。"于是他们就留下我出去了。就在他们离开时，医生拧开了桌上的收音机。走出房间后，医生对妈妈说："就在这儿看着她。"

当他们离开后，我从椅子上站了起来，和着音乐移动着步伐。他们在外面观察了几分钟，医生转向妈妈说道："Lynne 夫人，Gillian 并没有生病，她是个舞蹈家。送她去舞蹈学校吧。"

"妈妈听了医生的话，送我去了舞蹈学校。我无法向你描述第一次去学校时美妙的感觉。我和妈妈走进房间，里面满是和我一样的人，我们都是站不住的人，只有在身体行动时大脑才能思考。"感谢当年那位医生，换了别人或许会给我开几瓶药，教导我要平静下来。

2. 创造商数 (CQ) 是指一个人的思维能力、开放能力、创新能力和创造能力的总和。

（1）创商就是创造智商。是一个人运用思考去产生一种崭新的构思、观念、想法的能力。

心理学家研究表明：智力高的人，不一定有高创商；但是具有高创商的人，一定具有高智力。哈佛大学第 24 任校长普希讲过："一个人是否具有创造力，这是一流人才和三流人才的分水岭。"

（2）创商 (CQ) 教育模式的人才衡量标准，可以划分为六个不同的人才成长阶段。

知识型人才是人才成长的第一阶段。知识型人才在社会实践中一般只满足于使用所学会的现有知识来解决实际问题。

模仿型人才是人才成长的第二阶段。

批判型人才是人才成长的第三阶段。

创新型人才是人才成长的第四阶段。创新型人才的特征：不仅具有独立思考能力，而且还具有创新思维能力，不仅善于分析问题，而且更善于解决问题，能够破旧立新、推陈出新，提出具有独创性的问题解决方案，成为某一领域的前沿领军人物。

创造型人才是人才成长的第五阶段。

天才型人才是人才成长的最高阶段。

例：十大创造力商数。

好奇心：好奇心是前进的动力，一边观察市场，一边提“为什么会有这变化？为什么竞争对手可以，我们不能？”找出原因以不断改善绩效。

灵活度：营运方式不应墨守成规，不妨抛弃过时的经营手法，鼓励员工多“跳出传统和既有框框”来思考问题。

主动性：想要获得成功，员工的主动性是很重要的元素。每星期可定期召开工作例会，总结上周工作情况，并制订、安排本周工作计划，通过例会形式集思广益。当提出创新意念后，亦应立即付诸实行。

接受挑战：创新的最大障碍是恐惧，接受挑战才能有安稳的发展，害怕挑战反而是危机。具备学习精神、愿接受挑战及克服困难的特质。

掌握趋势：掌握趋势能创造财富。在资讯发达的年代，要掌握趋势并不难。只要能早夺先机，就能提升竞争力。

简约：具有创新意念的产品不一定是复杂的，简单也可以是美。

要保持自信：自信是来自知识和经验累积，以及判断力。团队必须有一个信念，就是做任何事情，都可以做得更好，这样创意才可以得到发挥。

开放自我：创造力的起始，在于让思想、行为，放弃墨守成规。开放心灵和思想，接受各种新观念，然后应对其变化，并接纳不同意见。

冒险精神：很多组织创新失败不在于缺乏资金，而在于缺乏眼光和冒险精神，缺乏冒险精神就会影响创新。

愿景抱负：愿景是在竞争中取胜的有力武器，可以团结、激励员工长期努力追求理想。愿景包含着对学校未来发展的洞察力，故此须具有敏锐的创造力和前瞻元素，才能反映学校的核心价值。

3. 教师的成功是创造出值得自己崇拜的学生

陶行知是我国创造教育的开拓者，他在《创造宣言》中呼吁："创造主未完成之工作，让我们接过来，继续创造。""教师的成功是创造出值得自己崇拜的人。先生之最大的快乐，是创造出值得自己崇拜的学生。说得准确些，先生创造学生，学生也创造先生，学生先生合作而创造出值得彼此崇拜之活人。"

例：你是不是"语言杀手"？

· 你怎么这么笨！

· 跟你简直说不通。

· 没有把握的事你不要做。

· 你太幼稚了！

· 要实际点！

· 因为我说过这件事，所以你必须这样做。

· 牛头不对马嘴。

· 这不是标准答案。

· 捣什么乱？

· 你看看人家是怎么做的。

· 好好的，为什么不按照原来的方法做？

· 不要浪费时间思考了……

二、创新之母：教育，教育，还是教育

创造力培养关键在于培养学生的发散性思维，它表现为思维视野广阔，思维呈现出多维发散状。心理学家认为，发散思维是创造性思维的最主要的特点，是测定创造力的主要标志之一。创造力的培养应该从中学阶段开始，学校应该为学生提供思考的机会，让其学会发散性思维，让每个人都有发言的机会，懂得思考、判断、制定策略等，只有这样，学生才能更好地适应社会。

（一）建立创新能力培养体系

在互联网时代，所有的业务都要靠大系统融合起来，教育系统有两个：一个是把学校、家长、老师、学生联合起来的交互系统；另一个是把内容进行智能化处理的学习系统。

1. 研发为“魂”

大家都知道教育不是光有网就行的，有网以后你必须要有内容，要有系统，要有平台。不管互联网发展多么快，但是教育的本质，你是必须坚持的，教育的本质是培养人才，让学习者能够以更好的学习方法、更高的效率达到他们成长的目的。

（1）创新行为的特征

首先，创新是一种创造性的行为。发现、发明、制造与现存事物不同的新事物，是创新的本质特征。创新不是对事物进行表面的或形式上的翻新，而是一种实质性的变革和改善。所以，创新的过程，是一个持续不断地对事物进行革新的过程。

其次，创新是一种学习。创新者把自己的新观念、新方法应用于实际的过程，是一个学习的过程。在这个过程中，创新者总是密切注意实际情况的变化，及时更新自己的观念和方法。

再次，创新是一种自觉的行为。创新的动力最终来自人类追求社会进步的内在冲动，具有深刻的自觉性。创新的过程，是创新者对现状的一种自觉的变革过程。创新是一种系统性行为。从单个创新行为看，创新的产生有其自身的逻辑体系。

最后，创新是一种风险行为，需要极大的勇气。善于自我发现是一种资源。

（2）创造力 = 信息量度 × 创造意识 × 创造精神 × 创造思维能力 × 创造技能

创造力的构成：创造性想象，创造性劳动，创造性胆识。创造性胆识能激发人的创造动机，产生创造活动热情，促进人的创造性思维和创造性想象的发挥。

创造力的特征：

敏感性：容易接受新事物，发现新问题；

流畅性：思维敏捷，反应迅速，对特定问题能给出多种答案；

灵活性：应变能力强，适应性强；

独创性：产生新的非凡思想的能力；

再定义性：擅长发现事物的多种用途和多种使用方法；

洞察性：透过现象看本质。

（3）创造性的心理结构

认知因素：

知识。创造需要知识，但知识与创造性之间的关系是复杂的。研究表明，并非知识积累越多，人的创造性就越大。某一领域的知识与创造性之间存在着倒 U 型关系。

思维。创造性活动需要多种思维成分共同参与。创造性是发散思维与集中思维的有机结合；创造性也是直觉思维和分析思维的有机结合。

动机因素：

一般说来，人们在进行创造性工作时，他们的动机是任务中心，而不是目标中心，是内在动机，而不是外在动机。他们最关心的是做什么，而不是从中得到什么。

不同学科最佳创造的平均岁数

学科	最佳创造的平均岁数	学科	最佳创造的平均岁数
化学	26 ~ 36	声乐	30 ~ 34
数学	30 ~ 34	歌剧	35 ~ 39
物理	30 ~ 34	诗歌	25 ~ 29
实用发明	30 ~ 34	小说	30 ~ 34
医学	30 ~ 39	哲学	35 ~ 39
植物学	30 ~ 34	绘画	32 ~ 36
心理学	30 ~ 39	雕刻	35 ~ 39
生理学	35 ~ 39		

2. 培养创造力的措施

人类思维具有三种形式：逻辑思维，形象思维，创新思维。爱因斯坦指出："想象力比知识更重要，因为知识是有限的，而想象力概括着世界上的一切，推动着进步，并且是知识进化的源泉。"他还说："要是没有独立思考和独立判断的有创造能力的个人，社会的向上发展就不可能想象。"

第一，采用探究式教学方式——培养创造性思维能力。探究式教学方式，学生参与知识认知的整个过程，会充分发挥想象、推理、探索新知识的能力，非常有利于创造性思维能力的培养。

第二，进行创造性思维训练。创造性思维训练方法如下。

头脑风暴法。在集体解决问题的课堂上，通过暂缓作出评价，以便于学生踊跃发言，从而引出多种多样的解决方案。

系统探求法。为打破传统思维束缚，对问题的解决进行系统设问、特性列举等来培养和提高学生的创造性思维。

联想类比法。联想是由一个事物想到另一个事物。

组合创新法。组合创新法作为一种很常用的创造技法，指按照一定的技术需要，将两个或两个以上的技术因素通过巧妙的组合，去获得具有统一整体功能的新技术产物的过程。

第三，教师以主持人的身份出现，组织学生实施创新过程的训练。

第四，干他人不想干的，想他人不曾想的。这就是成功之道。

（二）创新人才结构优化战略

人才结构优化指从组织的战略发展目标与任务出发，认识和把握人才群体结构的变化规律，建立一个较为理想的人才群体结构，更好地发挥人才群体的作用，使人才群体内各种有关因素形成最佳组合。

1. 促进教师创造力发展的文化方略

方略 1：增强学校共同体的创造价值观。

第一，形成和增强学校成员对教育工作之创造性、对创造力之重要性的共同认识。第二，将创造力发展与每位教师的需要联系在一起。第三，将“不断地创造”作为学校共同体普遍追求的价值，并让广大教师认可这种普遍的价值。第四，将共同体的创造价值观转化为教师个人的创造价值观，这更直接地引导每个教师的创造力发展。

方略 2：将教师的创造化为丰富多彩的形式。

就教师的创造而言，以看得见、摸得着的方式为人的创造活动提供素材、平台、环境、内容等。鼓励教师形成自己的教育思想，并为他们提供形成和展示教育思想的平台，教师自己也要有意识地形成和发展自己的教育思想，这是创造力的结晶。

方略 3：全面营造教师创造的文化情境，带动广大教师的创造行为。

方略 4：从文化层面振兴教师的创造性学习。教师注重学习，教育家型的教师尤其如此。

2. 创新人才结构优化战略

培养高素养的政府领导人才；

塑造新一代的企业家群；

构建合理的教育科技人才体系；

建设优秀的技能人才队伍。

例：日本新规划 56 所"超级全球高中"。

日本正努力打造与国际接轨的世界型高中，新规划了 56 所"超级全球高中"，其中包括 7 所国立高中、31 所公立高中、18 所私立高中。预计在 2019 年，日本将建成与大学、企业、国际组织等相联系的全球领导人物培养体系。

2014 年 9 月 1 日，一所名叫"智慧女神"的美国大学以 2.8% 的录取率迎来首届学生：来自 14 个国家的 32 名学生，包括 7 名中国学生。该校的惊人之举：学生 4 年时间在 7 座城市学习，第一学年在总部旧金山学习，其余三个学年则在布宜诺斯艾利斯、柏林、孟买、香港、伦敦和纽约学习。办学目标即为培育有影响力的世界公民。

3. 从"中国制造"到"中国创造"

中国制造的症结在哪里？我们太多地关注"制造"和"创造"两个字，里面还是有着一定的浮躁的情绪，想法是好的，走得不好，会失败得更惨，其实，更应该做的，是用心去做好"中国制造"。我们经历过很多这样的事情，花了很多钱从国外请回来专家，买回来技术，但是从中国的生产线走下来，就发现，产品不像想象的那么好，相反有时会有"画虎不成反类犬"的尴尬。原因就是出在那条可怕的"生产线"，如果我们不能改善生产工艺，提高产业工人的素养，有多少中国创造的技术，最后出来的产品都是一样。

成就创新需要一个开放的心态，一个共赢的心态。以前，国人做一项生意就像吃一条鱼，喜欢从头吃到尾，恨不得把鱼骨头都吃下去，这是一个"产业链封闭"的形象比喻。而今天，一个开放的创新就是把鱼塘不断扩大，鱼塘的开发者在自己养鱼的同时，把更大的鱼塘提供给其他人。

例：瑞士全球竞争力连续 6 年第一的秘密——70% 的学生读技校

瑞士人口 800 万，国土面积仅 4 万平方公里，国民基本通晓 3 种以上的语言文字，在服务业、制造业以及高新技术产业等方面领先世界，国家竞争力连续 6 年全球第一，这主要得益于国民教育。

瑞士一直坚持双轨制教育。学生初中毕业后，有 30% 的人读高中，剩下 70% 读技校。瑞士人认为，不是所有的人都适合上大学，根据自己的喜好去学精一门手艺也是件非常有前途的事，他们丝毫不认为考上大学是件多么荣耀的事。

世界顶级大学研究报告显示：2015 年瑞士的高等教育得分仅次于美国，位列全球第二。它不仅有全球顶级的商学院，也有领先世界的理工科研能力。大学的科技创新能力仅次于美国和以色列。

双轨制教育的核心思想是因材施教。一方面通过高等教育对精英人才的培养，为国家输送优秀的科学家和工程师。另一方面，那 70% 的学生进入技校后，开始学习职业技能，又为社会培养出大批优秀技术人才。这两批人加在一起，成就了科学技术领域和制造领域的辉煌。而我泱泱中华全球竞争力却排在第 28 位。现今中国的国民教育，到了迫切需要家长改变落后的教育观念！

（三）构建"鼓励冒险，宽容失败"的创新文化

思想走在行动之前，如同闪电出现在雷霆之前一样。恩格斯指出："当技术革命的浪潮正在四面汹涌澎湃的时候，我们需要更新、更勇敢的头脑。"

我国每年科技成果转化率为 15% 左右，专利实施率不到 10%，而发达国家达到 70% ~ 80%。有效地提高科技成果转化率，让创新力最终变成生产力。

1. 有人对众多成功人士的调查研究表明，影响力、意志力、创新力是个人成功素养中决定性的要素。

（1）给狮子型干部以逐鹿的原野

"狮子型"干部因为敢想敢干、个性鲜明，往往被一些因循守旧者视为"另类"，怕其坏事，对其抱着防范心理，甚至排挤。有志不获骋，有劲无处使，这既不利于"狮子型"干部个人的进步，也不利于改革大业的顺利推进。

要让"狮子型"干部发挥才干，先要给他们合适的位子。有位才有为，没有驰骋的原野，狮子也会成病猫。给能干事、干得成事的"狮子型"干部以逐鹿的原野，让他们在干事创业中大有可为、有大作为。

爱因斯坦说："每个人都有一定的理想，这种理想决定着他的努力和判断的方向。就在这个意义上，我从来不把安逸和快乐看作是生活目的的本色——这种伦理基础，我叫它猪栏的理想。"

狗和狼都有消化系统，然而，狗很少将骨头吞下去，狼却不仅能吃骨头，甚至连毛发都能消化掉。因此，在恶劣的环境中，狗离开人的庇护很难存活，而狼却能傲然挺立。这，就是生命力。

（2）恐惧会让你失去什么？恐惧是让你退缩和放弃的催化剂

二战时，纳粹在一个战俘身上做一个残酷的实验：将战俘四肢捆绑在座椅上，蒙上眼睛，并开始搬动器械，他们告诉战俘："现在要抽你身上的血！"

被蒙上双眼的战俘只能听到血滴进器皿的滴答声，一阵哀号之后便气绝而终。其实，纳粹并没有给战俘抽血，滴血的声音是用滴水声模仿的。导致战俘感到绝望的，是他们自己的幻想。想象着自己的血液即将流尽，对死亡产生了巨大的恐惧，导致肾上腺素急剧分泌，心血管发生障碍，心功能衰竭，最终死亡。

目标，帮助你找到心的方向。拿破仑说："有了目标，内心的力量才会找到方向。"一个好目标的制订需要具有五个重要特征：具体性、可衡量性、可实现性、现实性、时间相关性。

2. 绊倒你的也许正是金块

有人做过这样的实验：将一只跳蚤放进玻璃杯里，跳蚤能立即轻松地跳出来。而它所跳的高度，一般是身体的400倍。如果在杯口盖上一块玻璃，跳蚤就会一次次撞在玻璃上，不过，很快它就学得聪明起来，开始调整所跳的高度，只在玻璃下跳动，再也不会撞到玻璃上了。一天以后，实验者拿开玻璃，跳蚤仍然在原有高度跳动。一周以后，它虽然还是不停地跳动，但已经无法跳出这个玻璃杯了。难道跳蚤真的无法跳出来吗？不是！只不过它已经确信，那个高度是自己无法逾越的。

现在，有很多人正在过着这种"跳蚤人生"。

长期生活在僵化氛围中的人们，脑子里填满了各种各样墨守成规、一成不变的"条条框框"，这限制了自身的发展，错过了一次又一次超越自己的机会。

创新意识通常表现：

勇于质疑，不盲目从众；

善于发现别人没看到的事物；

越是神秘难解，越富有挑战性；

敢于尝试不同的方法。曹雪芹虽然一生困难重重，世人都认为他是"傻子""疯子"，而他把全部心血都倾注到写作上，逆境中"披阅十载，增删五次"，终于写出了传世经典《红楼梦》。

三、终身学习终身就业——迈向成人创新社会

欧洲终身学习计划将学习型社区定义为：一个城市（地区、乡镇）的发展超越了提供公民所需教育与训练的法定权责，进而透过提供学习机会，创

造充满生机的、参与性的、具有文化与经济活动的环境，以提高全体市民的潜能。

（一）全民终身学习被誉为进入21世纪的钥匙

教育规划纲要明确提出，“更新人才培养观念，树立多样化人才观念，尊重个人选择，鼓励个性发展，不拘一格培养人才”。

“全民教育”转变为“全民学习”，构建终身教育体系，建设学习型社会已经成为许多国家的教育发展目标。全民终身学习被誉为进入21世纪的钥匙。

1. 找准“结合点”，夯实“支撑点”，挖掘“需求点”

做人人需要的培训，做人人参与的培训，做人人有收获的培训。找准培训学习与教学工作的“结合点”，夯实人才培养与社会认可的“支撑点”，挖掘民生唯实与评价激励的“需求点”。

（1）学习型社会基本要素

一是新型学习者，与传统意义上的学生概念不同，新型学习者把学习不仅仅作为谋生的手段，而是作为乐生的需要。引导和鼓励社会学习需求的多元增长，形成和发展学习型社会的动力机制。

二是遍布全社会的学习型组织，依托社区、企业、社会组织等，让学习者随时、随处可学习，汇集全社会的学习资源和教育资源，通过管理、引导、资助、督导和认证的方式促进优质学习资源的丰富和发展。

三是服务终身学习的制度体系。构建学分银行制度，为学习者提供学分认证、学分积累、学分转移、“微证书”“微学历”等服务，依法促进和规范学习型社会的成长与发展。

（2）学习型社会的实质：以学习求发展

学习型社区的典型特征：

在理念层面上，把学习作为促进社区发展和社区建设的核心手段。

在体制层面上，以完善的社区教育体系和普遍的学习型组织为基础。

在行动层面上，居民广泛参与社区学习活动是学习型社区的重要标志。

在效果层面上，学习型社区建设要实现居民发展和社区发展的有机统一。

2. 起点·节点·支点：创新力“金字塔”结构

现代脑科学的研究成果表明：创新力是人的大脑的智力表现，就是大脑中储存的各种信息进行新的排列和组合所产生的新智力。这种新智力的形成与发展是以“金字塔”的结构状态存在于大脑之中。这个“金字塔”的塔基是由非智力因素，即创新需要、创新动力、创新情感、创新意志等组成的。这些因素称之为创新意识，它是大脑产生创新力的始动力，有的学者称之为创新力的"发动机"和"推进器"，它是形成和推动创新力"金字塔"结构运行的驱动力。

创新力"金字塔"结构的"塔身"由若干层次构成。

第一层是创新性知识。这是创新力形成与发展的基础，因为创新力是在掌握创新知识的过程中形成和发展的。

第二层次是创新性的智力系统，包括创新性观察力、创新性记忆力、创新性想象力、创新性思维力等。创新性观察力是创新力的"眼睛"，没有创新性的观察力，就不可能获取外界各种事物的新信息，也不可能进行创新性想象和创新性思维，也就不能产生创新力。创新性记忆力，是创新力的"仓库"或"储藏所"。创新性想象力是创新力的"翅膀"。创新性想象力高，就能把大脑中储存的信息顺利地进行新的排列、新的组合，容易形成形象性的新创见、新事物。

创新力"金字塔"结构的塔尖就是创新力。开发和提高创新力是一个系统工程，这是有规律可循的。

（二）大众创新：创建学习型城市的"七个结合"

软实力是一种持久性的、制度性的、规模性的人才机制，谁掌握人才谁就能够占领制高点。美国的优势是多层次的，美国的优势核心就是他的人才战略。

创新分三个层面：第一，思维跨越就是革命；第二，创新方式的改变就是途径变了；第三，就是关键技术和核心技术。美国创新的核心，一是以斯坦福和硅谷为主的西部创新核心领域，二是以波士顿的MIT、哈佛大学为主的东部核心领域。而新的巅峰式的创新正在美国硅谷兴起。

1. 创建学习型城市的"七个结合"

虚实结合。更新思想观念，变"要我学"为"我要学"，变"逼着学"为"抢着学"，变"唯文凭"为"学力至上"，从而，以此"虚"来务彼"实"。在全民皆学的校园里，培育人才，选拔人才，发展人才。

远近结合。抓远期规划与近期打算相结合。在加快城市化进程中对教育资源实施动态管理。

点面结合。从点到面保持不断学习的状态，始终以学习促进创新，促使每个市民抓住新的发展机遇，增强创新的发展优势，构筑新的发展平台。

上下结合。自上而下要以学习开路，提高自身素养，促进全面发展，永葆生机与活力。

内外结合。走出去取经：应真心诚意地出去考察，学习；增加学习型消费，满足人一生中各个时期的各种学习需求；推进办学体制改革，鼓励内外资本投入，振兴各级各类教育。

学用结合。在知识化时代，学习和工作密不可分，应工作学习化，学习工作化；勤奋地学习，聪明地工作。

古今结合。学习是一个古往今来的社会课题。搞好人才的引进、竞争、激励、评价、选配，使各类人才脱颖而出。

2. 智慧是永恒的财富，它引导人通向成功

犹太人占世界人口的0.3%，但他们占了20%的诺贝尔奖。他们就是靠创意来赚钱，就是靠卖创意来发展。

例：用智慧创造财富。

1974年，美国政府为清理给自由女神像翻新扔下的废料，向社会广泛招标。但好几个月过去了，没人应标。正在法国旅行的一犹太人听说后，立即飞往纽约，看过自由女神下堆积如山的铜块、螺丝和木料后，未提任何条件，当即就签了字。

纽约许多运输公司对他的这一愚蠢举动暗自发笑，因为在纽约州，垃圾处理有严格规定，弄不好会受到环保组织的起诉。就在一些人要看这个犹太人的笑话时，他开始组织工人对废料进行分类。他让人把废铜熔化，铸成小自由女神像；把水泥块和木头加工底座；把废铅、废铝做成纽约广场的钥匙。最后，他甚至把从自由女神身上扫下来的灰包装起来，出售给花店，不到3个月的时间，他让这堆废料变成了350万美元现金。

犹太人的创新特点如下。

特点1：创意。创意很重要，你要有新的想法并实现新想法，这是别人想不到的，就在意料之外，情理之中。

特点2：在怀疑和争论中获取知识。他们绝不相信权威，想方设法打破习俗，得到他们想要的。

特点3：从危机和未来两个角度去开拓。犹太人的历史造成了危机感，所以，他们随时对风险提供判别。比如，别人干这一个，他就找新的替代型的产

品或者是超越性的来做。

特点4：方法引领创新。中国有句说法，没有金刚钻别揽瓷器活，这个金刚钻就是基本功还有技巧。他们把技巧学习作为创新的内容。

特点5：发达的创新服务。在以色列，有一个强大的服务体系，只要有一个好的想法，这个服务体系马上就到他这儿来，帮助他尽快取得成功。

（三）创新教育：基于实践的理论建构

要增进教育的"软实力"，就要彻底反思教育的价值观，并在此基础上进行制度的最优选择。

1. 教育制度设计：教育公平与活力实现的关键

设计已成为人类生活的一种必需方式，教育的设计属性逐渐凸显。基于设计的研究以洞察和探究真实教育情境中的学习机制为原动力，通过层层递进的问题解决方案的设计、实施、修订与循环，把教育实证研究与理论驱动的学习环境设计融合在一起，是理解教育创新如何、何时以及为什么在实践中起作用的重要方法论，这在持续地推动教育理论与实践创新方面蕴含着巨大的潜力。

（1）包容性思考

包容性思考是一种把信息与知识碎片整合在一起的思维方法。我们接触到的海量信息与知识碎片，不乏交叉、重叠、对立、包含之处，需要用一种思维方法将它们统一起来，使之各安其位、和平共处，共同组成一个完整的立体化的知识体系。包容性思考法是一种与批判性思维和平行思维不同的思维方法，是解决冲突与矛盾的必要手段。

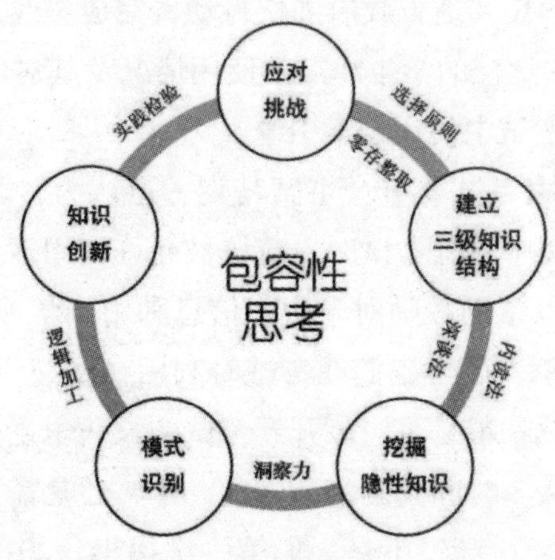

创新型教师，就是那些善于吸收最新教育科学成果，将其积极运用到教学中，并且有独特见解，能够发现行之有效的教育方法的教师。教师创新性水平高低对学生创新能力的培养是至关重要的。

（2）教育制度的科学设计是实现教育公平的重要保证

教育公平问题是我国社会公平的一个重要方面，教育公平也是实现社会公平的首要任务和基本途径，开展教育公平为基础的研究和建立公平的教育制度是从根本上解决教育不公平的关键和保障。

要从政策和制度设计层面去推进教育公平。“和”是世界的和平，“和”是社会的安定，“和”是家庭的和美，“和”是人与人的和谐。“和”是一种共赢与和谐的境界。“和”文化是中国传统文化的核心文化。《中庸》有言：“和者，天下之达道也。”文化的一大特点就在于注重“和谐”。

2. 借鉴他国成功经验并进行本土化的改造

（1）英国教育部为改革学校督导机制，将采取 6 项措施

措施 1：将学校评估分为四个等级：一等为“优秀”；二等为“良好”；三等为“需要改进”；四等为“不合格”。

措施 2：提高教学在教育评估中的地位，使之成为核心要素。如果教学被评为“优秀”，那么整所学校也应该被评为“优秀”。

措施 3：优先对已经被要求整改的机构进行再次评估。

措施 4：提高督导的突然性，尽量避免提前通知学校具体的督导时间。

措施 5：当学校被评为“需要改进”或更低等级时，教育主管部门应该介入，敦促管理人员、学校和地方政府加快行动，完成整改。

措施 6：特别关注学校的学生津贴的使用情况及其对弱势群体的影响。

（2）允许学生在考试中使用搜索引擎

英国牛津剑桥皇家考试委员会主席马克·道认为，学生在参加一些中等教育普通证书和英国高中课程考试时，应该被允许使用搜索引擎。引入搜索引擎、计算器等工具可以帮助教师对学生将信息利用到学习中的能力进行评估。所有人都能用搜索引擎，而学生们在考试时利用在线搜索的时间本来就有限。将搜索引擎引入考试，就跟是否应该开卷考试的长久争论一样。真正到了考试的时候，根本没有那么多时间去翻书，因此，平时还是需要认真学习的。

将技术带入考试，这已经不是人们第一次提出，2014 年，哈佛大学物理

学教授埃里克·梅热指出，考试时应该允许使用网络工具。

（3）更好地学习为了更好的成功

法国初中教学改革计划——《更好地学习为了更好的成功》。这是继 2013 年 7 月法国政府颁布《重塑共和国教育法》并对小学教育实施改革后，在其国民教育领域开展的新一轮改革。

针对初中教育质量日益下降的现状，此次改革希望通过修订教学大纲，增加教师自主教学时间等途径，实现强化基础知识教学，培养学生的社会适应力，加强共和国价值观教育等目标，最终打破社会阶层阻碍，提高学生的学业成功率。与此同时，通过改革促进教师队伍建设，激发教师工作热情和创造力。

改革的措施包括强调理论结合实际，加强学生基础知识学习；因材施教，提高学业成功率；强化培养初中生适应现代社会生活所需技能；将初中校园变成学生成长及公民意识培养的重要场所，并优先培养学生个性及团队意识。

评价一所中学办学是否成功的重要标志是其附加值。开展办学评估，一方面要减少外界客观因素的影响，尽可能体现学校办学水平，以学校每个学生在原有基础上取得的进步为主要评价依据；另一方面，评估要在同类学校和同类学生间开展，即同一类学生在不同学校的进步状况不同，则可以反映出学校的办学能力高低。

第二节　用心创新：找到提高业绩的关键点

通过创新寻找学校新的发展机遇。唱响创新主基调：经济抓方式创新，政治抓协商创新，文化抓传承创新，社会抓管理创新，生态抓机制创新，党建抓保障创新。

一、"弯道超车"：创新没有终点

弯道超车是赛车手决胜赛场的法宝。弯道意味着危险和挑战，更意味着超越对手的胜机。"弯道"不比"直道"，情况复杂，变数增多，既有超车的胜机，也有撞车的风险。弯道超车的要义在于明确的方向和高超的驾驶技能。要善于创新思维，勇于攻坚破难，不断锤炼“弯道超车”的良好“技术”。

（一）教育改革要有“弯道超车”的意识

改革开放意味着创新，创新就是走“弯路”。传统是一直按照原来的思路模式走下去，越走越快，越走越远。与之相反，创新肯定是弯道。现在讲拐点，就是把原来的否定，找一个增长点。改革是跨越式发展，讲通俗一点是超车。现在教育改革要有弯道超车的意识，可是当学校想走另外的道路，弯道超车的时候，就碰到了制度障碍。

在教育上，目前的一大问题是规范重于创新。有太多的规范、规矩，独独不讲创新，结果大于过程。结果论的是考试多少分，排名第几，以这个行功论赏，过程很少关注。如何突破发展瓶颈，要有“弯道超车”意识，通过改革创新激发教育活力。

1. 迈克·富兰在《变革的力量——透视教育改革》中对学校改革的建议

建议 1：强制是重要的。政策制定者有义务确定政策、设立标准并监督其实施。但你不能强制决定什么是重要的。因为对于变革的复杂目标来说，真正重要的是技巧、创造性思维和投入行动。

建议 2：变革是非直线的，充满不确定性。变革是一项旅程，而不是一张蓝图。变革好比一次有计划的旅行，和一伙叛变的水手在一只漏水的船上，驶进了没有海图的水域。

建议 3：问题是通向更加深入的变革和达到更为满意的途径。问题是我们的朋友，我们只有深入到问题之中，才能提出创造性的解决办法。

建议 4：不成熟的见解和规划可能是盲目的。因为在变化复杂的条件下，人们在形成一种似乎正确的见解之前，需要提供大量可以思考的经验，而通往成功的共同见解的形成，需要时间、机构的成员和领导进行相互的动态的作用。所以，见解和战略规划往往稍后形成。

建议 5：最新的思想往往产生于多样性和在团体边缘的人。个人主义和集体主义必然有同等的力量。

建议 6：集权失之过分控制，分权错在走向无序。单纯的集权和分权是行不通的。

建议 7：最好的机构从外部学习也从内部学习。许多机构从事内部发展的工作，但是对待环境没能保持一种超前的态度。

建议 8：变革太重要了，不能只交给专家去做。既然没有人认识到在一个动态的复杂系统中变革的复杂性，我们就不能把责任推给别人。而且变革的新范式所需的条件不可能由领导人自己来制定。每个人都是变革的动力。

2. 创新则生，不创新则亡。这显然已不是一个有待考证的命题，而是一个摆在教育家面前的残酷现实。

制度的创新与领跑才是一个国家发展最重要的动力，弯道也好，直路也好，"超车"必须基于对事物宏观发展规律的正确判断，合乎自然地顺势而为，不超而自超！

（1）弯道有险情，弯道有变数，弯道更有胜机

说到"弯道超车"，就必须首先了解"弯道行车"。弯道行车，因为看不清楚对方来车和道路上的变化情况，方向控制的难度比在直道上行驶要大得多，要注意的问题也就远远超过了直道行驶。我们在行驶过程中所遇到的弯道，不论是连续的，还是相对独立的，都不外乎是左弯、右弯或是它们的组合，转好弯路的基本原则就是要靠右行驶。

"弯道超车"理念被引申到经济建设中，则是不惧风险、迎难而上的攻坚意识，抢抓机遇、奋勇争先的进取精神，胆大心细、临危不乱的科学态度，求真务实、敢于担当的工作作风和狠抓落实、推动发展的重要法宝。

（2）思想是发展的灵魂，思想就是"发动机"

"弯道超车"的理论诠释。弯道超车需要技巧，有技巧才能抢占先机，有技巧才能把准方向，有技巧才能出奇制胜。"敢为人先，敢于担当"为弯道超车植入了文化根基。波音公司创始人威廉·波音说："我有一颗永不满足、永在躁动的求高求新的心。"

构建教学与科研相互促进的机制，全力"弯道超车"。科研对教学的促进作用有四方面：一是科研促进教学思想观念的改革；二是科研可以促进教师知识的更新；三是科研可以促进教学内容的更新；四是科研可以促进教学方法手段的更新及改革。另一方面，教学对科研有促进作用。在教学过程中发现的新问题，就是为科研提出课题，任何科研工作都是从发现问题到提出问题开始的，通过教学培养人才，这可以为科研工作输送新力量。

（二）管理"秘诀"：为教育"造血"

制度建设是文化融入的途径。要从"输血"中获得更多启示，最终要落

实到增强自身的“造血”功能上。

1.“输血”变“造血”，“有限”变“无限”

发展才是硬道理。邓小平说：“中国解决所有问题的关键要靠自己的发展。”“防癌”要从造血抓起。“老虎苍蝇一起打”彰显了反腐的决心和勇气，同时也反映出在培养干部成长成才和加强干部监督管理方面的不足，这导致了干部思想的“癌变”。

（1）布道者：拧紧发条，使师生的生物钟不得松懈。强化精神管理，重视走动管理。以制度激发干事活力，研究学校的最优化运作。从“输血”到“造血”，需要学校管理变革。

（2）从“治教”转为“治课程”：围绕“兴趣、信心、习惯”，开展教育教学及管理工作，激发师生的学习和探究热情。列夫托尔斯泰认为：知识，只有当它靠积极的思维得来，而不是凭记忆得来的时候，才是真正的知识。

（3）抓好“凝聚力工程、动力机制、质量管理”，管好三件事：发展战略、团队建设、风险管控。在变化中生存，在危机中抓契机。

解放思想只有过程没有终点。实践永无止境，创新永无止境，解放思想也永无止境，解放思想不仅贯穿于中国发展的历史，而且也贯穿于整个人类发展的历史。

2. 在制度设计上要从“输血”思路转变为“造血”思路

变“输血”为“造血”，实现智力帮扶。通过“基础扶贫、智力扶贫和观念扶贫”，推进扶贫从“输血”式向“造血”式，从物质资助向智力开发的转变，实现“扶智”与“扶志”结合。

坚持智力扶贫。扶贫先扶志，扶贫须扶智。加强基础教育，提高贫困人口受教育程度等方式，推进智力扶贫，增强农村、农民自身“造血”功能，努力实现由救济式扶贫向开发式扶贫的转变。

“借脑”“输血”，由发达地区“输血”支教走向自身的“造血”兴教。从教师变成导师，做学生学习的辅导者，学习动力的激发者，学习活动的管理者。

建立“造血型”教师培训机制，采取“扶能、扶智”的方式，加大学习培训力度。为发展教育事业“造血”。教师“充电”“补脑”，提升教育管理或课堂教学效率，提升校长及教师素养和教育教学水平。深度充电、“造血”，催生教育专家。“换血、造血”，提高学习力、研究力、执行力和思想认识。从管理与创新的角度，引导校长发散思维，创新管理方法。打开教师心灵的“天窗”，使他们有所思、有所想后憧憬无限。校长们置身于全国教育改革的大背景下，去思考，去审视，去规划，去发展，去提高，躬身实践，以甘于奉献的精神，宽以待人的胸怀，为教育事业坚守到底的理想，争做教育家，创办好学校，造福社会和人民。

3. 借力发力，就势造势，打造优质学校品牌形象

我们常说，要借助“外脑”，高知识人群是稀缺人群，会干事业和能干成事业的人们的一个诀窍就是“借力发力”“借船出海”，善于运用最优秀的人才组合在一起干事业。

（1）借力发力让学校坐“快车”

借助名校的优质教育资源，走快速崛起的发展之路，这是时下薄弱学校改变自身困境，“挺身站直向前走”的一条“捷径”。

在建设品牌学校的过程中，借力发力，就势造势，是一种可行的模式。借力发力，就是引进国内外品牌学校连锁管理，提升自身的形象；就势造势，就是在教育部门的领导和管理下，通过学校等级评定，建设有实力、上档次的优质品牌学校。

（2）智者当借力而行

聪明的人都是借助他人的力量达到自己的成功！凡成大事者，都是借力的高手，谁敢说，他的成功不需要借力；谁敢说，他的成功中没有借力。一个人的成就有一半靠自己的努力，有一半靠平台对你的成就。俗话说得好：借力发力不费力。懂得借力发力的人，就能够以小博大，以弱胜强，以柔克刚，就能够四两拨千斤。敢借，能借，会借，善借。借出一片新天地！

（三）注入活力：学习力 + 创造力 = 竞争力

学校的竞争与发展的三个关键因素：学习力、创新力、竞争力。这三方面的有机结合，从根本上决定了学校的长期竞争优势和可持续发展。学习力是发展之源，创新力是成长之基，竞争力是制胜之本，学校之间的竞争实质上是这三种力的较量。

学习力、创新力、竞争力之间既有机统一，又互有侧重，在学校发展中所起的作用是不容置疑和无可替代的。但究其根本，由于创新力和竞争力的形成与发展源于学习力的提高，所以学习力才是提升三种力中的重中之重，是学校可持续发展的纲。

1. 工作学习化，学习工作化

人们常说：当代城市之间、国际之间的科技、经济的竞争，说到底是人才的竞争。这个“底”其实并非真正的底，真正的“底”是人才的学习力，包括全体市民、全体国民的学习力。

工作着是美丽的。倡导“工作学习化，学习工作化”的理念，引导广大教职工将工作当学问来研究，使“上班要做三件事——工作、学习和研究”成为教职工的座右铭，鼓励教职工带着问题学习。工作学习化，学习工作化，是学习和工作的有机结合。工作的全过程就是学习的全过程。学习力使工作产生了质变和量变，反过来工作把学习力推向新的高地，相互促进，良性循环，这样每个教职工不仅是学富五车，才高八斗，还能一专多能，融会贯通。

学习型组织是以团队学习为主要特征，它强调“学习＋激励”，不但使人勤奋工作，而且特别注意使人更加聪明地有创造性地去工作，它以增强组织的学习力为核心，提高群体智商，使教职工“活出生命的意义”。

2. 人才最本质的特点在于创造

（1）创新是知识经济的本质特征，也是支撑一个城市、一个国家综合竞争力的核心。

在美国硅谷，那里不仅海纳百川，人才济济，而且还拥有众多的研究型大学，数十万计的学者、教授、博士、发明家、企业家、金融家聚集一起切磋，交流碰撞。他们勇于创新，敢为人先，鼓励尝试，宽容失败，形成了学习力、创造力很强的创新文化，进而使硅谷成为全球最活跃的创业中心之一。

（2）让理念从墙上走下来

“落日法则”的核心内容是不让问题过夜。即当天的工作计划必须当天完成，未能完成的加班也要完成，对突发的问题能当天处理的决不推延。

“修路原则”改善了心智模式。当一个人在同一地方出现两次以上同样的差错，或者两个以上不同的人在同一地方出现同一差错，那一定不是人有问题，而是这条让他们出差错的“路”有问题。此时，作为问题的管理者最重要的工作不是管人，而是修“路”。

“木桶理论”提升了团队整体素养。任何组织可能面临的一个共同问题，即构成组织的各个部分往往是优劣不齐的，而劣势部分往往决定整个组织的水平。因此，整个社会与每个人都应思考一下自己的“短板”，并尽早补足它。

3."问题管理"：把"问题"转化为"资源"

让问题式管理成为一种文化。学会"诊脉"问题以及怎样"对症下药"。为了使人人成为问题的思考者，将每项工作细节用"放大镜"放大，用"显微镜"观察，找到问题的关键点，找出需要改进和控制的地方。

把"问题就是资源"建成工作运行机制。马克思说："问题就是时代的声音。"通过对问题的跟踪、研究，改变了职工对"问题"的认识，不再视"问题"为困难，而是在解决问题中实现了意识上的变革。

二、挑战假设：打破固有的思维模式

任何一个组织，随着时间的推移，一定会变得涣散化、官僚化、失效化，并最终走向消亡。

（一）未来属于"学习者"而不是"知道者"

创造力主要强调原创性和高质量，最突出的特点是学生能够将一些原有的东西用创新的方式进行重新组合。有创造力的教师培养有创造力的学生。

1. 有创造力教师的五种习惯

习惯 1：拥有好奇心。好奇心是学习和创造的基石。为了培养学生的习惯并为学生树立榜样，教师必须亲自挑战那些阻碍好奇心发展的传统观念，打破影响创造力的僵化思想，建立开放型的思维方式。

习惯 2：具备重新组合信息的能力。有创造力的教师通常能够复制、重组、改造现有的信息，并以崭新和有创意的方式去学习和传授这些信息。可以建立强大的人脉网络关系和社会化的学习机制。

习惯 3：拥有自己的归属团组，懂得通过团队合作共同学习或解决问题。创新思想的实现需要团队的支持。

习惯 4：明白在犯错中可以向前迈进的道理。敢于向前、不畏犯错是有创造力的人的一大特征。犯错可以使人进步。他们会享受这一改错和进步的过程。

习惯 5：拥有反思的习惯。从个人角度看，他们能够持续性地反思和保持开放的心态，并向自己现有的观念挑战。从团体角度看，他们能够在互相信任和支持的基础上携手共进，反思共享，走向培养创造力的理想境界。

有创造力的教师喜爱观察，心态开放，应变灵活，敢于创新，有批判性思维等。他们善于提出开放性的问题，鼓励学生自我表达和分享思想，能有效地培养学生的创造性思维能力。

2.美国中小学从以下几方面培养学生的创造力

第一，要认识到知识深度的重要性。要想做到知识的升华，可能需要穷尽一生的努力去学好知识。

第二，要有开放型思维，并乐于接受这样的观念。教师应通过不同的信息来源让学生寻找信息，分析信息，并在此基础上用全新的方法得出自己的结论，以培养学生的创造力。

第三，要注重对各种思想体系的重新组织，并在此基础上对其进行评估，找出新的、有益的解决方法。

第四，要勇于尝试，即使犯错也没有关系，一是帮助孩子做好犯错的思想准备，二是使其认识到失败是成功之母。

3.创新力教育与教育创新力

（1）创造性学习的特征

预期性。培养着眼于获得应对未来挑战的能力，预见即将来临的事件和评估当前决策和行动“中长期后果”的能力，打破那种单单从过去经验中学习的情况。

参与性。要使更多的人具有自主的意识，独立地做出判断和决定，积极参与不同层次的从局部到整体的决策过程，并意识到自己与全球问题的关系，承担起责任，自我约束，相互尊重，积极参与对未来的控制，而不是被动地执行。

教学中要有意识地培养学生的发散思维能力，教师要善于选择具体题例、问题，创设问题情境，精细地诱导学生的求异意识。如一题多变、一图多问、一题多议、一题多解等。促使学生的思维不断向横向和纵向发散，从而得出多种解决问题的方法和途径，达到培养学生的创新意识和创新能力的目的。

教学创新力体现在：具有一支结构优化、素养良好、富有活力的高水平的教师队伍；重视创新团队和学科梯队建设；尊重人才成长的规律，尊重个性发展，建立有效的学习机制；有符合创新人才培养目标要求的教学内容、教学方法和教学手段等。其衡量标准是创新人才培养的质量，表现在学生的知识创新、能力创新的增量上，即学生入学与毕业时智力、知识、思维风格、想象力、意志、素养、毅力总量之差。

（2）以创新力为导向的课程体系特征

特征 1：课程资源的丰富性。指课程体系包含的课程门类多，形式丰富。

特征 2：课程体系的开放性。主要表现在对外界信息的接纳，以及课程体系本身的开放状态。

特征 3：课程设置的灵活性。

特征 4：课程形式的多样性。以多种多样的课程形式满足教学需求，为教学目标的选择提供有效的空间。

（3）建立以创新力为导向的评价体系

体系 1：评价主体由单一化向多样化转变。

体系 2：评价内容由综合实力向创新力转移。

体系 3：评价指标体系从量的可比性向信度与效度转变。

（二）虚心用知识打造自己

知识素养就是那些能够克制你言行的东西。谁都希望听到那些跟自己欲望一致的言论，但有知识素养的人能够让你比其他人更能克制自己。

1. 人生成熟的四个重要标志

标志 1："轻视异性"。用一种平和、健康、冷静的心态理解和交往异性。

标志 2：否定自己。不断地否定自己，是走向成熟的必要条件，也是成熟的重要标志。最需要改变的可能就是我们最坚持的东西。

标志 3：学会宽容。宽容不仅象征成熟，宽容更是一种境界。生活的阅历、生命的体悟，构成了宽容的前提与基础。宽容别人，也是宽容自己，这体现了对人性缺陷的包容和理解，因此，宽容不仅是一种成熟，也是一种智慧。

标志 4：重视简单。从思考能力的角度讲，成熟的标志就是对"简单"有了新的认识和理解，不再把简单看作简单，或者说，不再轻视简单。学术理论的建立，是在简单、原始概念之上的；思想的产生和深入，也是来源于人们对朴素世界、简单问题的深入思考。

2. 怀才就像怀孕，时间久了会让人看出来

人，切莫自以为是，地球离开了谁都会转，古往今来，恃才放肆的人都没有好下场。所以，即便再能干，也一定要谦虚谨慎，做好自己的事情，是金子总会发光。

师生培养和"煮汤圆"一样，只要方法得当，就没有浮不起来的"汤

圆”。“怀才”的人，体内宛如孕育了一个新的生命。怀才就像怀孕一样，时间久了才能让人看出来。“你太有才了！”这话相当于说“你太需要时间了！”每个教育家的成长都需要一方真正属于自己的水土，需要个性化的发展。突破前人思想与文本的视域，寻求新的立足点与增长点，创立自己的思想体系。

3. 要成功，需要朋友，要取得巨大的成功，需要敌人

有竞争才有发展，因为有了敌人的存在，因为有了不服输的决心，才会努力地做好自己的事，所以，有时候，敌人比朋友的力量更大，天下没有永远的敌人，却有永远的朋友，有些时候，敌人也可以变成朋友。

如何看待问题，日本创造性开发委员会提出：

——遇到困难，出现问题，要不安于现状，要努力向有利于克服和解决上述问题努力，这样的态度便可产生问题意识；

——即使没有遇到困难也会想到问题存在，这时就会想到：照此现状下去将会出现什么问题、矛盾、危机等；

——即使完全没有任何困难，也必须思考解决未来如何生存和发展问题。

（三）思考力：用头脑“引爆”创新潜能

思考力是逻辑思维的能力。思考力是对事物进行观察、比较、分析、综合、抽象、概括、判断、推理的能力，采用科学的逻辑方法，准确而有条理地表达自己思维过程的能力。黑格尔说：“逻辑是一切思考的基础。”高斯说：“人必须拥有清晰的逻辑思维能力，因为这是一个人理性的重要标志。”

1. 经营：模仿 + 改良 = 创新

创新就是率先模仿。通俗地说，就是要善于率先找最好的对象模仿。美国今天火的，就是中国明天将要火的。

（1）模仿的过程就是创新，实事求是就是最大创新原则

比尔·盖茨对学生建议：“我不认为你们有必要在创业阶段开办自己的公司。为一家公司工作并学习他们如何做事，会令你受益匪浅。”他的意思就是说，人们在创业之前先去学习他人，模仿已经成功者的创业经验，这样会更容易取得事业的成功。理想与现实之间，不变的是跋涉，暗淡与辉煌之间，不变的是开拓。

为什么选择标杆管理？“杆”是参照物，“标”是达到或超越参照物的标准，“标杆”是一个值得模仿的榜样，可以是人、模式、方法、流程或是某一

个具体标准。"标杆管理"就是通过模仿和创新来达到或超越标杆水平的方法和途径。因为跟进模仿本身就是一种需要对自己进行的锤炼和改变，否则难以实现有效的模仿跟进。

（2）跟进模仿要分阶段，创新也要分阶段，必须因时制宜、因地制宜、因人而异，大致可分四阶段。

阶段 1：跟进模仿就是适应性创新！

阶段 2：率先模仿就是创新！找到对你最有参考性的标杆学校，率先模仿，就能获得一定阶段的领先优势，这样的学校要有自己的科研处，有自己的情报分析系统，能够对相关业态进行研究，找到率先要模仿的对象。

阶段 3："模仿 + 持续的改良"就是创新！找到模仿对象的优点进行不断强化，缺点尽量想办法克服或规避，开发出更适合社会需求的服务。

阶段 4：集合模仿就是系统创新！集合模仿，就是将不同业态的各种先进有效的技术、方法、管理模式进行整合集成，就是系统创新！

2. 创新和颠覆是持续生存的基石

鲁迅说："用自己的眼睛去读世间这部活书。"一种成功的办学模式、先进的教育教学技术、有效的管理方式、健全的机制都在一个特定的时间、空间、地域，通过有机的整合形成的，能够照搬照抄，照葫芦画瓢，学得八九不离十，不仅仅对自身的资源和能力要求很高，还要充分了解其中的各种内在元素和条件，否则只能画虎不成反类犬，有形无神。

画家齐白石出名以后，真是洛阳纸贵，有些人便学习他的画风。有的人模仿齐白石的画，到了乱真的程度。齐白石是不以为然的。他说："学我者生，似我者死。"这话说得很有道理。一切"形式"的东西都是"形似"而非"神似"。向别人学习借鉴是必要的，不能机械地模仿，系列的配套制度必须跟上，包括物质的、精神的、制度上的等。

三、领导者：破解组织创新能力的密码

创新管理呼唤一种将用户当作"完整的人"的人文主义视角。学校持续发展有三个发动机，即市场驱动、创新驱动和领导力驱动。领导者是破解组织创新能力密码的核心！如何有效地将创新打造成为一种组织能力呢？

（一）教育发展的“三个”关键词：建构主义、科学民主、质量效益

思想的创生，是一种精神的历险，需要胆识，需要勇气，也需要民主与宽松。教育需要思想，需要有思想的教育学者去解释教育的现象，揭示教育的真谛，预示教育的未来。教育是国家强盛、民族振兴的基石。优先发展教育，探索适应不同类型教育人才成长的管理体制和办学模式，激励教师专注于教育。

关键词 1：“新建构主义”值得研究。

我们急需一个大教育范畴下的革命性革新，而不是由教育行政部门在原有模式下的修修补补——因为，仅凭教育行政自身的革新能量，很有限。社会建构论强调知识的建构性，不是主体的外在之物，而是在社会关系中的“存在”，这有利于人们对知识的主体性的关注，注意社会的外在因素对科学知识产生的影响，强化了情境认知的功能，便于对知识的深入认识。

（1）树立大教育观

构建终身教育、全民教育体系，构建有中国特色的现代教育体系。建构主义的一个重要特点是从过程的、动态的角度看待社会现象，在建构主义者眼里没有一成不变的“社会事实”。所谓社会事实，基本上是人们经由特定过程建构出来的，并且总是处于不断的变化之中。

（2）“新建构主义”学校发展模式

重视现代学校制度建设，促进学校管理标准化、规范化、科学化。教学就是创设有利于交流与协商的学习共同体，重视学习者的社会参与，强调真实的学习活动和情境化内容，创建实践共同体和“实习场”，以使学习者在学校所学知识、能力具有远迁移力和强大的生存力。

（3）构建政府、学校、社会之间的新型关系

重建学校使之成为学生和教师的真正的学习型组织。促进职业教育新模式的形成：以推进政府统筹、校企合作、集团化办学为重点，探索部门、行业企业参与办学的机制；实施工学结合、弹性学制、模块化教学等，推进职业教育为“三农”服务，培养技能型公民。

关键词 2：科学与民主大力倡导。

理论的消化、吸收并使其在教育实践中产生作用，需要一个不断探索和反复修正的过程，更需要结合我国的社会现状和教育实际，运用唯物辩证法思想对其进行合理扬弃，并非对原理论的简单“代替”，更非随意“建构”。

（1）遵循教育规律办学

苏霍姆林斯基提出："教育是培养幸福的人。"注重因材施教。关注学生不同特点和个性差异，发展每个学生的优势潜能，推进分层教学、走班制、学分制、导师制等教学管理制度改革。树立科学的质量观，促进人的全面发展，适应社会需要的能力作为衡量教育质量的根本标准。让教育回归教育的本质，注重学校的内涵发展。

目录

（2）用科学发展观规划和指导教育

在形势瞬息万变，竞争日趋激烈的今天，管理水平直接决定学校的命运。不尊重教职工的个性和群众的首创精神的管理一定是一种机械化的管理，是一种没有特色、没有个性和毫无生气的管理。人如其器，各有所长。人的整合，是管理中最难整合的内容。学校管理的本质是帮助每一位教职工找到自己最佳的位置和发挥最大的作用，从而帮助学生发挥个性特长，得到最大发展。

（3）实施民主管理、科学管理、人本管理，创建和谐校园

教师是社会的改良者，他们永远将最好的东西告诉给学生。注重学思结合，倡导启发式、探究式、讨论式、参与式教学，帮助学生学会学习。激发学生的好奇心，培养学生的兴趣爱好，营造独立思考、自由探索的良好环境。把

社会主义核心价值体系融入国民教育全过程。加强理想信念教育、公民意识教育，构建大中小学有效衔接的育人体系。未来教育的核心理念是尊重个性，激励创造，追求幸福，实现和谐。而和谐精神是人类未来教育的最高理念，这就是身心和谐，社会和谐，人与自然的和谐。

关键词3："质量效益型"教育蔚然兴起。

追求价值和效益是教育的更深层次的、根本的属性和工作目标，因此，提出教育模式的第二次飞跃——质量效益型教育。

（1）教育应以社会效益为最高准则

评价学校要看它的"教育力"。学校教育力是一个不断变化发展的动态过程，它既有显性的表现，又有隐性的内涵；既有静态的对峙，又有动态的起伏变化。因此对学校教育力的评价不能单纯地以静态的观点来考察，而应从立体的、变化的角度来实施评价。

（2）办与经济社会发展相适应的教育

随着经济的快速发展，人们对教育的投入越来越多，对教育的要求也越来越高。主动适应发展方式转变，积极服务经济社会需要，这是教育领域的重大任务，是教育事业的时代命题。教育与经济发展的关系一般而言是成正相关的，即教育促进经济发展，经济发展又促进教育水平的提高。经济发展以教育为基础，教育水平提高又促进经济的进一步发展。教育对经济社会发展的影响是长期的、潜在的和综合性的。

（3）教育的"第二次飞跃"

第一次飞跃：从应试教育到素质教育；第二次飞跃：从素质教育到"质量—效益"型教育。"质量—效益"型教育应是我国今后教育改革的目标模式，教育的实际工作必须以提高教育效益为中心，必须把提高教育效益作为一切教育工作的出发点和归结点。

（二）经济管理视域下教育投资是生产性投资

新世纪，给孩子一种全新的教育，一种高质量的教育，这已成为当代社会共识。由于科学技术的迅猛更新，现代经济发展正从重物质资源开发转向重人才资源开发。培养、培训人才的教育已成为全局性、先导性的基础产业。教育，已从社会的边缘跨入社会的中心。教育投入是积累人力资本的主要途径，教育投资是生产性投资。

1. 教育是人类最大的文明

教育是文化价值的传播工具，是有助于适应社会生活需要的环境的创造者，也是使社会发展成形的熔炉。知识作为一种生产要素在社会中的作用会日益重要，而教育作为一项生产和传承知识的大业，无疑具有举足轻重的地位。

（1）教育是文化价值的传播工具

教育已成为价值秩序的核心。教育是文化传递的一种动因，而文化为教育提供一种外围环境，同时又构成教育内容的重要部分，而价值理念则是教育中持久不衰的力量。教师在社会发展中的地位和作用，是和教育这一活动在人类社会发展中所起的作用密切相关的。在满足人们的发展需要的过程中，教育和文化同时都是发展的手段，也都是发展的目的。因此，教育资源的优化配置与教育制度的公平需要坚实的理论基础，教育经济与管理学科更加受到重视，它们逐步成为公共管理领域的重要学科。

现代教育与现代生产相结合。教育，是保存、传播、整理、更新和创造文化的工具，是文化的表现形式，人类正是借助于教育，文化才得以延续和发展。文化与教育的密切关系使得文化的变迁与教育的价值观之间具有了彼此影响的密切联系。教育必将在当今社会中承担起一种前所未有的角色，那就是做文化、社会和政治发展的核心，当培养坚持正义、巩固人权、持续发展、保证民主和平能力的支柱。

（2）教育应当领先于变革

教育的发展先于经济的发展。教育应当领先于变革，而不是对变革作出反应；应当在帮助塑造一个人们期望的新世纪的过程中发挥重要作用。要转变以发展智力为中心的教育观念，树立智力和非智力协调发展的素质教育观念。培养"德才兼备，全面发展"又具有创新能力的人。创新过程是追求创新的动力驱使过程，而爱国情、事业心和责任感正是创造力的最重要的源泉。

创新型教育旨在培养学生的创新精神。敢于质疑，发现问题，善于综合，正确思辨，勤于实践，求真求实；在尊重教师主导作用的同时，更加注重培育学生的主动精神，鼓励学生的创造性思维；在教学中，采用启发式、互动式，师生共同探究已知世界和未知世界，达到教学相长的目的；理解人才的个性特点，激发他们的好奇心和探究精神，使学生在发掘兴趣和潜能的基础上全面发展；重视理论与实践相结合，在科研创新的实践中，培养学生运用已有知识去发现问题，提出解决问题的新观点、新途径，最终达到超越自我、超越前人的目的，取得创新性的成果。

（3）教育是人类最大的文明

教师是人类文明的传播者。教育神圣的使命在于传承文明，教育是人类最伟大的创造。如果没有创造，知识只能帮助人们重复过去的道理，描述过去发生的事情。创造力才能使知识活化，为知识赋予灵魂，它是人类过去的经验与未来命运之间的桥梁。新知识不是演绎出来的，它是创造的产物。实际问题从来不会重复，人类经常面临从未出现过的难题，唯有创造性地运用知识才能解决它们。

教育是人与人之间心灵的沟通，是人的精神的生长和充盈。教师对学生来说是知识的传播者、智慧的启迪者、情操的陶冶者。心理学实验证明："学生的成绩优劣与指导多寡成正比，指导越具体、细致，成绩越优，缺乏指导，成绩最差，各组的成绩均因指导的增加而上升。"人类要把历代长期积累的社会精神财富，包括文化科学知识、文学、艺术、社会思想、哲学思想等一代代地传下去，不能没有教育，没有教师，否则人类文化遗产的传递就中断，人类社会也就无法延续和发展。

2. 教育——财富蕴藏其中

教育是人类从其自身学到的一切。1996 年，"国际教育委员会"向联合国教科文组织提交了《国际 21 世纪教育委员会报告》，该报告受寓言诗《农夫和他的孩子们》中的一句话"千万不要把祖先留给我们的产业卖掉，因为财富蕴藏其中"的启发，把报告题目确定为"教育——财富蕴藏其中"。

（1）教育应以社会效益为最高准则——关注外来人口的教育问题

教育与人的发展。针对外来人口子女教育问题，国务院特别提出了针对性的"两个为主"，规定"以流入地政府管理为主，以公办学校借读为主"。对外来人口的教育问题，可广开渠道多方融资，鼓励社会力量办学，或政府拿出部分资金办一些民工子弟学校，从公办学校抽调部分师资力量，同时调整收费标准，以满足广大民工子女就读的需要。这从而达到全面提升城市人口素养的目的。

"木桶理论"的启示：我们要想增加"木桶"的盛水量，就要设法延长木桶中的"短板子"……

启示 1：地方政府要发掘和利用当地教育资源，扶持和鼓励各种形式办学，政策应向贫穷地区或薄弱地区倾斜，关注弱势群体；

启示 2：学校是教育资源的重地，要利用学校的地理位置和优秀的师资队伍，开展各类教育培训；

启示 3：面向社会，统筹协调城乡教育资源，尽可能拓宽基础，在加快城镇化的过程中，提高农村教育的整体水平。

（2）办与经济社会发展相适应的教育——社区教育的理性思考

教育与现代人的生活质量的提高。社区教育是一项城市化进程中带有基础性、先导性、前沿性的事业，因为终身教育理念的实现和学习型社会的建立要依赖社区教育，农民自身素质的提高和农村的可持续发展也要依靠社区教育，而且推动农村基层的政治改革，加强农村法制建设，优化社区治安环境和其他社会环境，都要依靠社区教育。

提升精神——教育的追求。作为塑造人的教育，必须注意养育人的精神，丰富他们的精神世界，提升他们的精神境界。

首先，要引导人正确处理物质追求与精神提升的关系；其次，要注意丰富人的精神世界，人有没有精神生活、精神世界决定着人能否超越现实的存在；最后，重塑教育的人文精神。

重塑信仰——教育的灵魂。培养人的信仰是教育的一项重要任务和使命，是教育的灵魂。

首先教育、引导人们自觉关注自己的人生信仰。信仰是绝对个人化的，只有靠个人的主观努力才能达到，教育必然注意教育、引导人们关注自己的信仰，形成自己的信仰，以换取灵魂的安宁。其次，教育引导人们用信仰净化灵魂，提升精神。教育人们树立自己的信仰，以尽可能地使自己的生命"合理合法、尽善尽美"。最后，教育引导人们用信仰指导自己的生活。有了信仰，生活就有了方向，就有了动力，生活就具有了丰富的意义和价值。

思考 1：我们不仅要看到城市化在各方面所取得的巨大进步，同时还要清醒地认识到农村教育的性质和特点，准确把握其难点和着力点，从而有针对性地加快城市化进程中农村社区教育的力度和步伐。

思考 2：发展社区教育是构建终身学习体系和建立学习型社会的客观需要和基础工程。

思考 3：一切从实际出发，是唯物辩证法的准则。

（3）智力革命：寻求教育的本质

学校管理的重大创新。教育走向现代化，需要一个根本性的转变，从教育体制到运行机制，从教育理念到办学模式，从课程、教材到教学、考试……其中一个关键是管理的现代化和管理者的专业化，这是一场全民的智力革命！因为，在现代化大生产中，最重要、最关键的生产力因素是经过教育和培训的高素养的智力劳动者。世界发达国家，其经济振兴主要靠先进科技和训练有素的劳动力。只有拥有劳动力素养的优势，才会有生产的优势和经济的快速发展。据统计，工人的技术水平每提高一级，劳动生产率就提高 10% ~ 20%。而劳动力素养的提高，关键在于大力发展各种类型的教育。

教育可以提高劳动力的质量和素养。马克思说，教育可以“直接地把劳动能力本身生产、训练、发展、维持、再生产出来”。劳动者的文化、技术和智力水平的高低，现代条件下，主要是由教育决定的，它取决于劳动者受教育的程度高低。一般地说，劳动力的质量和素养，是与劳动者受教育的程度成正比的。社会生产现代化程度越高，对劳动者智力素养要求就越高。学习让生活更美好。国家发展、城市进步、人民富裕了以后，如果没有了精神，没有了文化，实质上就没有了灵魂。一座没有灵魂、没有文化的城市，同样可悲，且没有前途。因此，只有教育的现代化，才有社会的现代化。

3. 教育投资是生产性投资

教育是一种长期的经济、社会和人力投资，教育在政府调整计划中经常成为牺牲品，而学校教育的发展则要求国家增加这方面的预算。

（1）教育选择就是社会选择，应重视教育可持续发展的行动策略

策略 1：大力调整、建设与城市化进程以及现代都市发展需要的基础教育布局结构，加大薄弱学校、“袖珍学校”的撤并力度，充分发挥学校的规模等效益，办好每一所学校。

策略 2：强化学习型城市宣传、建设力度，营造“人人学习、时时学习、处处学习”的氛围。终身教育认为，自我不断发展的过程就是教育，将教育视为成长的手段。将发展教育视为发展城市、提高城市化水平的手段。

策略 3：加大教育投入。发展教育产业的重点是非义务教育阶段。教育不是一种纯粹的福利事业，对教育的投资是生产性投资。

（2）教育的卓越：为人才而投资

教育不仅仅是为了给经济界提供人才：它不是把人作为经济工具而是作为发展的目的加以对待的。“我们正处于这样一个历史时刻：全世界正经历着重要的科学技术革新、经济和政治领域的变革和人口及社会结构的转化。”

毫无疑问，这些翻天覆地的变化，今后还会进一步加快，并势必会造成许多紧张局面，特别是教育界的紧张局面，因为教育界将要满足日益增多的需求和接受一个迅速变革的世界所提出的各种新的挑战。为了适应当代的需要，我们应发挥创造力，拿出勇气，坚决进行切实的变革并立志完成自己将承担的各项重任。

人才流向富国。发展中国家每年损失专家、工程师、医生、科学家、技术人员数千人。他们为原籍国给的工资低和提供的机会少而感到失望，便移居富国，在那里他们可以更好地发挥自己的才干，得到较高的薪酬。科技水平越高，现代化程度越高，对高层次人才需求量越大，教育的投资总量也越大。经济发展水平既决定着教育投资的需求点，也决定着教育投资的供给量。为了适应这种形势，国家或国际上的教育改革计划不应局限于争取实现合理的规划和资金的合理安排。改革政策应该力求使教育达到精益求精的程度。

（3）对教育经济管理未来发展的思考

重视教育经济管理人才培养。重视基于学校发展的教师资源的开发和利用研究。培养学生的思维分析能力和观察力，并能与实际情况充分结合预见未来的发展趋势，提高学生的实际分析问题能力和工作能力。

培养一批懂经济、会管理的教育人才。教育是什么？教育已成为所有人的事情。每个人均可在各种教育环境中学习，甚至可在教育社会中轮流充当学生和教员。教育已成为社会的经常性生产任务，全社会都应对教育负责，只有通过教育，社会才能面目一新。

加强教育管理的评价与督导、教育经费的审计，办好节约型学校、节约型教育。建立起科学、实用的绩效评价指标体系，利用"多元评价"和"增资性评价"，注重规模、质量、结构、效益的协调统一，将节俭办教育的理念及其管理方式、技术措施贯穿于校园建设规划、运行、教育教学等全过程，从而形成良好的节约型校园文化，促进教育健康协调可持续发展。

（三）寻找"兴奋点"：创造力测试

企业家精神有冒险、创新、超越，你要当英雄，你要没有这样的想法，那就成不了企业家。

1. 人与人之间真正的差距是思考力的差距

凯里·斯蒂芬森说："要有创造力，就要用不同的方式来思考，同时，当我们与众不同时，我们就会被贴上怪异、疯狂甚至是神经病的标签。"

例：创新智力测试。

序号	内容	选项	得分
1	思想及行动有弹性	1 2 3 4 5	
2	能面对逆境	1 2 3 4 5	
3	有大量的主意及念头	1 2 3 4 5	
4	主意及念头是独特创新的	1 2 3 4 5	
5	性格独立	1 2 3 4 5	
6	不受拘束的	1 2 3 4 5	
7	爱冒险的	1 2 3 4 5	
8	有发明力的	1 2 3 4 5	
9	爱做梦	1 2 3 4 5	
10	有丰富的想象力	1 2 3 4 5	
11	绘画时喜欢加上许多细节	1 2 3 4 5	
12	不害怕与别人不同	1 2 3 4 5	
13	愿意冒险	1 2 3 4 5	
14	安于现状	1 2 3 4 5	
15	喜欢向人提出有建设性的批评	1 2 3 4 5	
16	提出有建设性的建议	1 2 3 4 5	
17	追求改变、创新和进步	1 2 3 4 5	
18	对美丽事物敏感	1 2 3 4 5	
19	善解人意	1 2 3 4 5	
20	对自己很了解	1 2 3 4 5	
21	对自己很诚实	1 2 3 4 5	
22	富幽默感	1 2 3 4 5	
23	自信	1 2 3 4 5	
24	情绪稳定	1 2 3 4 5	
25	易激动	1 2 3 4 5	
26	情绪化	1 2 3 4 5	
27	容易发怒	1 2 3 4 5	
28	不喜欢刻板的工作	1 2 3 4 5	
29	喜欢朝着目标工作	1 2 3 4 5	
30	很快便能看到问题的全貌	1 2 3 4 5	
31	强烈的平衡感（视角的、精神的、身体的）	1 2 3 4 5	
32	如有选择的话，宁可拣发挥创造力的活动或工作	1 2 3 4 5	

说明：

（1）回答上述问题从五个序号中选择适合自己的："1"从不发生，"2"很少发生，"3"偶然发生，"4"经常发生，"5"总是发生。

（2）选"1"得1分，选"2"得2分，选"3"得3分，选"4"得4分，选"5"得5分。

（3）将每题得分相加，总分：32～47分，创新智力受到压抑；48～75分，创新智力一般；76～91分，创新智力良好；92～128分，创新智力优异；129～160分，创新天赋极高。

2. 健全创新人才成长的导向体系

让学生学会前瞻性的思维方式。教育能够改变人们的思维和生活方式，能够培养人们创新创造的基本技能。

（1）创新是教不出来的，需要创造一个鼓励创新的环境

理想的教室环境是一种颠倒课堂和基于项目的学习模式，教室周围是电子图书馆，学生可以根据精选视频和社区资料自学，教师负责组织标准化考试以判断基本知识和技能的落实情况，而教室的中心则是讨论桌、加工工具、实验仪器和展示平台，学生基于具体的项目，解决真实情境下的问题，在协作中综合运用知识，提升情商，了解自我，学会生活，明确人生定位，以寻求巅峰体验和自我实现。

（2）重新思考行业结构和界限

要形成一种自上而下，人人想创新，个个能创新，处处有创新，时时抓创新的良好氛围、运行机制和工作状态。教学改革的成功，需要精英的理论和精神对于民众的先期渗透，做别人没做过的工作，才显得分外可贵。科学领域的深挖和拓展，需要后来者的应用和延伸。

向投资要拉力，向改革要推力，向创新要动力，向非公经济要活力，向机遇要潜力，向"工业化、信息化、城镇化、现代化"要实力。打碎看上去能进去其实会碰壁的"玻璃门"，打碎表面上很诱人冲上去就会被弹回来的"弹簧门"，打碎一阵子进去了转一圈又会被推出来的"旋转门"。

（3）研究人员要有创造性的眼光

差异化战略，指为使学校"产品"与竞争对象的"产品"有明显的区别，形成与众不同的特点而采取的一种战略。训练有素的员工应能体现出胜任、礼貌、可信、可靠、反应敏捷、善于交流等特征。

研发人员的特点：

特点1：研发人员智商高，逻辑思维能力强；

特点 2：不善沟通，想法隐藏较深；

特点 3：流动意向比较明显；

特点 4：绩效差距比较大；

特点 5：研发人员不服管。解放“人才”。

管理学界的“圣经”。竞争战略本身已经成为一门独立的学科，互联网的到来改变了行业进入壁垒，重新定义了需求方力量，推动了新替代模式的产生，而行业竞争的基本动力却保持不变。

3. 技能已成为 21 世纪经济的全球货币

加快推进高职分类考试改革，突出“文化素养 + 职业技能”考核评价方式。推进考试内容改革，充分发挥高考命题的育人功能和积极导向作用。

21 世纪学生必须掌握以下四方面的核心技能：

思维方式	创造性
	批判性思维
	问题解决
	决策和学习的能力
工作方式	沟通能力
	合作能力
工作工具	信息技术和信息处理能力
生活技能	公民
	变化的生活和职业
	个人和社会责任

（1）向新加坡职业教育学什么

第一，“超前”于经济社会发展职业教育的理念。首先表现在专业规划与调整的超前意识。超前培养专业师资队伍，一般在专业设立前已储备足够的专业师资力量，或者有意识地提前培养教师转型，教师引进的基本条件是具有 3 ~ 5 年企业工作经历。再次，超前进行专业教学设备建设。

第二，在职业教育的发展过程中处处从“人”的角度出发，即以人为本。

第三，以“无界化”理念倡导团队意识，推进资源共享。不论是培训、教学还是管理、科研，学校的人员和设施都可以打破原有的界限进行组合，把各部门之间、教师之间、师生之间的优质资源整合起来，通力合作，共同研究，实现人才引进，技术、学科专业"无界化"，发挥团队合作的最大效能。

第四，建设教学环境与工厂环境相一致的"教学工厂"。使学生的学习过程完全置身在一个真实的企业环境中。

（2）中国教育理念值得英国学习："中国全社会对知识、老师、长者的尊重，以及中国人吃苦耐劳、勤勤恳恳的敬业精神。"

美国教育实际是最不公平的，私立学校远远好于公立学校。但美国人说，教育公平就是寻求在满足每个学生学习机会的基础上，"人尽其能，因材施教"。所谓"人尽其能"，就是根据孩子的家庭能力，选择孩子接受教育的学校，而所谓"因材施教"，就是根据每个学生的学习情况，选择就读的学校和班级。

第三节　开发·建构：用好职业倦怠的老员工

教育是人类的最大发明。人才也是创新智能资本，是有思考能力的人力资本，并且是竞争对手最难复制的重要核心力量。

一、创造力 = 能力 × 热情 × 思维方式

能力指遗传基因以及后天学到的知识、经验和技能；热情指从事一项工作时所有的激情和渴望成功等因素，是工作成果的原动力；思维方式指对待工作的心态、精神状态和价值偏好。一个人和一个学校能够取得多大成就，就看三因素的乘积。

在稻盛和夫看来，热恋中的情人，在旁人看来目瞪口呆的事情，他们却处之泰然。工作也一样，只有迷恋工作，热爱工作，才能长期坚持艰苦的工作，一以贯之，无怨无悔。稻盛和夫说，自己就是工作，工作就是自己，达到这种程度，才是全身心地投入工作。

（一）问道：在"隐"与非"隐"之间寻找平衡

苏格拉底认为，人的本性是渴求幸福。什么是幸福？可能就是把欲望控

制在资源、能力可接受的范围之内。问道：在“隐”与非“隐”之间寻找平衡。“隐士”是有自己的价值判断、生活方式、精神家园的人。

休息是在充实生命能量之后的再出发。阅历，是一种独特的财富。如何管理老员工？当组织在考虑老员工管理时，首先要知道，他们就像那些识途的老马一样，是组织记忆的体现。老员工了解组织的成长过程，了解组织重大决策的背景，了解组织的成功和失败。这些历史提供的路标可以帮助组织避免重复同样的错误，从这个意义上讲，老员工所拥有的经验是极其宝贵的，不仅不应该被遗忘，还应该让更多的组织成员去分享。

1. 人发展到一定高度的时候，不是制度在起作用，是这个人的修养

淡泊宁静。忘我才有我，无为才有为。人活着要有境界和修养。人都是这样，备受关注，备受认可，内心也就产生一种动力，走得更稳，走得更优。“脚步不能到达的地方，目光一定要到达，目光不能到达的地方，梦想一定要到达”。

孔子说：“六十耳顺。”一辈子最重要的是对照自己，能够苛求自己，能够认识自己的短板，修正自己，甚至批判自己，完善自己。人不能活在他人的评价中，要有自己的人生规划。

修炼价值观。一个人觉悟的高低，一个人境界的高低，直接影响着他手中干的事情。他山之石，可以攻玉。在学习态度上要汇聚“五心”——诚心、静心、虚心、恒心、信心，在学习方法上要注重“五多”——多看、多听、多问、多思、多悟。

2. 名校之为名校，无需张扬喧哗，重在精神内修

管理就是把人心捂得暖暖的，把劲鼓得足足的。管理者需要正气、灵气、底气、人气，能留住老师的心的学校，必然是温暖和谐的大家庭。一个好校长一定是校园文化的灵魂，一定是校园文化的顶层设计者，一定是校园文化的实践者、经营者、传播者。业绩背后是团队，团队背后是文化，文化背后是心态，心态背后是管理者对员工心态的投资。

例：钥匙的启示——为人师者应从“心”教起。

一把坚实的大锁挂在大门上，一根铁杆费了九牛二虎之力，还是无法将它撬开。钥匙来了，他瘦小的身子钻进锁孔，只轻轻一转，大锁就“啪”地一声打开了。铁杆奇怪地问：“为什么我费了那么大力气也打不开，而你却轻而易举地就把它打开了呢？”钥匙说：“因为我最了解他的心。”

每个人的心，都像上了锁的大门，任你再粗的铁棒也撬不开。唯有关怀，才能把自己变成一只细腻的钥匙，进入别人的心中，了解别人。

（二）尊重经验：将自己的名字变成品牌

提高创新力是"王道"。"创新就是要自己多看多想，找到比较新颖的亮点然后去实践，没有人是天生的创新奇才，只有自己后天的耐心加韧力才是创新的王道"。创新没有捷径，只有脚踏实地才能仰望星空。

1. 中国的教育梦是什么

教育部长袁贵仁心中理想的教育梦——"有教无类，因材施教，终身学习，人人成才"。

有教无类——不分宗教，不分民族，不分性别，不分地域，不分老幼，每个人都能平等接受教育。

因材施教——不同的学生，有不同的兴趣特长，可以选择不同的学校，接受不同的教育。学校要为每个学生提供适合的教育。

终身学习——所有的人都需要一辈子学习，哪怕你是博士毕业，哪怕你已经是教授。人要活到老，学到老，不断地充实和完善自己。当今的教育就是着手完善终身学习体系，建设学习型社会，实现"学有所教"。

人人成才——让每个孩子都能成为有用之才。教育要为每个孩子播种梦想，点燃梦想，最终实现梦想，把自己的梦和中国梦有机地结合在一起。

2. 提高创新力是"王道"

知识创新是王道。在坚持创新的同时恪守质量战略方为"王道"。在任何一个时代，质量掌控体系都不会过时，质量是第一位的，否则创新力越强，就会带来更大的隐患，容易伤及品牌和消费者。

好教育的"四个维度"。

维度1：转变教育发展方式，打造"好学校"。好学校涌动着创新之情。创新是可以被某种原因激活或教育培训引发的一种潜在的心理品质。一所涌动着创新之情的好学校，一要善于激发学生的兴趣和好奇心，二要善于强化学生的问题意识，三要善于培养学生的创新思维。

维度2：转变人才培养模式，培育"好学生"。以能力为重，塑造走向聪明的好学生。学习能力、实践能力、创新能力是好学生诸多能力中最为核心的能力。聪明的学生"会学"。"会学"体现在勤于积累，融会贯通，把他人的知识变成自己的知识，体现在敢问、会问、追问，体现在"学中用，用中学”。

维度 3：转变专业成长范式，成就“好教师”。成就好教师的关键是“智慧”。好教师的智慧，一是在于把握教育规律。二是植根于深谙教学之道。苏格拉底认为，教学不是灌输，而是点燃火焰；最有效的教学方法不是告诉学生答案，而是向学生提问。三是源于“一专多能”。四是基于有效教研。“教研力”就是教师的“教学力”，校长的“办学力”，学校的“发展力”，区域的“教育生产力”。

维度 4：转变管理服务方式，争当“好校长”。好校长因思想深邃而伟大，因思想开阔而崇高。好校长的思想源于理性自觉。好校长时刻不忘，让每一位学生“全面发展、充分发展、快乐发展”是自己的第一要务；时刻不忘，把学校建设成为“特色鲜明、质量卓越、社会公认”的名校是自己的第一责任；时刻不忘，“思教育家之虑、践教育家之行、成教育家之名”是自己的第一追求。

（三）创造力是学校精神的基本特征

学校要想在激烈的竞争中长期立足，持续发展，创建品牌，就必须下功夫培育创造力，以改革创新的精神、敢为人先的思维、驾舟弄潮的行动来开创学校教育教学工作的新局面。培育创造力要解放思想，转变观念。

1. 智慧型校长的特征

特征 1：有思想。校长要有自己的办学理念，有自己的办学思路，要有自己的信念，要有自己的教育理想。

特征 2：有能力。校长不可能仅靠借鉴经验、照搬模式就把工作做好，一定要具备独立的研究能力。

特征 3：有胸怀。校长要把各种想法不同、需求各异的人群集合在自己的旗下，共同实现自己的办学理想、信念和目标，有没有对人对事的宽广胸怀，是决定能否成功的重要环节。

特征 4：有个性。校长的个性主要体现在管理上，即管理要有特色，有与众不同的地方，在长期的治校过程中追求个人管理风格的形成。

2. 校长领导力的体现

第一，价值领导力。对学校办学理念的理解、运用、转化和创造，办学理念是学校文化生命力的种子和根系。

第二，研究教师。通过各类培训和课题研究提升教师的业务能力和科研能力，公平有效地激励教师工作积极性，鼓励教师坚持学习和思考，促进教师和学校共成长。

第三，遵循学生的成长规律。尊重孩子个性，在人格上注重培养孩子的自信心和责任心，在学业上注重培养孩子的学习兴趣，掌握学习方法。

第四，有效引导课程和教学改革，提升教育教学质量。

第五，从制度和文化建设等方面加强科学管理。在学校系统内，校长的领导力需要办学理念的渗透、管理机制的创新、课程与教学的改革、师生价值的凝聚等多方面的合力才能发挥最大的效用。

3. 校长的角色：校长是规划师 + 友好伙伴 + 专业导师 + 欣赏者

校长作为"规划师"，要能够带领伙伴建立共同的组织目标和愿景，以此激励师生员工。

校长作为教师的"友好伙伴"，要为教师提供情感上的支持和鼓励。

校长作为"专业导师"，要致力于课程改革和教学改革，校长要在课程与教学领导中为教师的教育教学提供具体的指导。

校长作为"欣赏者"，能够通过仪式、活动和对学校中人的"发现"与"欣赏"，不断界定、传播和加强学校的核心价值观。校长要能够通过自己的感召力和影响力，让学校中的每个成员感觉到存在于一个有意义的共同体中，校长要为教师赋权，发挥教师的主体作用，最终构建学校共同的价值观，以此引领学校成员的思想观念和行为方式，从而实现文化引领下的学校发展。

二、在行动中思考，在流程中改善

创业实际上是艰苦的过程，创业就意味着放弃原来很多东西，意味着冒险和挫折失败。创业一定要坚持正确的方法和路径，在创业的道路上是突破而不是模仿。"一线工作法"：领导在一线指挥、在一线工作，业绩在一线创造，问题在一线解决。

（一）教育之道就在于行走，在于运动，在于对规律的寻找

教育的道是什么？道是走之旁，与行动有关系。老子把宇宙比喻为一个"风箱"，有无相生，有动，有静。静止的风箱没有风，运动把无变成了有。何为道？道就是生长的规律，这种规律可以通过运动来体现。教育之道就在于行走，在于运动，在于对规律的寻找：认识人的本性，尊重人的本性，发展人的本性。

1. 将学习力转化为创新力

模仿创新，是将效仿的事物进行改良而生成新的表现形式的过程。创新，就其本质来说，就是人类实践活动的一种扬弃，一种超越——超越他人，超越自身，超越过去，超越现在。创新力，即实现创新行为的能力，是智能、技能等智力因素和创新意识、创新素养等非智力因素的总和，包含三大要素：创新环境、创新素养、创新思维。

（1）寻找创新路上的障碍

“人死于习惯”，黑格尔这句古老的命题并不是危言耸听，对于创新来说，就是“创新死于习惯”。平时我们思考问题时总喜欢过分依赖于过去的知识和经验，这种过分的依赖会造成仅用一种思路思考问题的习惯。虽然这种习惯或许在生活实践中有一定的成效，能够帮助我们很快地解决日常事务性工作，但久而久之就会形成特定的制约创新的因素——思维定势。

（2）转换思维视角

冲破思维的枷锁，树立创新意识，意味着我们看待问题、分析问题、解决问题应该有一个独创的、开放的、系统的思维视角。创新意味着超越，超越过去、现在、他人、自己等。总之，创新思维必然是开放式的思维，思维视角的开放性体现在：

角色的换位——“自我—非我—大我”；

时间的延伸——“往日—今日—来日”；

空间的延展——“点线—平面—立体”。

（3）创新思维更体现出一种思维的全面性、系统性

思维视角的系统性体现在：从看局部到纵观整体，从静态分析到动态认识各种因素的相互影响；从看事物的表面到洞察其变化背后的结构。我们用耳朵去聆听，用眼睛去观察，用智慧去领悟，会深刻体味到这更是一个创新的时代。主动创新的人，带着时代走；被动创新的人，时代牵着他走；拒绝创新的人，时代踩在他的身上走。

2. 创新元素运作的机制与体制

机制。任何创新的产生都离不开机制的作用，机制既有对创新力的促进作用，又有反作用。

体制。体制创新是整体创新的保证，有助于创新要求的机制和体制要决策高效，机构精干，认识灵活，激励合理。

制度。制度创新是创新的保障。制度往往包含一定的规则，伴随有奖励和惩罚两种手段，以起到实行社会控制的作用。制度把人与人之间、人与物之间，以及自然和社会之间稳固地联系起来，并按照一定秩序促进目标行动。

学术自由是创新的本源，学术自由的核心是研究者个人或阶层有捍卫自己独立的研究、思想及表达的权力。学术自由的本质是思想自由。学术自由既有权力层面的学术自由和精神层面的学术自由，还有制度方面的学术自由。

文化。文化创新不仅是文化内容的激活，也是文化范式的革命性转型。学校文化创新是由学校固有的学风、教风和校风，以及校园文化、校园环境、学校师生员工的精神面貌和社会舆论氛围等形成的一种稳定的心理现象和精神文化现象。

管理。原哈佛大学校长德里科·博克说："大学的进步除了图书馆、实验室和其他研究设施之外，还要有两个特别重要的因素，其中一个重要因素就是'教授们能够在一个不受约束和外界干扰的自由环境中开展工作'，因为在集权化的限制与指令下，人们不能发挥出最佳的工作状态。"

3. 创造之父：奥斯本的"头脑风暴法"

美国创造学家奥斯本于 1939 年提出的一种激发创造性思维的方法，是快速大量寻求解决问题构想的集体思考方法。

（1）头脑风暴法的四大原则

原则 1：自由奔放去思考。要求与会者尽可能解放思想，无拘无束地思考问题并畅所欲言，不必顾虑自己的想法或说法是否"离经叛道"或"荒唐可笑"；欢迎自由奔放、异想天开的意见，必须毫无拘束，广泛地想，观念愈奇愈好。

原则 2：会后评判。禁止与会者在会上对他人的设想评头论足，排除评论性的判断。至于对设想的评判，留在会后进行。

原则 3：以量求质。鼓励与会者尽可能多地提出设想，以大量的设想来保证质量较高的设想的存在，设想多多益善，不必顾虑构思内容的好坏。

原则 4："搭便车"，构思无专利。鼓励参考别人的构思，借题发挥，根据别人的构思联想另一个构思，即利用一个灵感引发另外一个灵感，或者把别人的构思加以修改。

（2）头脑风暴的八点要求

·应有主题；

· 主题应单一；

· 问题太大时，要细分成几个小问题；

· 创造力强，分析力亦要强，要有幽默感；

· 在 45 ～ 60 分钟内完成；

· 主持人要把构思写在白板上，以启发他人的联想；

· 在头脑风暴后，对创意进行会后评价；

· 评价创意时，作分类处理：可以立即实施的构思；须较长时间，加以研究或调查的构思；缺少实用性的构思。

在群体决策中，由于群体成员心理相互作用影响，易屈于权威或大多数人的意见，形成所谓的“群体思维”。群体思维削弱了群体的批判精神和创造力，损害了决策的质量。

（二）老师 · 校长 · 朋友：服务的力量藏于细节

校长的政治素养不是政治家的政治素养，而是一个知识分子的政治素养。知识分子又不同于书生、学者，它本身就是一个特殊的政治身份符号。

1. 两点之间最短的距离并不一定是直线

在人与人的关系以及做事情的过程中，很难直截了当就把事情做好。有时需要等待，有时需要合作，有时需要技巧。做事情会碰到很多困难和障碍，有时候可以选择有困难绕过去，有障碍绕过去，也许这样做事情更加顺利。

（1）民主型的上司喜欢的下属

——肯动脑筋思考；

——有思想，自主性强；

——能给单位带来好的主意和建议；

——在工作中有创造和开拓精神；

——能与上级交流。

提高下属的能力是一个长期、持续的过程。宽严相济、张弛有度、文武之道是领导力实现的手段。

（2）教师创新力的大小取决于以下因素

教师个体创新力的大小。教师的创新是一种创造性劳动，是教师知识、技能和思维水平的综合反映。教师个体创新力的提高，是提高整体创新力的基础。

教师创新力的发挥程度。创新力的大小不仅取决于教师创新力的高低，还取决于其创新力是否得到充分的发挥。如果具有创新力的教师不将这种能力发挥出来，就没有实际的创新效果。

教师创新力的聚合程度。教师的创新力，是学校所有教师创新力的集合。这种合力的大小，既与个体创新力的大小及发挥程度有关，又与这些能力的聚合、互补程度有关。

整体创新力的可持续性。保持和提高教师的持续创新力，就要在充分发挥教师现实创新力的同时，不断培养和提高教师的潜在创新力，实现两者的统一。

2. 大气·和气·文气：细微之处见文化

一个社群化的社会，将不再是一堆碎片化的社会原子，其对自我治理和被尊重的要求肯定越来越高。管理需要理论、方法、经验。

故事：博士。

有个博士分到一家研究所，成为学历最高的一个人。有一天他到单位后面的小池塘去钓鱼，正好正副所长在他的一左一右，也在钓鱼。他只是微微点了点头，这两个本科生，有啥好聊的呢？

不一会儿，正所长放下钓竿，伸伸懒腰，蹭蹭蹭从水面上如飞地走到对面上厕所。博士眼睛睁得都快掉下来了。水上漂？不会吧？这可是一个池塘啊。正所长上完厕所回来的时候，同样也是蹭蹭蹭地从水上漂回来了。怎么回事？博士生又不好去问，自己是博士生哪！过一阵，副所长也站起来，走几步，蹭蹭蹭地漂过水面上厕所。这下子博士更是差点昏倒：不会吧，到了一个江湖高手集中的地方？

博士生也"内急"了。这个池塘两边有围墙，要到对面厕所非得绕十几分钟的路，而回单位上又太远，怎么办？博士生也不愿意去问两位所长，憋了半天后，也起身往水里跨：我就不信本科生能过的水面，我博士生不能过。只听"咚"的一声，博士生栽到了水里。两位所长将他拉了出来，问他为什么要下水，他问："为什么你们可以走过去呢？"两所长相视一笑："这池塘里有两排木桩子，由于这两天下雨涨水正好在水面下一点。我们都知道这木桩的位置，所以可以踩着桩子过去。你怎么不问一声呢？"

思考：学历代表过去，只有"学习力"才能代表将来。尊重经验的人，才能少走弯路。一个好的团队，也应该是学习型的团队。深入理解领导的管理魅力，快速提高下属的能力，更好地完成工作目标。

3. 让教育智慧走进学生的心灵

机智是智慧的化身。在中小学的课堂上，学生已成为“主角”，而任课教师则成为“编剧”“导演”，学生从过去的接受知识的“容器”变成知识的“探究者”。教育工作者要像“超级园丁”一样，让教育全过程充满生命的活力和创新的阳光雨露，将创新意识润物细无声地融入孩子们的灵魂中。

创新课堂。帮助中小学生实现“我的学习我做主”的目标，帮助学生们点亮自己的“创新之灯”。打开孩子们的“创新眼睛”，为学生筑建造梦空间。学校从学生、学科、学校、社会发展四个维度进行需求分析，探索学科交叉，摸索学科模块排列与重组，建构高选择性、现代性的学校课程体系，走以质量提升为核心的内涵式发展道路。

（三）国际走向：让教育为人类发展服务

我们需要教育领袖，他们必须理解学校的独特角色，更重要的是敢于在权贵面前坚持真理。

1. 教育、教育，还是教育

大学首先是面向未来的。蔡元培说，“大学是研究高深学问”之机关，梅贻琦说，大学要培养“工业建设的领袖”。

英国 2010 年 11 月发布了《教的重要性——学校白皮书》，对中小学教育进行“彻底改革”。英国基础教育向着“自由、公平、责任”的方向迈进。在英国一些报纸的房地产广告中，我们经常能看到“教育、教育，还是教育”之类的大字标题。

法国于 2009 年启动新一轮高中教育改革，提出“更好定向、更好辅导和学好外语”三大要点。

日本 2008 年出台的《教育振兴基本计划》，提出要培养所有学生在社会独立生存的基本能力，从而提高公共教育质量，树立社会信任感，并提出以全社会力量共同培养教育下一代。

新加坡则提出以建设“思考的学校，学习的国家”为目标的教育发展战略等。

2. 教育、人力资源优先发展是美国经济持续强盛的不竭动力

美国 25 ~ 64 岁劳动力平均受教育年限达 13.17 年，居全球首位。

日本是资本主义工业化里程最短、发展最快的国家。日本战败后，倒退了整整 30 年。但是仅仅用了 10 年时间，到 1956 年，日本便从战争创伤中恢

复过来，人均GDP超过了战前最高年份1941年的水平。目前，日本25～64岁劳动力平均受教育年限达到12.78年，已接近于美国的水平。

美国作为一个超级大国一直具有很强的忧患意识，多年来都在大喊狼来了，每次出现什么危机，面临什么挑战，首先就会去反思和改进教育。1957年苏联人造卫星上天，曾对美国教育界产生强烈的震撼，政治因素激发了那一阶段的教育改革。上世纪80年代随着日本经济跃居世界第二位，美国人又喊出了狼来了的口号。题为"国家在危险中：迫切需要教育改革"的重要报告随即出炉，强调教育要回到基础。这次，中国经济超越日本成为世界第二，而且以中国为代表的新兴经济体在金融危机中的良好表现使处于困境中的西方十分被动和难以作为。2011年1月的美国《外交政策》杂志的封面故事对中国崛起的总结语：美国衰退了，这一次是真的。布什总统颁布《不让一个孩子掉队法》，要求大力投资学区改革，提出"成绩问责""黄牌警告"等举措，力争实现"人人享有优质教育"的目标和理念。

3. 从塑造"知识人"走向培养"智慧人"

领略教育最前沿的资讯，感受教育最高地的实景。理念的高度，思考的深度，实践的强度，执行的力度让我们深刻感触到：学校管理无边界，教育管理要有高度。

（1）引进"外脑"：国际化的元素处处可见

推动基础教育国际化以市定位比较恰当。基础教育国际化要"化"政策导向，建立扩大开放的创新环境；"化"质量、效率、评估等标准；"化"教师专业素养，提高教师综合能力；"化"改革课程内容，促进跨文化学习；"化"学生动手能力、创造思维能力的提高。

课程国际化的5个特征：全面性、选择性、时代性、兼容性、内化性。

游学是行走中的课堂，是带领处于人生观、价值观和世界观不同阶段的孩子，让他们用自己的眼睛去看世界，用心去体会世界。让学生走出国门，去见识，去比较，去体验，去判断，去思考，很多留学生的切身经历都表明出去以后才发觉对祖国的爱更加沉重厚实，而这些丰富的心路历程都会给学生一种自信，让他们在国际舞台中寻找自己的定位，所有这一切对发展中的未成年人而言，意义重大，影响深远。

（2）国际教育信息化发展十大趋势

· 新技术和新理念将持续引发各个国家教育教学创新；

·数字鸿沟和技术环境将加剧“全球学习危机”；

·教育信息化将成为发达国家发展的重要战略和政府主导的顶层设计；

·不同国家政策导向差异，导致其教育信息化发展阶段的特征日趋明显；

·联合国教科文组织将信息技术与教育融合发展的过程划分为四个阶段：起步、应用、融合、创新；

·“技术促进学习研究”将成为教育学、心理学、信息科学、人文与社会科学的共同主题；

·全球不同区域的教育信息化发展将呈多极化；

·教育公平在各国教育信息化发展中的战略地位日趋明显；

·政府引导下的多方投入和“成本分摊”机制将成为教育信息化可持续发展的重要保障；

·信息产业的创新推动教育信息化快速发展；

·国际组织和学术团体缩短全球教育信息化理念的差距。

三、张力·活力：为实现中国梦奉献智慧和力量

鼓励和支持自主创新的良好制度环境。完善成果转化激励政策，加大对科研人员的激励力度，充分体现智力劳动价值的分配导向等。由国家牵头加快建设一批“产、学、研”紧密结合的制造业协同创新中心，加快建立一批知识产权保护和创新激励保护机制，加快构建一批能迅速将知识、科研成果转化成产品的孵化基地。

（一）锻造全面提升创新力的思维导图

思维是人脑对客观事物间接的、概括的反应。基于大脑接受机制，心理学家分为八种基本思维过程：分析、综合、比较、抽象、概括、分类、推理、因果分析。

1. 多元思维能力让创意层出不穷

世界在变，中国也在变。改造一个落后的国家，实际上就要改造这个社会和民族桎梏其进步和发展的固有的传统思维意识、价值取向和道德观念，以及其肤浅错位的认识问题、分析问题、洞察问题的理念。

民族的进步在于价值观念的进步，在于具有对世界各种先进文化的兼容和接纳性，在于对新事物、新理念、新文化价值观的认知、复制或兼容改造。

整体融通思维。一所学校在整体育人模式建构中，必然要考虑到文化的因素。学校作为一个组织，要强调精神、物质、制度、行为层面的文化内容，学校文化更具有包容性、整体性。校长在进行学校文化整体建构时，要有整体性思维，然后找抓手、切入点。要把文化的味道、追求融通到学校的方方面面，融入到教师发展中。

2. 人必须改变思维的方式，才能改变行为的方式

素质教育应保证受教育者的技能、价值观、人生观和知识体系的发展，使他们过上健康和充实的生活，能在工作和生活中做出明智的选择，并能应对地方和全球的生存挑战。关注教育质量和创新，加强科学、技术、工程和数学等学科的发展。

（1）人们的思维分成三个阶段

第一阶段：0 ~ 5 岁，会问"为什么"的年龄。第二阶段：6 ~ 12 岁，会问"为什么不"的年龄。这个时候，他们会质疑大人给他们的约束和要求，甚至还能够去挑战"权威"。而到了 13 岁以上，便进入了会回答"因为"的年龄。

（2）思维的质量决定未来的质量

我们的使命——设计思考的程序，提供思维的指引，改善人们的思维。

第一，大脑是人们思维的硬件和潜能，就像是一部汽车，大脑是发动机，知识是燃料，可是我们还需要驾驶技巧。

第二，思维的软件——思维的操作系统。思考最大的敌人是混乱，最大的限制是自我防卫。思考需要程序的协助，提高思考的质量和效率。

第三，思维的训练可以促进我们愿意成为独立的思考者，在需要思考的时候能够有抓手，或者叫作按需思考、定制化思考，在需要我们有产出的时候，能够带来有质量的思考内容。

3. 教育正在成为撬动"新常态"下经济转型发展的战略支点

教育就是要培养能够自觉地约束自己，遵守社会秩序，服从法制的人。教育过程应当通过管理、教学和训练三个阶段来完成。

逆向思维是一种重要的创新能力。坚持以问题导向搞改革，为教育改革寻找新的动力源。面对互联网 + 的时代，最重要的是培养有创新思维、批判思维、创新能力的人才。这就需要着力打破以应试为导向的教育模式，创新教育方式，激发学生的好奇心和想象力，形成以创新为导向的教育新格局。

逻辑思维可以透过现象看清本质。教育必须建立在哲学基础之上，寻找人们的思维盲点。哲学并不神秘，它就是试图探寻一切事物的奥秘的好奇心而已。哲学是根基，只有哲学功底很深，教育思想才会深刻。学校里的任何一项工作都是做的哲学。赫尔巴特认为，"教育必须建立在哲学基础之上，教学方法、课程设置以及纪律要求等都必须从哲学中产生答案。学问的获得来自于艰苦的工作，而不是轻松的教育"。

（二）未来的思考方式——设计思考

教育哲学要在理论上建构一种教育：

——教育哲学关于教育本质的知识是改变教育现实所必需的；

——教育哲学实际上不是寻求解决现实问题的方案；

——理念中的"教育"与我们现实中的教育是不一样的。

设计什么？

· 设计组织，使系统的整体绩效最佳化；

· 设计五项修炼的内容与整合搭配；

· 设计政策、策略；

· 设计学习过程；

· 设计"使命故事"——卓越领导者的共同特征。

1. 行动学习与设计思维

寻找网络帮助下学习的一般规律。人类进入网络时代，学习不仅仅是建构的，还是自组织的。印度苏加特对未来教育的三项重要技能重新定义：搜索、阅读、辨别真伪。

（1）创客教育渗透在课程体系中

何为"创客"？"创客"指出于兴趣与爱好，努力把各种创意转变为现实的人。创客以用户创新为核心理念，创客们热衷于创意、设计，最有意愿、活力、热情和能力在信息时代为人类创建一种更美好的生活。创客教育，关键是在学生心中播下用创意和双手去改变生活的"种子"。在"玩"中实践是"创客"的理念，也是"创新力培养"课程的愿景。

5步创客教学法

1. **创意**：培养学生的想象力、创造精神；
2. **设计**：学生把创意转化为具体项目的设计；
3. **制作**：学习和使用工具，到小组协作，动手将设计制作成产品；
4. **分享**：从个体认知到集体认知，集体智慧形成；
5. **评价**：过程性评价，关注学习过程、创新精神和科学方法论。

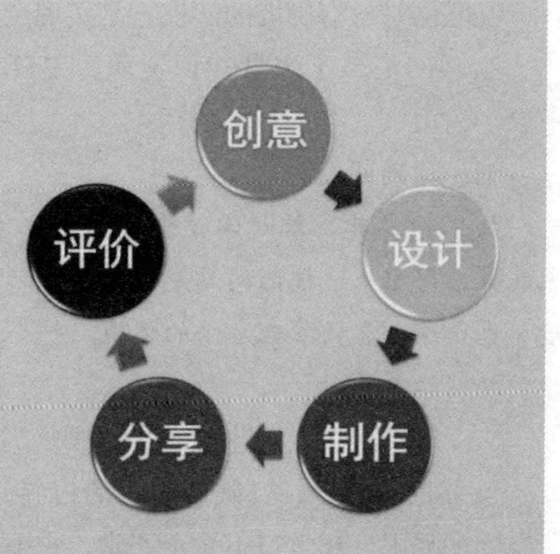

创客是一种人生追求，创客是一种思想境界，创客是一种文化现象。

（2）创业，是一种精神，而创客，则是一种信念

创客有着丰富的创造思维以及挑战困难的勇气，总是善于构思生活中的新鲜元素，努力去把各种有趣的创意转化为事实。创客，就像一粒粒神奇的种子，播撒在时代的土壤上，为时代的变革培育创新力量。

创客教育既是一个"点"，又是一条"线"。说它是"点"，是因为创客教育可以渗透在课程体系中。说它是一条"线"，是说创客教育可以作为一门课程加以实施和研究，而且越来越得到社会的认可和好评。

2. 互联网 + 方法革命：用互联网思维解决社会难题

第三次教育革命：从规模化教育走向生态化、分散化、网络化、生命化的个性化教育。互联网的三个关键词是互动、联系、网络，"互联网 +"思维的三个本质特征是民主、开放、平等。

互联网让人们的思维方式发生了变化，产生更有影响力的互联网思维。思维、思想的变化是其他一切变化的基础，这是"形"与"魂"的关系。当整个社会都依托在互联网思维这个"魂"上时，那么所有的变革都围绕它展开。

（1）互联网对教育的影响体现在四方面

互联网突破了时空限制，是缩小教育差距、促进教育公平的有效途径；

互联网推动了教与学的革命，是共享优质资源、提高教育质量的重要手段；

互联网是没有围墙的学校，是实现全民学习、终身学习的必然选择；

互联网汇聚了海量知识资源，是降低教育成本、传承人类文明的重要平台。

例：建网就是建学校。

校园网站其实就是学校管理的具体体现，学校管理得如何，从学校网站上能够看得出来。校园网站是否及时更新，也代表这个学校对于信息的重视程度，也是这个学校管理水平的体现。一个陌生人如果要了解一个学校，往往从学校的网站着手。

（2）"互联网 +"时代，我们该如何应对

互联网 + 教育，打破了时间的边界，让学习变成碎片化的过程，它突破了空间的局限，让学习不止于课堂，它缩短了年龄的差距，让不同年龄甚至不同背景的人享有同样的学习机会。

应对 1："+"点宽容——以开放心态看待互联网 + 教育的时代。

应对 2："+"点新意——创新是互联网时代的核心力量。

应对 3："+"点真实——在传统教育中，教师只是知识的传播者、代言人。师生之间的所有交往都发生在"知识"的传送带上。然而在信息时代，当教师与学生以相同的"学习者"身份出现时，教师必然需要回归真实本性。

应对 4："+"点个性——教师本身才是最好的课程。

应对 5："+"点用户思维——以学生为中心，理解学生的需求。

应对 6："+"点数据思维——从数据中认识学生。

互联网教育是对教育本质的一种回归。真正的教育是以学习者为主体，满足个性化需求，而且是伴随终生的过程。同时，教育更应该是互动性的，能够满足知识和经验的分享、交流、传承与创新。"互联网 + 教育"正是通过技术手段打破了这些"边界"，帮助加速实现了这些目标。

3. 创新力——知识社会的灵魂

创业不一定马上就能成功，也不一定马上非要成功，创业是一种思维逻辑。创新创业是一个民族的转型，也是一个民族的未来，我们可以从中小学就进行创新创业教育。

创新不等于推倒重来，变革也是创新。常规管理精处是过程，深处是制度，高处是文化，最高境界是有教无痕，润物无声。

例：先放石头还是沙子。

一位效率专家应邀来到学校，为学生做一场时间管理的讲座。他带来了一袋沙子、一袋小鹅卵石、几块大石头、一桶水和一个空木桶。应该先放什么呢？

第 1 步：先放拳头大小的石块，把它们一块块放进去——直到石块满到顶部为止。

第 2 步：拿出些碎石，倒入罐中。

第 3 步：拿出一筒沙子，把它倒入罐中。

第 4 步：拿起一桶水，倒入罐中，直到水浸到罐口。

创新都是在民间产生的。建立自己的不可替代的模式，让别人跟你学。教育家一个重要的职能是发现机会，并进行创造性的实验或破坏。在核心技术的创造过程中，实现你的独创价值。

（三）意志力是蕴藏在人体内的神秘力量

创新力是人类智慧的最高表现，是一个民族进步的灵魂，是关系到中华民族兴衰存亡的大事。培养学生的创新力，一定要让学生克服思维定势，努力培养学生的发散思维和逆向思维。

1. 越过危机：找到前进的方向

开展以"塑魂"为核心的校园文化建设。一个人学习、创新成功了，这叫"事迹"，一个团队把一个人学习创新的先进事迹变为团队共享，成为团队的努力目标，这就叫"文化"。

（1）中国创新力提升：需从模仿开始

乔布斯说："微小的创新可以改变世界。"周鸿祎的微创新三定律："把大的变小，把复杂的变简单，把贵的变便宜。"转型升级靠什么支撑？答案是创新、创新，再创新。

创造力不是凭空产生，它来自构成系统的三个要素之间的互动。这三个要素包含符号规则的文化，给某个领域带来创新的人，以及该领域中被认可、能证实创新的专家。人们常常认为，创造力是某种心智活动，是一些特殊人物头脑中产生的洞见。他们让生活符合自己的目标，而不是让外界力量支配命运。

（2）改变习惯需要施加外力

例：南瓜的力量。

美国麻省学院实验人员用很多铁圈将一个小南瓜整个箍住，以观察当南瓜逐渐长大时，对这个铁圈产生的压力有多大。

最初他们估计南瓜最大能够承受500磅的压力。在实验的第一个月，南瓜承受了500磅的压力；第二个月，这个南瓜承受了1500磅的压力；当南瓜承受到了2000磅的压力的时候，研究人员必须对铁圈进行加固，以免南瓜将铁圈撑开。最后，整个南瓜承受了超过5000磅的压力后，瓜皮才产生破裂。他们打开南瓜，发现它已经无法再食用，因为它的中间充满了坚韧牢固的层层纤维。为了吸收充足的养分，以便于突破限制它生长的铁圈，它所有的根往不同的方向全方位地伸展，直到控制了整个花园的土壤。

由南瓜的成长想到人生。南瓜能够承受如此巨大的压力，那么人类在相同的环境下能够承受多少呢？

2. 培养善于发现的眼睛

从管理走向治理。虽然两者只有一字之差，但背后折射出的理念是完全不同的。治，就是多元参与。现代教育不单纯是“传道、授业、解惑”，而是以人文关怀的角度，对人自身进行思想、精神上的启蒙！

管的范畴有四方面：一是政府应该管标准，标准化办学；二是管规范，亮出底线；三是管法制，学校办学依什么法，违法该如何处理，政府需要通过法制来约束；四是管服务，政府要提供相应的支持、保障。

例：如何培养管理者创新思维。

· 全身心投入。设定目标，争取别人的帮助，每天花点时间发展你的创新技能。

· 变成专家。发展创新能力的最好方法之一就是成为这一领域的专家。通过对课题的深入理解，你将能够更好地去思考新颖的问题或创新的解决方案。

· 奖励你的好奇。发展创新能力的常见障碍：感觉好奇是一种胡思乱想。当你对某事感到好奇时，不要斥责自己，而是要奖励自己。给自己一个机会去探索新的课题。

· 认识到有时创新本身就是奖赏。发展内在的动力；

· 乐于冒险；

· 建立自信；

· 为创新投入时间；

· 克服阻碍创新的消极态度；

· 克服对失败的恐惧；

· 激发新思路的头脑风暴；

· 认识到大多数问题都有多个解决方案；

· 记创新日记；

· 挑战自己，寻找灵感的源泉；

· 为创新创造机遇；

· 考虑替代方案；

· 创建流程图；

· 尝试"滚雪球"技巧。

3. 意志力是心智的统帅

（1）创新力提升的体现

在思想观念方面，在吸收和学习借鉴先进思想文化的过程中勇于修正自己的思想，更新旧的观念，打破传统的束缚，跟上时代的发展；

在知识技能方面，要不断追踪世界新知识、新技术发展的前沿，捕捉一切发展的机会和可能，求变求新，立足于快速反应、迅速吸收，不被先进的技术和管理逼进落后的陷阱；

在旧有经验的继承上要立足创新发展，不被旧有模式束缚手脚，勇于向经验挑战，深入实践，不断总结创新发展的经验，对存在的问题要大胆地加以剖析，寻找规律性的东西，找出解决问题的方法，谋求更大发展；

在对知识和信息的研究中发现问题，提出质疑，寻找出路，以创新思维推进各项变革。

（2）创新力来源于学习力

学习是一个能动地获取、运用和创造新知识的过程，学习的过程从本质上看是创新的过程，创新与学习是一个相互交融、不可分割的整体。创新的源泉在于学习，学习的成效体现于创新。

文化的交汇处。在那里，信仰、生活方式和知识进行着融合，个人因此可以更从容地看待观点的新组合。创新能力是一种人力资本，创新不仅是科学家、科技工作者的事，也是全社会的事。有人说，美国的创客和极度痴迷于创新的极客，1/3 在高校，1/3 在自家车库，1/3 在孵化器。中国有 9 亿多劳动力，高校在校总人数达 3500 万以上，每年有近千万高校毕业生，这是独一无二的资源，如果能投入创新，力量难以想象。

文化是人生存和社会运行的深层维度。"请进来"，借"外脑"，"走出去"

到发达国家（地区）学习考察，在开放的系统中、对比互动的学习中找标杆，明差距。文化是什么？可概括为植根内心的修养，无需提醒的自觉，以约束为前提的自由和为别人着想的善意。

创新能力是执行力的灵魂。创新能力是一个组织者的必备能力，是组织者基本素养的综合反映。众所周知，没有创新，就是一潭死水，就会思维僵化，就将停滞不前。没有创新的执行，便会形成复印机、传声筒，陷入教条主义的泥潭。只有创新，才能产生动力，激发活力，创造百舸争流的生动局面，促进事业的发展，推动社会进步。

结语　布道之道：在坚持中学会运用力道

创业者要学会在一个点上把自身的优势与外部的条件恰如其分地结合起来，这个点，可把它叫作“力道”。力道运用得好，势如破竹，一日千里；运用不好，就会山重水复，元气渐损。创业成功的关键点在于坚持，但坚持不是死等，更不是蛮干，要在坚持中学会运用力道。

一、管理之道：管理的核心在于统御人心

管理不仅需要制度为先锋，还要掌握力道，以执行力开路。管理者在执行时，要能够做到“做正确的事情，把事情做正确，把事情做圆满”。

（一）力道——执行与管理之道

“慈不掌兵”，管理者就应该坚持正确的原则，虽然推行的结果可能是得罪一些人士，但如果你的政策推行不下去，大局必受影响。执行力是第一位的，做事之前树立规矩至关重要。

1. 管理要掌握“力道”

管理者要懂得尊重核心团队，在集权与分权之间找到一种平衡，使各个部门之间相互监督，相互协调，避免权力滥用。

例：日本企业的“力道”经营。

基本理念在于指导企业积蓄内力，通过内力的提高，适应市场的变化。具体表现：

第一，根本理念：提高企业应变能力；

第二，关键理念：注重企业活力的培育；

第三，基本理念：坚持生产意向；

第四，重要理念：高度重视企业无形资产积累；

第五，核心理念：创新。

总之，公司经营好坏，归根到底取决于企业自己的内力是否强大，是否具有力道。增强内力要“咬住不放、勇猛和死磨硬缠”，不模仿，不妥协，不放弃，一切为了生存。

力道——创新的发动机。科技创新是现代化的发动机，是一个国家进步和发展的重要因素。

2. 赢在转折点

（1）当今社会，任何人想成功都必须具备三个条件

公平创业的载体。宝马车只有找到好公路才会有速度，你必须找到好的载体去承托你的梦想，你的梦想才有可能变成现实。

良师益友。他们会让你资讯超前，观念超前。21 世纪是英雄退位，团队进位。小成就靠个人，大成就靠团队。必须找到良师指点，益友相助，形成一群力量，你的人生才会成功。

个人努力。追求个人奋斗和成功，正是人类长久以来对改变自身命运的英雄的一种崇拜情结。个人努力奋斗永远是成功的源泉。

这三个条件缺一不可，而且顺序不能颠倒，首先必须是载体，然后是良师益友，再加上个人努力。

人生的第一个战略问题是要发挥自己的特长，要做自己愿意做的事。人生的第二个战略问题是要顺应天时，春天播种，秋天收获才是正确的，如果非要逆天时而行，必然会受到天道的惩罚。所谓“识时务者为俊杰”。人生的第三个战略问题是要始终摆正自己的位置，不可“逾矩”。

（2）如何赢在转折点上

有两个特质是需要具备的。一是情绪回稳的速度。珍珠在灿烂之前，都曾是一粒微不足道的沙子，但并不是每一粒沙子都能成为一颗珍珠。二是方向感的定位能力。一个人如果一直知道自己人生的定位与方向，即便此路不通，他也可以找到其他路线去往同一个理念或愿景去重新迈进，而不是此路不通就被击溃。只要我们能够拂去心灵深处那急于求成的阴霾之心，就能看到隐藏在迷雾中的成功。

人生一定要每天很清楚地问自己三件事情：我到底想要什么，我现在在做什么，我该去做什么。人生一定是做了你该做的，才会得你想要的。不是做自己喜欢做的，而是做自己该做的。

人生一个很大的遗憾就是不能预见自己的未来。古人已经告诉我们“忙”

是“心”加“亡”，也就是说心死了；变成盲，眼瞎了；再到芒，上面长草了。人们经常疲于奔波，却忘记了自己要什么。特别是在人生转折点的时候，尤其要记住自己的人生目标。

3. 平衡的“支点”

（1）在行动中寻找平衡

人们总说，万物是平衡的。春夏秋冬，是四季的平衡；晴雨霜雪，是天气的平衡；日月轮回，是时间的平衡。它像一阵风，发现不了，又随处可见。而我们日复一日地活着，就是为了寻找万物，寻找平衡。

任何时候都要学会换位思考，都要学会多角度、全方位地看待自己，多看到别人的长处，不为自己的不如意而沮丧，有时一种磨炼也会成就一份成功，要学会欣赏并接受他人的成功与幸运，这样并不意味着自己就平庸与拙劣，而恰恰证明你的成熟与平和。

（2）如何在冷静与狂妄中找到使之平衡的支点

人生需要狂妄。胡适不是说要“大胆假设”吗？李白就是一个潇洒豪迈喝点酒更是狂妄不已的典型。如果没有那一点的狂妄，那么你就只能在自设的价值观中苦苦挣扎，在人生道路上踟蹰前行了。胡适也说过要“小心求证”。阿基米德是说过可以撬起地球，可是这之前他经过了冷静的论证。

大凡英雄都是狂妄与冷静的结合体。这就是英雄，他们狂妄，过早地奔向某个未知领域，呼唤民众；这还是英雄，他们冷静，在他人走后，仍坚守阵地。冷静和狂妄是左右你的两股力量，你要做的且必须做的是寻找它们平衡的支点，让它们成为推动你的力量，而不至于让它们把你毁灭。

（二）拼竞争力：力道要久，根基要厚

人和人的差别，本质上是思维的差别；人和人的差距，本质上是思维的差距。谁掌握了思维的秘密，谁就掌握了事业和人生的主动权。

1. 把对人心的争取作为管理的头等大事

传播学者克罗斯曾提出一个“谣言公式”：谣言 = 事件的重要性 × 事件的模糊性 ÷ 公众批判能力，这说明谣言的能量有多大，既取决于真实信息的透明度，也取决于受众的判断水平。

管理有“度”的驾驭。善于批评，要有点石成金的灵气。开展批评就是要有手术刀的精度，要直击要害。干部教育如同到医院体检治病，开民主生活会如同开方抓药，开展批评活动则是专家会诊，会诊结果直接决定着药方和疗效，下药过猛容易产生副作用，剂量不够难以治愈，只有对症下药，才能药到病除。

2. 布道之道：影响布道的因素

因素 1：布道者的自我认识。布道者应该清楚自己因为什么而布道，是为了帮助团队成员提升工作效率？了解自己需要推广的"道"，要做到无懈可击。要做到"专家"就要不断学习和更新，并且在实际中使用，不能纸上谈兵。

因素 2：组织对待布道的态度。组织本身缺乏技术创新的氛围，布道的过程将会是困难和艰辛的。在现状和想要推广的"道"之间如果有一道鸿沟或者太大的差距，可以先推广一些"中间技术"。

因素 3：布道的时机和路线。何时布道是影响布道是否能够被接受的另一个重要因素。流程和方法论的布道应采取自上而下的路线，而局部的技术改进可以采取自下而上的方式。

任何变革妄图通过一次革命就完成布道是不现实的，所以演进式的布道往往起到润物细无声的效果。

3. 激发活力：民主成为一种生活方式

画出最大同心圆。"人心向背、力量对比决定事业成败。正确处理一致性和多样性关系，就是着眼于形成最大公约数，画出最大的同心圆。"要用好协商民主形式和制度渠道，有事多商量，有事好商量，有事会商量，通过协商凝聚共识，凝聚智慧，凝聚力量。

"千篇著述诚难得，一字知音不易求。"要用实劲，做实事，求实效，特别是要在补短板上聚焦发力，把智力凝聚起来，创造活力激发出来。要充分发扬民主，尊重包容差异，尽可能通过耐心细致的工作找到"最大公约数"。

（三）让力道贯穿团队深层的经络，以便发挥效度

爱的教育：不朽的"教育圣经"。《战国策》中说："积薄而为厚，聚少而为多。"可见，团结的力道是如此惊人！用思想碰撞思想，用成功造就成功！建构自己的教育智慧，是教师成长的关键。没有自己独特的教育智慧，教师是难以真正成为名师的。每位教师都要把建构自己的教育智慧当作终生的追求。

我们需要什么样的教育建构力？一种新看法的形成，新思想的获得，新视角的出现，新方法的运用，能够扩展我们的教育视野，提升教育品味，铸造批判的眼光，建构发现现实问题的能力，从而激发创造的激情，形成变革现实的需要和改造实践的技术路径。

1. 教育理解力

理解教育，理解教师，理解学生。教育理解力就是把握教育现象和教育事实的认识、判断、欣赏的能力。教育者应该是正确信息的承载者，是人生智慧的启迪者，是人生价值的引导人，是积极情感的影响者。

（1）教育是一种基于信念的行为

教育是一种使教育者和受教育者都变得更完善的职业，而且，只有当教育者自觉地完善自己时，才能更有利于学生的完善和发展。没有教师的生命质量的提升，就很难有高的教育质量；没有教师精神的解放，就很难有学生精神的解放；没有教师的主动发展，就很难有学生的主动发展；没有教师的教育创造，就很难有学生的创造精神。

教育的本质是育人。人的最高需要是自我实现。只有自我价值实现了，人才能有真正的幸福感、成就感。只有个性，才能造就个性；只有思想，才能点燃思想。教育的任务就是要催生学生内心沉睡着的智慧之花。

（2）自我的一贯性状态是产生求知欲的基础

"知之为知之，不知为不知，是知也。"人的知识再丰富，总有不懂的问题。那么，就应当有实事求是的态度。只有这样，才能学到更多的知识。我们在尊重并继承古今中外一切优秀教育理论与传统的同时，理应以追求科学、坚持真理的胆识，辨析其中可能存在的错误之处。

乐于思考，敢于怀疑，不迷信权威。善于打破砂锅问到底，记住："一个问题如果没有追问到制度文化层面就不会是深刻的。"思考的缜密基于对问题的全面了解，思考的深刻源于相关知识的积累和储备。即使我们向专家学习，也不应不加分析地盲目照搬，而应结合自己的实际进行消化、吸收。甚至对一些似乎已有定论的结论，也可以根据新的实际、新的理论予以重新的认识与研究，或修正，或补充，或发展。

2. 教育批判力

反思我们的教育。教育批判力就是发现教育现象和教育事实的问题、矛盾及症结的能力。教师应该成为反思者。反思才有问题，不断反思才能形成问题意识，不断地追问、挑刺和批判自己已经形成的教学理念、教学行为、教学经验和教学成果。

（1）传统教育遇到尴尬

“态度彻底往往就会出现奇迹。”教育现实是充满矛盾与诱惑的，校长的办学价值取向是在众多相互矛盾的利益之间博弈的结果。在很多时候，将价值选择的天平向有利于学生成长的方向倾斜，校长需要付出一定的代价，需要莫大的勇气。虽然抉择是痛苦的，但校长只有坚守自己的教育良知和教育底线，只有作出有利于学生成长的价值抉择，才能使教育回归育人的本原，才有可能使学生在灿烂的笑容里度过人生最美好的学习时光。

提倡并鼓励学生向课本挑战。对课本知识要始终抱有一种适度的怀疑态度，唤醒并培养学生的问题探究意识，把课本知识当作一种科学的静态知识来接受，并视作学生研究和探索的对象。

（2）当今教育的弊端

教育与经济社会发展贴得不紧。学科、专业和课程、教材滞后于经济社会发展的问题比较突出。许多社会需要的人才，学校培养不出来；而学校培养出来的学生，又不适应社会需要。高校科技链和地方产业链对接不紧密，不少科研成果停留在论文和成果评定阶段，没有转化为现实生产力。

向权威挑战。不是期望学生们超越前人，而是要通过这种挑战，来培养学生的科学精神和批判意识，从而使学生懂得，科学不是静止不变的，而是不断发展的。同时，要让学生们知道，随着时代的前进，很多结论是不断被修正的。

3. 教育建构力

以文化为基点的哲学建构。教育建构力就是改善教育实践和建构新的教育实践的创造力。建构教育的时代精神，增进教育知识积累。

（1）教育需要智慧，更需要理想

让学生在差异中发展。办学必须遵循人的发展规律，必须遵循教育的发展规律，不唯上，不媚俗，独立自主，坚持教育理想。闲暇出智慧。创新教育也是开放的教育。开放学生心理，开放教学内容，开放思维空间，开放教学结果。面对有差异的学生，实施有差异的教育，以培养“完整的人”。

让学校成为学生最喜欢的地方。学生要全面发展，这是素质教育的要求，也是学生终身发展的需要。学生不再是灌输的对象、考试的工具，要全面发展，发挥特长，张扬个性，要特别重视养成教育，重视学生人格培育，要让学生快乐学习，健康成长。

（2）增强发展力

制度的生命力在于执行。我们不缺乏制度建设与创新的能力，但缺乏贯彻与落实制度的力度。要在保证制度自身科学性的同时，实施精细化管理。把每一件小事做精彩。在习以为常的惯性面前找出突破口，在管理上集思广益，工作上深挖细抓，凡事皆成教育，处处都可成为亮点。善于把抽象的理论、先进的理念融会到具体的教育细节中。找准学校发展坐标，找到学校管理的切入点，形成自己的办学特色，使学校充满旺盛的生命力。

树立国际化教育理念。培养国际化的文化视野，使学生在身体素质、公民素养和实践能力等方面都能符合国际化人才的标准。“真正的教育者一定是一名建构主义者，无论其是否认识到建构主义这一标签，他对学生经验的关注已经在其内心深处深刻地烙上了建构主义的真实印记。”教育是一种价值引导，教育者应该有正确、清晰、深刻的人生感悟和境界。

二、建构思维：从“金字塔”走向“扁平化”

组织设计。南迁的候鸟，它们以“V”字形飞行，是为了利用群体的力量，减少飞行时因气流造成的阻力。领头雁受到的阻力最大，所以它们轮流领航。物理学家研究，集体飞行的路程要比单独飞行远72%以上。一个学校，如同一个雁阵，领航的是其精英，它就是学校中的智囊团。

（一）复兴始于教师：让创新的“种子”破土而出

“种子”走在成长的路上，从贫瘠土壤中破土而出，顽强生存，最终换来枝繁叶茂；蛹走在成长的路上，从层层丝茧中挣扎而出，奋力挥翅，最终换来自由翱翔。

1. 创造力：永远的发展源泉

马克思说：“一步实际行动要比一打纲领更为重要。”提倡执行至上，脚踏实地地开展工作，这就是实事求是的不二法门。

（1）四大因素扼杀中国人的创造力

因素1：思维标准化。思维标准化是扼杀中国人创新思维的首要因素。它突出表现为思维功能固着，权威迷信，思维惰性。

因素2：知识没有“活力化”。

因素3：发散思维发展受阻。

因素 4：创造力认知“非凡化”。

（2）文化潜力是凝聚力、创造力的源泉

文化是一种胸襟，它让我们更无私更宽广；文化是一种情怀，它让我们更高洁更坦荡；文化是一种温暖，它让我们更纯粹更善良；文化更是一种影响，它让我们善待自然，善待万物。

想象力是一切创新的源泉。创造力是一个人产生新思想、新观念，用新方法创造性地解决问题的能力。爱因斯坦的创造力从何而来？来自爱因斯坦所遭遇的“逆境”。爱因斯坦 1901 年 7 月 8 日在写给温特勒的信中说：“对权威的愚忠是真理最大的敌人。”

2. 发展教育研究力，保证决策科学化水平

教师的实力来源于教师的教研能力。教师教研是教育科研发展的基础，更是学校内涵发展的需要，是决定教育水平的真正实力。让看不见的“软教研”成为助力学校发展的“硬实力”。让教师的“软实力”成为学校发展的“硬支撑”，通过科研提升学校内涵建设，提高学校办学质量。

（1）专家教师是一个在教育行动中成长的动态过程，他们特有的回应学习与工作环境的行动方式促进了自身的专业发展。

从行动方式上看，专家是不断选择以成长机会“最大化”的方式处理任务，在“能力极限边缘工作”；

从思维方式看，专家是不断把看似常规的行为“问题化”，凭着大脑资源再投入用以解决拓展性的新问题。

专家教师的知识，他们的实践智慧常常是镶嵌于实践之中的，是默会的，但是默会知识和明确知识两者构成“冰山”上下关系的模型，互为作用，不可割裂。

专家教师的学习与创新应该呈现四种基本行动方式：听中学，做中学，听懂的东西做出来，做好的东西说出来。由此处理知识与经验、理性思考与行为改善的互动关系。

（2）唱响“加减乘除”这首歌

用好“加”，多些“加法效应”。日本经营之神松下幸之助说过：“如果是机器，一加一必定等于二，但是人的组合如果得当的话，一加一可以大于二，反之可能等于零，甚至可以产生负效果。”

学会“减”，做好“减法效应”。一是在减少办学成本上做文章。二是抓

好节约，防止“跑冒滴漏”现象发生。

寻找“乘”，激活“乘法效应”。在谋求快速发展中，要注意寻找和打磨提升竞争力，重点要解决两个问题，一个是研究力，另一个是服务力，促进科技进步在学校发展中的“乘法效应”，努力提速，不断创新，迈向现代化。

注意“除”，增大“除法效应”。一是更新管理模式。首先要破除制约发展的思想和体制机制上的障碍，破除陈旧的工作定势和办法，解疑点，攻热点，破难点，多换脑子，多塑思想，积极寻找科研兴校的路子。二是去掉“短板”地方。三是要提高员工的“敬业度”。

数学的魅力在于“九九归一”。“加减乘除”运算，算来算去，最后都是围着质量效益说话。唱好了“加减乘除”这首歌，才能获得好的质量管理效益，也才能真正立于不败之地，求得长足发展。

（二）机制：团队执行力体系设计与建设研究

思维意识的落后是桎梏社会发展的根源。领导力“突破”的思维前提：心智模式重建。多用道，少用器，道通而器成；多用器而少用道，器尽而道废。

1. 执行者要有力道

（1）学校执行者的力道如何，直接决定着校长的领导力的大小、高低

建议1：你究竟要什么，为什么做一件事永远比怎样做好一件事更加重要。为什么做占90%，怎样做好只占10%，但很可惜，众多的人并不知道他们在生活中究竟要什么，所有的想法都是一个幻想。

建议2：写下来，一定要把你想要的东西写下来。目标要视觉化，数量化，加上最后实现的日期，梦想就会成真。

（2）教育的效果要延伸到课堂之外

真正的校园文化一定是“种”下去，“长”出来的，需要一定时间的积淀和培育。“静”，就是让心灵宁静下来，能在“寂寞”中完成一次次蜕变。“动”就是让课堂生动，让学生在有“我”的时空里快乐快速成长起来。

例1：职教的定力在哪里？

定力之基——遵循教育规律、教育规范，依法治教。

定力之矢——服务发展，促进就业。“创业是就业之源，就业是民生之本。”

定力之魂——生本至上，质量第一。重视校本、生本课程开发。牢记：“任何游离于课堂教学之外的特色，其影响力都是有限的。”

例 2：电视剧《亮剑》，南京军事学院院长告诫李云龙："屁股要坐得住，铁嘴，钢牙，木头屁股，坐着干什么呢，去体验，人不可能经历世界上所有热闹，但可以用眼睛去看，用心去感受，用胸去扩张。"

2. 改变"关注点"：从危机中寻找"生机"

生于忧患，死于安乐。必须清醒地认识到，我们面临哪些危机？最大的危机是什么？有哪些历史包袱？有哪些脱困难题？存在哪些发展短板？坚持底线思维、问题导向。从最坏处着想，向最好处努力。寻求生机：善于危中求机，能够化危为机，才是强者本色，才是在危机中的制胜之道。

索罗斯是一位十分睿智而理性的金融投机家，他十分擅长在繁荣中发现隐藏的危机，在危机中发现隐藏的"良机"，然后"逆市操作"，利用"危中之机"来获得成功。他在 1992 年曾经击垮英格兰银行，随后又在 1997 年因狙击泰铢而引爆亚洲金融危机而闻名世界。

教育均衡由"输血"变"造血"。如何让"流动"成为中国教育改革中的一个关键词。外来的"血液"在新的体内成活，让输入的"血"具有较多的发展空间。为农村教育"造血""输血""活血"。扶贫先扶智，治贫先治愚。把教育下一代的工作抓好，把贫困地区孩子培养出来是根本之策。

（三）思想家们应该对中国的未来社会进行全面的设计

思维的力道。不管在哪个方向上，要想做到专家程度，要有独立视角，思维要有一种力度，这就像给心灵装了一双额外的眼睛，这样就能看到属于自己的东西，再在实践中一锤炼，高度可能就出来了。

1. 掌控发展的力道：文化管人管灵魂

文化管人管灵魂的理念。让这里的文化易于接受，便于执行，富于力道。实现从"要我遵守"到"我要遵守"；从"要我执行"到"我要执行"；从"要我做好"到"我要做好"的转变。

人生是个大课堂，好多事都讲个力道。刚柔适中，分寸准确。识大体，顾大局。"王道"的根本是更要讲力道，在思维上，你要好高骛远，站得高，看得远；在行动上，则要量力、务实；要一直努力，突破瓶颈，创造价值，未来就会更有希望。

2. 有触及灵魂的力道、有直击要害的精度、有点石成金的灵气

同样是一套太极拳，用心去打和不用心去打，表面看架子一模一样，但真正需要用四两拨千斤的时候，花架子是不可能有力道的。因为他没有掌握用

力的纲领，没有用心去搏。

克服职业倦怠：提升自我效能感是突破口。自我效能感指“人们对自己从事某一行为的实际能力的推测和判断，它包括结果预期和效能预期两个部分”。研究发现，自我效能感高的教师，也就是对自己有信心，认为自己能实现专业发展的教师，往往不容易出现职业倦怠。

生命的喷泉——将写作进行到底。温家宝说：“一个民族有一些关注天空的人，他们才有希望；一个民族只是关心脚下的事情，那是没有未来的。”尼采说：“一切的快乐都要求永恒。”而写作是留住快乐的一种方式。人生追求应当是百年诞辰时，你留给后人永恒的精神财富。

三、经营希望：撬动地球的“支点”

现代智库，又称头脑企业、智囊集团或思想库。作为重要的智慧机构，是一个国家思想创新的源泉，也是一个国家软实力和国际话语权的重要标志。随着智库在各国经济社会发展和国际事务的处理中发挥越来越重要的作用，其发展程度正成为一个国家或地区治理能力的重要体现。

（一）知识＋思维＋心态＝财富

提升创新能力。真正具有前瞻性、科学性、实用性的政策建议，必须有厚重的理论、多学科的视角和先进的方法做支撑。将各学科的专家学者聚集起来，“出思想，谋战略，提对策”是智库的根本功能。增强对政府决策和社会舆论的渗透力、影响力。

1. 让“种子”影响“种子”

“种子”从不抱怨出身，从不挑剔环境。无论顺境、逆境，都在积攒能量，相信种子有强烈的信仰，相信每一粒种子都会有奇迹发生。建设中国智库，给力中国梦想。

强化问题导向，提升研究质量。能否深入研究解答重大理论和实践问题，并提出有思想、有价值、可操作的报告对策，是衡量思想库水平的重要标准。建设国家思想库就要聚焦时代的真问题、大问题。

2. 追问是最有力的思考方式

杨振宁说：“优秀的学生并不在于有优秀的成绩，而在于有优秀的思维方式。”苏霍姆林斯基认为：“真正的学校是一个积极思考的王国。”有效的课堂追问能够给学生的思维插上翅膀，飞向理想的国度。

“追问”，顾名思义是追根究底地问。追问的目的是启发学生深入思考，培养学生发现问题、探究问题的意识，进而形成更高层次的思维能力。过去的经验会成为未来发展的障碍，要重新归零，重新面对未来。我们没有办法改变别人，我们也不需要改变别人，我们只需革自己的命。

（二）提高教育质量才是“王道”

高水平的课程得靠高水准的学术保障，这是大学教学和中学教学的根本区别。教育质量的核心是人才培养质量。教育的质量观应当是既有共同的基本要求，又包含多样内容的质量观。衡量学校人才培养质量的，应该是多把“尺子”，而不是一把“尺子”。

1. 质量标准是教育标准的核心

提高教育教学质量是一项系统工程。这需要从树立先进的教育理念，建立规范的教育体系，改进课程设置和教学方法，建设好教师队伍，改进教学管理等方面全面着手加以努力。

（1）刻画教育质量健康图谱

日常教学过程中学校和区域统考排名，以追求中考和高考升学率为导向的教学管理严重偏离了教育评价的本义；学业统考统测基本依赖个人经验，命题技术普遍缺乏专业水准；考试结果广泛应用于排队、甄别和选拔，严重加剧学生之间、教师之间、学校之间，乃至家长之间对标准答案的追求，对分数成绩的崇拜。要从控制知识点要求过多，技能技巧要求过高，解题速度要求过快入手，实施“教育质量健康体检”，才可能从根本上解决我国基础教育长期以来难以解决的问题。

“绿色评价”和“健康体检”能为学生真正减负。改变以往学生被绑架在“分数战车”上的现状，在满足基本教学要求的基础之上，实现为兴趣而学，为快乐而学。在评价考试成绩的同时，要关心学生对校园生活的满意度；如果考试成绩成为评价学生、教师、学校好坏优劣的第二把尺子、第三条标准，而学生的兴趣爱好、文明素养、师生关系成为评价体系中更优先的尺子、更重要的标准，那么就完全可以说，我们的教育将更加绿色，更加健康。

（2）大数据的 3 个核心特征：反馈、个性化和概率预测

衡量教育过程的成效，要依靠数据，而不能“凭感觉”。大数据将掀起新的教育革命。美国教育部门对大数据的运用创造了“学习分析系统”，旨在向教育工作者提供学生到底是“怎样”学习的精确信息。

调查显示：学生学校归属感，亲子关系与师生关系等学习环境因素每提升 10%，都能够对学生文明素养的提升提供 5% ~ 7% 的贡献。而学生对于学校归属感每提高 10%，网络成瘾倾向的现象就会下降 5% ~ 6%。

数据研究显示：通过给学生分快慢班或重点校非重点校，给不同的学生布置不同的学习任务，试图提升学生学业水平，并不能够整体提高学生高层次的认知能力。而及时发现学生的优缺点，因材施教，才是促进学生能力发展的有效途径。

评价是杠杆，也是指挥棒。科学的评价体系会带来健康积极的教学过程，反之，过于单一的评价体系会为教育教学带来不良导向。挖掘学生分数背后的数据，使我们的考试成为真正的好的考试。建立以提高质量为导向的体制机制！

2. 适合自己才是“王道”

选择适合自己的环境才是王道。但丁说：“走自己的路，让别人去说吧！”

陶渊明选择了归隐田园。与其为了一顶乌纱帽而痛苦地活着，倒不如扔掉它找回自己的乐趣。田园的生活虽然清贫，但“采菊东篱下，悠然见南山”的清静悠闲却比纸醉金迷的官场生活惬意多了。陶渊明为自己正确的选择而感到庆幸，于是创作了大量的作品，他的性情得到了陶冶，他的个性得以张扬，

他活出了自己的风采。

选择适合自己的路，并为之去努力和奋斗，这是一种智慧，更是一种超越！

（三）思维的巅峰是创新：让每个人成为自己的 CEO

创新是一个民族进步的灵魂，是一个国家兴旺发达的不竭动力。在创新时代找准教育的位置，在深化教学改革中求解钱学森之问。

1. 学习、学习，再学习

梁实秋说："最好的幸福，非快乐、非荣誉、非财富，而是心灵之活动。"这种心灵的活动，这种无法言表的幸福，只有在不断的学习中，在反复的思考中才能真正体会。学习是人天生的一种本事，人通过学习唤醒潜能，并在学习过程中享受快乐。把学习当作一种信仰、一种责任、一种享受、一种能力。

要想让自己强大起来，只有"读书+实践"这条路。犹太人的精英教育之精髓，第一是"自我教育"，即"个人"有责任为自己的行为和深入的自我教育负责，能够掌握自己的命运，并能够接受其他成功人士为自己的榜样；第二是"终身教育"，即终身学习和工作。

犹太人认为，有信仰的人有六条含义：第一，正直地说话；第二，正直地做事；第三，不撒谎；第四，拒收贿赂；第五，闭目不见丑恶之事；第六，闭耳不闻丑恶之闻。当学习成为一个民族的信仰时，这个民族必将产生更加恒久的文化定力与创造力，引领世界潮流才将成为可能。

2. 思考、思考，再思考

爱因斯坦说："学习知识要善于思考、思考，再思考，我就是靠这个方法成为科学家的。"克服智力平庸最正确的途径就是思考，只有通过思考才能唤起思考。思考是成功者的必备素质，思考能够使人摆脱浅薄，走向睿智。

人脑的容量。现代科学研究证明，人的大脑神经元总数至少有 100 ~ 140 亿，即人的大脑的信息储量可以容纳 8000 万册图书。一个人学到老，也只占用自己大脑信息储量的很少一部分。因此，要勤于动脑，用心思索，把人的"信息库"，充分地使用起来。可见思索是创造之源。

思考是行为的种子。一个善于思考，用心思考，有强烈创新欲望的人，哪里都是他产生创新火花和灵感的风水宝地。从某种意义上说，无论创作、创新还是创造，都永远属于那些用心思考、积极思考的人。作为教学一线的课堂也是一个不可忽视的创新场所，有许多知识和学术问题等待人们去研究，这里应该成为科技创新的不竭源泉。

没有思考就没有判断和创造。一般来说学习是认识世界，而思考是要改变世界。中国改革的精神支柱就在于思考，改革家的动力就在于思考，单纯地强调学习，是不可能产生改革的。学习和思考是人的大脑活动中不可分割的两种思维活动。思考可以使我们的行为更加规范。不可能只学习不思考，更不可能只思考不学习。我们既要勤于学习，更要勤于思考！不仅要“学习、学习，再学习”，更要“思考、思考，再思考”！

3. 创新、创新，再创新

当下的中国，到处都可以听到“创新”“要创新”“创新强国”的呐喊声，创新、创新，再创新。实施创新驱动发展战略，最根本的是要增强自主创新能力，最紧迫的是要破除体制机制障碍，最大限度解放和激发教育科技所蕴藏的巨大潜能。

（1）寻找撬动世界的杠杆

知识就是力量，人才就是未来。我国要在科技创新方面走在世界前列，必须在创新实践中发现人才，在创新活动中培育人才，在创新事业中凝聚人才，必须大力培养造就规模宏大、结构合理、素养优良的创新型教育科技人才。

创新永无止境。创新的事业呼唤创新的人才。我国教育科技人力资源规模世界第一，但创新型科技人才结构性不足，矛盾突出，世界级科技大师缺乏，领军人才、尖子人才不足，工程技术人才培养同生产和创新实践脱节。马克思说：“在科学的道路上没有平坦的大道可走，只有不畏艰险沿着崎岖陡峭的山路攀登的人，才有希望到达光辉的顶点。”

创新是一个人生存质量的核心载体，是一个学校走向辉煌的动力资源，是一个政党不断赢得人心的关键举措，是一个国家兴旺发达的根本途径，是一个民族自强不息的恒久希望。

（2）紧握的力道擎起民族复兴的旗帜

掌控发展的力道，便于执行，富于力道。大家按照要求一以贯之地执行，久而久之便是文化。用什么力道、速度和手法，把好钢用在刀刃上，力道使在刀把上。用“推”的力道完成改革的亦步亦趋。

管理要力道。重典治乱，重拳出击，切中民心民意，但也有民忧民虑。百姓担心什么？担心雷声大，雨点小，力道被卸于半道和无形。因此就很有必要分析这力道如何被卸，以便上下监督，左右互察，致其不敢卸，不想卸，不能卸。《老子》说："执大象，天下往。"要秉持大道，要集合众力，便归于同心，便趋于同道。

拥有掌控力。不管风吹浪打，胜似闲庭信步。用战略思维去观察当今时代，洞悉当代中国，应保持战略定力。

思考与研究

1. 思维教育：解决学校重大发展问题的杠杆
2. 杜威：教师应是学生思维能力的领导者
3. 教师要把教育哲学作为精神成长的思考工具
4. “互联网 ÷ 教育”：解构传统学习模式与教育体制
5. 教育问题久治不愈的根本在于教育管理思维的故步自封
6. 校长补“钙”：教育家一定是自由的教师
7. 校务公开：一种充满智慧的文化行为
8. 天道酬勤——推动一个人成功的最强大力量是意志
9. 让教师成为教育知识的发现者和建构者
10. 让教师成为自己职业发展的设计者
11. 建立以提高质量为导向的体制机制研究
12. 机制：团队执行力体系设计与建设研究
13. 创新：学校可持续发展的动力机制研究
14. 激情：校长管理学校的智慧与文化研究
15. 实践型“学习共同体”建设路径研究
16. 聚焦课堂：对提高教育质量关键增长极的实践研究
17. 改革聚焦学习：建构以学为基点的组织发展新模式
18. 建立在“能力点”分析基础上的课程开发研究
19. 发展性学校教育质量保障体系研究
20. 学校精神力、形象力创意设计研究

参考文献

1. 陶华坤，著：《多元 · 共存：论国际理解教育》，吉林出版集团，2016 年 4 月。

2. 陶华坤，著：《教育家—思想的接生婆》，中国言实出版社，2015 年 3 月。

3. 陶华坤，著：《都市教育》，中国言实出版社，2014 年 9 月。

4. 陶华坤，著：《“质量—效益”型教育》，电子科技大学出版社，2014 年 1 月。

5. 陶华坤，著：《区域教育发展战略与运行机制》，人民日报出版社，2005 年 3 月。

6. 陶华坤，著：《走进名校：建构以学为基点的组织新模式》，团结出版社，2013 年 3 月。

7. 陶华坤，著：《学校教育力》，内蒙古人民出版社，2010 年 6 月。

8. 陶华坤，著：《校长谈治校》，团结出版社，1997 年 8 月。

9. 陶华坤，著：《校长发展学》，国际炎黄出版社，2002 年 12 月。

10. 陶华坤，著：《新教育学校全面质量管理》，北京艺术与科学电子出版社，2008 年 8 月。

11. 陶华坤，著：《“规范 + 特色”办学模式》，天马图书出版社，2000 年 10 月。

12. 陶华坤，主编：《校魂》，安徽人民出版社，1996 年 6 月。

13. 陶华坤，主编：《电视剧本—校魂》，南方出版社，1998 年 10 月。

14. 陶行知，著：《中国教育改造》，上海亚东图书馆，1928 年 4 月。

15. 陶西平，主编：《多元智能在中国》，首都师范大学出版社，2010 年 1 月。

16. 顾明远，曲恒昌著：《理念与制度：现代大学治理》，山东教育出版社，2015 年 12 月。

17. 袁贵仁，主编：《领导者科学思维观》，中央党校出版社，2005 年 9 月。

18. 程平，编著：《应变力——人生学会的 9 种应变能力》，北京工业大学出版社，2012 年 5 月。

19. 吴光远，编著：《记忆力思维力学习力》，新世纪出版社，2011 年 5 月。

20. 姜越，主编：《思维力》，中央编译出版社，2013 年 6 月。

21. 陈凯，王昊青编：《创业力道》，上海科学技术文献出版社，2010 年 1 月。

22. 心放，著：《想象力统治世界》，新世界出版社，2011 年 3 月。

23. 高占祥，王青青著：《信仰力》，北京大学出版社，2012 年 8 月。

24. 杨朝晖，著：《赢在责任心胜在执行力》，中华工商联合出版社，2014 年 8 月。

25. 余世雄，著：《精准执行》，哈尔滨出版社，2010 年 4 月。

26. 郭爱军，贾建强，王一任编著：《高效执行》，机械工业出版社，2014 年 2 月。

27. 鲁克德，编著：《胜在制度赢在执行》，立信会计出版社，2014 年 6 月。

28. 许明哲，著：《赢在顶层设计》，群言出版社，2015 年 7 月。

29. 杜大宁，编著：《大道至简》，新世界出版社，2011 年 10 月。

30. 李锋，张持著：《管人管心》，中国财富出版社，2013 年 4 月。

31. 程明，张常国著：《品牌归于管理》，人民出版社，2015 年 10 月。

32. 姜继为，著：《思维教育导论》，中央编译出版社，2012 年 5 月。

33. 李小三，主编：《现代领导哲学思维——领导智慧的养成途径》，研究出版社，2009 年 3 月。

34. 本田直之（日），张海燕译：《杠杆经营术》，天津教育出版社，2010 年 9 月。

35. 克莱格（英），伯奇（英）著，陈雯雯、李志宏译：《力道：核心竞争力培训课之领导力》，新星出版社，2006 年 5 月。

36. 罗布·乔尔斯（美）著，路本福译：《如何改变思维》，九州出版社，2014 年 7 月。

37. 教育研究，2016 年 1 ~ 12 期。

38. 中国教育报

39. 人民网